Libro de las Fundaciones

Clásica
Humanidades

Biografía

Teresa de Jesús, también conocida como Teresa de Ávila (1515-1582), heredó de su madre el gusto por la lectura de vidas de santos y novelas de caballerías. A pesar de la inicial reticencia de su padre, ingresó a los veinte años en el Convento carmelitano de la Encarnación. Su vocación religiosa la llevó a emprender la fundación de quince conventos por Castilla y Andalucía, empresa que se recoge en el *Libro de las Fundaciones*. Escribió acerca de la vida espiritual en *Camino de Perfección*, que recoge el ideal de la descalcez, y en *Las moradas del alma*, que recoge consejos para la vida mística. Otras de sus obras más conocidas son sus *Poesías* y el relato de su vida, *Vida de Santa Teresa de Jesús*. Es uno de los grandes ejemplos del humanismo en España, alabada ya en su tiempo por la pureza de estilo, la gracia y la elegancia de su escritura.

TERESA
DE JESÚS

LIBRO DE LAS FUNDACIONES

Edición a cargo de
Víctor García de la Concha

AUSTRAL

ESPASA

Obra editada en colaboración con Editorial Planeta – España

Bajo el sello editorial AUSTRAL M.R.
Avenida Presidente Masarik núm. 111,
Piso 2, Polanco V Sección, Miguel Hidalgo
C.P. 11560, Ciudad de México
www.planetadelibros.com.mx

Diseño de la colección: Compañía

Primera edición impresa en España en Austral: marzo de 2015
ISBN: 978-84-670-4377-8

Primera edición impresa en México en Austral: agosto de 2023
ISBN: 978-607-39-0293-9

Impreso en los talleres de Litográfica Ingramex, S.A. de C.V.
Centeno núm. 162-1, colonia Granjas Esmeralda, Ciudad de México
Impreso en México - *Printed in Mexico*

ÍNDICE

LIBRO DE LAS FUNDACIONES

ESTUDIO INTRODUCTORIO

En mi estudio sobre *El arte literario de Santa Teresa*[1] he subrayado una sorprendente paradoja. La Fundadora que escribe largos tratados y cientos de cartas, la mística que efunde su alma en miles de páginas, una y otra vez rehechas, es una mujer vocada al más íntimo silencio y a la soledad. Escribe por exigencias de la Reforma que ha emprendido, en obediencia a los mandatos expresos de sus directores espirituales o a las peticiones de sus hijas carmelitas. «Pocas cosas que me ha mandado la obediencia –declara en el Prólogo a las *Moradas*– se me han hecho tan dificultosas como escribir ahora cosas de oración.» Y a este torcedor interno, el más mortificante desde luego, se añaden los obstáculos de los más variados empeños cotidianos; a punto de empezar, en el *Libro de la Vida*, el tratado de los cuatro grados de oración, se lamenta de tener que hacerlo, «porque yo sin letras ni buena vida, ni ser informada de letrado ni de persona ninguna (porque solos los que me lo mandan escribir saben que lo escribo, y al presente no está aquí), y casi hurtando el tiempo y con pena, porque me estorbo de hilar, por estar en casa pobre y con hartas ocupaciones...» (V. 10, 8).

[1] Barcelona, Ariel, 1978.

Que nadie piense, sin embargo, en una incidencia empobrecedora de tal situación básica sobre el estilo. Desde niña –es su manera de ser– la Ahumadita no sabe hacer nada sin emplearse a fondo en todo, y para Teresa de Jesús el ejercicio de la obediencia se convierte en fuente de inspiración y de energía activa. Cuando refiera altas experiencias de espíritu, precisará: «Veo claro no soy yo quien lo dice, que ni lo ordeno con el entendimiento, ni sé después cómo lo acerté a decir» (V. 14, 8), y poco más adelante: «¡Oh virtud de obedecer, que todo lo puedes! Aclaró Dios mi entendimiento, unas veces con palabras y otras poniéndome delante cómo lo había de decir...» (V. 18, 8). De este modo –y a ello iba– la literatura teresíana no es algo accidental en el conjunto de su obra: constituye una pieza fundamental de ella y está informada por los mismos elementos que configuran la personal experiencia de espíritus y la tarea de Teresa de Jesús.

EL ORIGEN DE LAS FUNDACIONES

A lo largo y a lo ancho de sus escritos ha ido ella dejando constancia de las motivaciones y objetivos de su Reforma. Desde hacía más de un siglo y desde las más dispares posiciones venía pregonándose en la Iglesia un eslogan reformista: «reformatio in capite et in membris»; urgía, en efecto, renovar todo el cuerpo eclesial. En concreto, las órdenes religiosas padecían tras la peste negra una forzosa relajación de costumbres. Con su división en *conventuales* y *observantes*, vinieron los franciscanos a marcar una pauta de reforma que señalaba como vía de mayor perfección el retorno al cumplimiento riguroso de las Reglas primitivas. En el Carmelo anterior a Santa Teresa se habían producido ya experiencias renovadoras en tal sentido y, por lo que hace a España, la tarea venía siendo impulsada desde el poder civil: fue decisivo a este respecto el empeño de los Reyes Católicos que, con la ayuda de Cisneros y otros prelados, alentaron un amplio movimiento de cultivo espiritual. El proyecto teresiano no surgía, pues, en el vacío. Brotaba, sin embargo, en una circunstancia bien concreta. Los avances de los hugonotes en Francia tras la muerte de Francisco II –diciembre de 1560– preocupaban a toda España. No era para menos. El Cardenal Carlos de Guisa pintaba en Trento –noviembre de 1562– el cuadro de «templos sagrados destruidos, sacerdotes y religiosos asesinados junto al altar, pisoteadas las especies sacramentales... hogueras que arden con ornamentos de las iglesias y con imágenes de santos...». Cabe imaginar la impresión que esto causa en los monasterios, a los que Felipe II pide que hagan rogativas especiales. Por esas mismas fechas Dios purifica aún más a Teresa con la vivencia de un instante en el infierno y la estimula, a la par, con la revelación experimental de la gloria (V. 32, 1-5 y 8). Ya no habrá en ella más titubeos y todo será pensar «qué podría hacer por Dios y pensé que lo primero era seguir el llamamiento que Su Majestad me había hecho a religión, *guardando mi Regla con la mayor perfección que pudiese*» (V. 32, 9).

Contra lo que suele creerse, la verdad es que el monasterio carmelitano de la Encarnación de Ávila no era un centro disoluto. Padecía la dificultad de un excesivo número de monjas, que obligaba a multiplicar el locutorio y a salir constantemente en busca de limosnas; todo ello, claro está, perjudicaba el recogimiento. Pero allí había núcleos de inquietud espiritual y de allí saldrán más de treinta compañeras que constituirán la levadura de las primeras fundaciones teresianas. Alguien informa a Teresa de Jesús de la posibilidad de adoptar la primera Regla estricta y, tratando de colaborar en la tarea contrarreformista, se decide a ello:

«Venida a saber los daños de Francia de estos luteranos y cuánto iba en crecimiento esta desventurada secta, fatiguéme mucho, y como si yo pudiera u fuera algo, lloraba con el Señor y le suplicaba remediase tanto mal...; y ansí determiné a hacer ese poquito que yo puedo y es en mí que es siguir los consejos evangélicos con toda la perfección que yo pudiese, y procurar estas poquitas que están aquí hiciesen lo mesmo...» (C. 1, 2).

HISTORIA DE UNA CRÓNICA

La empresa no iba a resultar fácil. Los capítulos 32 a 36 del *Libro de la Vida* constituyen una crónica detallada de los avatares de la fundación de San José, el primer palomarcico reformado. Pero cada nuevo convento iba a suponer la superación de mil dificultades compensadas enseguida con los frutos espirituales de las monjas a ellos acogidas. Era necesario que de todo quedara constancia, como testimonio y estímulo para el futuro, y nadie mejor que la madre Teresa podría hacerlo. Se lo ordena en 1573 su confesor de turno, el famoso jesuíta padre Ripalda; a ella le parece imposible «a causa de los muchos negocios, así de cartas como de otras ocupaciones forzosas» y se siente «algo apretada, por ser yo para tan poco, y con tan mala salud, que aun sin esto, muchas veces me parecía no se poder sufrir el trabajo conforme a mí bajo natural». Pero el Señor le dice «Hija, la obediencia da fuerzas» y en ese mismo verano, en Salamanca, pone manos a la obra. Escribe a impulsos discontinuos y en una primera etapa, hasta fines del mismo año, redacta el Prólogo, la fundación de Medina del Campo –capítulos 1 al 4–, varios avisos sobre cuestiones de oración y gobierno de conventos –capítulos 5 al 8–, y, tal vez, el corto capítulo 9 dedicado a la fundación de Malagón.

En enero de 1574 abandona Salamanca y, al mismo tiempo, la redacción de su crónica, para, fundar en Segovia, de donde vuelve a San José de Ávila en busca de un reposo que, si bien interrumpido por la obligada visita a Valladolid, va a permitirle avanzar en el libro. En esa segunda etapa termina los capítulos referentes a la fundación de Valladolid –11 y 12–, los consagrados a la primera fundación de descalzos en Duruelo –13 y 14–, a la del monasterio de San José de Toledo –15 y 16–, de Pastrana –17–, de Salamanca –18 y 19–, y esboza el capítulo de Alba de Tormes, el 20.

Aunque más adelante aludiré a la estructura de estos capítulos, debo señalar aquí un hecho que puede adivinarse en la lectura y que la Santa confirma de manera indirecta. Cuando, tras la segunda interrupción, ha de afrontar la tercera etapa redaccional, desde Toledo escribe a su hermano D. Lorenzo de Cepeda: «Ya digo a la superiora la envíe [una arquilla en que guardaba varias cosas suyas] a vuestra merced por que saque de ella los papeles de las FUNDACIONES [los cuadernos de la redacción definitiva] y envueltos en un papel y sellados los envíe a la superiora, que han de enviarme...». En la arquilla está también un portacartas, igualmente cerrado con llave, en el que hay «algunos papeles –a lo que creo– de cosas de oración. Bien las puede leer –añade– y sacar de allí *un papel en que están escritas algunas cosas de la fundación de Alba.* Envíemele vuestra merced con esotros [los cuadernos definitivos], porque el padre visitador me ha mandado acabe las FUNDACIONES y son menester esos papeles para ver lo que he dicho y para esa de Alba» (C. 111, 7 y 8). Teresa de Jesús iba, pues, según eso, tomando notas y redactando apuntes, que después trasfería a los Cuadernos del manuscrito definitivo, introduciendo, por supuesto, modificaciones de contenido y forma.

Fue 1575 un año especialmente duro para la Fundadora a causa de las fundaciones de Beas y Sevilla. No soporta el clima de Andalucía ni comprende a sus gentes y a ello se añaden intrigas, graves tensiones con los frailes calzados y denuncias de heterodoxia. Terminará por resplandecer la verdad en el proceso inquisitorial sevillano y toda la ciudad contemplará pasmada a fines de 1575 cómo, el día de la inauguración de la nueva casa, al final de la solemne procesión, el propio arzobispo se arrodilla ante la madre Teresa solicitando su bendición. Pero la tormenta de dificultades arrecia: en el capítulo celebrado en San Pablo de Moraleja los frailes calzados, apoyándose en los acuerdos del Capítulo General de Piacenza, decretan prácticamente la destrucción de los descalzos y la Fundadora quedará virtualmente confinada en el convento de Toledo. A poco de llegar, su tan querido padre Gracián, el perseguido Provincial, le manda que, en virtud de santa obediencia, dé fin al libro de las FUNDACIONES cuya redacción había interrumpido al salir para Andalucía. A ella le cuesta mucho reemprender la tarea: «Diciéndole yo el poco lugar que tenía y otras cosas que se me ofrecieron, que como ruin obediente le dije porque también se me hacía gran cansancio, sobre otras que tenía, con todo me mandó, poco a poco u como pudiese, las acabase.» Y, en efecto, en poco más de un mes del otoño redacta los capítulos de las fundaciones de Segovia –21–, Beas –22–, Sevilla –23 a 26–, y Caravaca –27–, así como el Epílogo.

Pone entonces Teresa de Jesús punto final, convencida de que ya no podría fundar nuevos conventos. Ella misma alega las razones de su desesperanza al comienzo del capítulo 28: el padre general que ha de conceder las licencias, «ponía mucho porque no pasasen adelante los descalzos» y se enemista, incluso, con ella; el nuevo Nuncio llega a encarcelar y desterrar a los más significados descalzos... Pero Dios escribe derecho con renglones torcidos y, sirviéndose del Rey Felipe II y de un fraile, el padre Doria, que por entonces pasaba desapercibido, abre camino a nuevas fundaciones. Así surgen, en dos años, cuatro nuevos monasterios cuyas vicisitudes fundacionales va anotando Teresa de Jesús al ritmo del propio proceso: Villanueva de la Jara, Palencia, Soria y Burgos.

Cabe deducir que los cuatro capítulos finales, correspondientes cada uno a una de estas fundaciones que acabo de citar, fueron escritos *in situ.* Parece lógico, en efecto, que Teresa de Jesús sintiera la necesidad de completar la crónica tan dificultosamente redactada; la conjetura encuentra también apoyo en la riqueza de detalles y en la precisión descriptiva que ese último bloque ofrece al lector. Todavía añadirá posteriormente una nota sobre el paso del convento de San José, de Ávila, hasta entonces dependiente del obispo, a la obediencia de la Orden Carmelitana. Era propósito de la santa que su libro no fuera conocido hasta después de su muerte (F. 20, 15). Quería evitar, como hemos visto, cualquier presunción de protagonismo, y los destinatarios que al redactarlo tenía en mente eran las monjas de las generaciones venideras.

OBJETIVO FUNDAMENTAL

Para entender correctamente el planteamiento del LIBRO DE LAS FUNDACIONES resulta indispensable ponerlo en relación con el *Libro de la Vida.* Teresa de Jesús no pretendió allí escribir su autobiografía. No faltan, desde luego, datos biográficos, pero los que se aportan son puestos al servicio de un ulterior objetivo trascendente: que los letrados puedan discernir las experiencias de su alma y, de este modo y lo que en definitiva importa, resplandezcan las maravillas que en ella ha obrado el Señor. Por eso, en carta a don Pedro de Castro, dice: «Intitulé este libro [de la *Vida*] *De las misericordias de Dios*» (C. 391, 2). En la misma línea, escribe ahora en el «Prólogo» de FUNDACIONES: «Plega a Su Majestad... que acierte yo a decir para gloria suya las mercedes que en estas Fundaciones ha hecho a esta Orden.» Es Dios el gran protagonista de uno y otro libro; Él es actor principal y los hombres –Teresa de Jesús, sus hermanas carmelitas y cuantos de uno u otro modo colaboran en la Reforma –son sólo actores secundarios, ejecutores de su proyecto.

El proyecto divino presenta en el LIBRO DE LAS FUNDACIONES el carácter contrarreformista anticipado ya en los capítulos del *Libro de la Vida* que tratan de la fundación de San José. En la quietud de aquel primer monasterio escucha Teresa de Jesús los relatos de un misionero que acaba de volver de las Indias y que habla a las monjas «de los muchos millones de almas que allí se perdían por falta de doctrina». Extraordinariamente sensible a la dimensión apostólica de la salvación de los demás, queda la Madre tocada de ansiedad. Dios, entonces, le dice: «Espera un poco, hija, y verás grandes cosas»: es el anuncio, cifrado todavía en aquel momento para ella, de la *campaña* de nuevas fundaciones. Subrayo el término *campaña* a fin de cargarle de la connotación de empresa bélica que conlleva. En efecto, al igual que el proceso de perfección espiritual de su alma, la tarea reformadora es contemplada por Teresa de Jesús como contienda entre Dios y el Demonio, que moverá toda la «batería» que pueda para impedir el avance de la pacífica milicia de descalzos.

Puesta al servicio de su Rey, la Reformadora se mueve sólo guiada por la obediencia. Quisiera destacar esto: la obediencia constituye el eje estructural del LIBRO DE LAS FUNDACIONES. No resulta gratuito a tal propósito que el Libro comience con un elogio de ella:

> «Por experiencia he visto, dejando lo que en muchas partes he leído, el gran bien que es para un alma no salir de la obediencia. En esto entiendo estar el irse adelantando en la virtud y el ir cobrando la de la humildad; en esto está la seguridad... Aquí

se halla la quietud que tan preciado es en las almas que desean contentar a Dios...»

En cada una de las fundaciones todo, desde la sugerencia de iniciarla hasta la solución de los más nimios detalles, lo va dictando y resolviendo el Señor. Es Él quien soluciona los problemas de residencia en Medina (F. 3, 3 y 4) y su misericordia la que protege a las monjas para que no topen con los toros el día del encierro (F. 3, 7). Es Dios quien le confirma en el acierto de haber fundado en Malagón (F. 9, 5) y le mete prisa para que vaya a fundar a Valladolid (F. 10, 3). Allí inmoviliza Él a quien pudiera detener a Casilda mientras corre a ingresar en el Carmelo (F. 11, 10) y hace emanar un suave olor del cadáver de Beatriz de la Encarnación: «Todo se puede creer de la misericordia de Dios» (F. 12, 9). ¿A qué seguir? La propia Fundadora remata el primer capítulo de la fundación de los descalzos con estas palabras: «... ahora que lo voy escribiendo, me estoy espantando y deseando que nuestro Señor dé a entender a todos cómo en estas fundaciones no es casi nada lo que hemos hecho las criaturas» (F. 13, 7).

En la convicción de que lo que escribe no será visto hasta después de su muerte –y queda ya apuntado el celo con que guardaba los cuadernos de la redacción–, Teresa de Jesús habla con libertad de su actividad y de la de sus compañeras de fundaciones. Me apresuro, sin embargo, a matizar la modalidad de tales referencias. Quien no conozca la sinceridad de esta mujer y, sobre todo, quien pretenda leer el libro desplazándolo del medio de fe en que fue escrito, juzgará exagerado el maximalismo con que, sobre el esquema de la contienda entre Dios y el Demonio, presenta el significado de sus intervenciones o trasparenta el bajo concepto que tiene de sí misma. Acaba, por ejemplo, de obtener del Padre general de la Orden licencia para fundar algunos conventos y escribe:

> «Hela aquí una pobre monja descalza, sin ayuda de ninguna parte, sino del Señor, cargada de patentes y buenos deseos y sin ninguna posibilidad para ponerlo por obra...
>
> ¡Oh, grandeza de Dios, y cómo mostráis vuestro poder en dar osadía a una hormiga!, ¡y cómo, Señor mío, no queda por Vos el no hacer grandes obras los que os aman, sino por nuestra cobardía y pusilanimidad!» (F. 2,6).

No hay ni el menor asomo de fingida humildad; es la luz de la fe la que le hace ver las cosas exactamente así: junto a la grandeza de Dios ella es una hormiga; como desde la misma perspectiva de consideración, se siente ruin, pecadora, negligente...

Quisiera reclamar la atención sobre la fecundidad estética de esta categorización. He anticipado que el LIBRO DE LAS FUNDACIONES se estructura sobre el esquema de una contienda. A las enormes fuerzas del Demonio opone el Señor la militancia de personas muy débiles y limitadas en todos los órdenes –quiero decir que se consideran tales–. En consecuencia, al tiempo que se perfila con nitidez el hecho de que es Dios el actor principal, se acrecienta la tensión dramática. Volvamos un momento a la fundación de Medina: tras el peligro de topar con el encierro de toros y la sorpresa de que la casa en la que querían instalar el convento tenía las paredes caídas, se añade el susto de ver que el portal en que habían colocado el Sacramento estaba prácticamente en la calle. Cabe imaginar el sentimiento de la Madre en un tiempo en el que circulaban las noticias de desmanes protestantes a que hemos hecho referencia. Por si fuera poco,

> «con esto se juntaron todas las dificultades que podían poner los que mucho lo habían murmurado, y entendí claro que tenían razón [...] la tentación estrechaba de manera su poder, que no pa-

recía haber recibido ninguna merced suya [de Dios]; solo mi bajeza y poco poder tenía presente. Pues arrimada a cosa tan miserable [ella misma], ¿qué buen suceso podía esperar? [...] Luego se añadía el temor si era ilusión lo que en la oración había entendido...» (F. 3, 11).

El texto no necesita glosa y prueba por sí solo la rica connotación literaria que esa visión alumbrada por la fe produce: se configura un mundo absolutamente peculiar cuya naturaleza debemos definir.

Acabo también de utilizar la imagen del cañamazo para ilustrar la función que el mundo, digamos, profano, cumple en el tejido narrativo de las fundaciones teresianas. Las cosas –sucesos históricos, medio ambiente, personas, paisajes, etc. –no interesan en su entidad autónoma sino sólo en tanto en cuanto proyectan su incidencia sobre una Historia trascendente en la que se integran. No se aminora con ello el grado de realismo; simplemente, las cosas son vistas al sesgo, al tiempo que lo que suele llamarse sobrerrealidad se hace intensamente real y cotidiano. Comprobémoslo con un par de ejemplos de cada caso. Comienza a contar la vocación de doña Casilda y para que se valore mejor su desasimiento de lo terreno, establece su genealogía de alta prosapia; andan por el medio los intereses del título del Condado de Buendía y de Adelantado de Castilla, pero Santa Teresa prescinde de contarlo «porque no hace a mi propósito», y se limita a insinuar: «Bien se entenderá a quien entendiere lo que precian los del mundo que haya sucesor de sus casas» (F. 10, 10). Una alusión semejante desliza al hablar de los padres de Teresa Layz, quienes vivían en la aldehuela de Tordillos y no en Alba «por no ser tan ricos como pedía la nobleza de sus padres». «Es harta lástima –añade allí– que, por estar las cosas del mundo puestas en tanta vanidad, quieren más pasar la soledad que hay en estos lugares pequeños de doctrina y otras muchas cosas que son medios para dar luz a las almas, que caer un punto de los puntos que esto que ellos llaman honra traen consigo» (F. 20, 2). Descendiente de conversos, podría ella disertar por extenso acerca de la obsesión nacional de la honra, mas todo se condensa en referencias de este tipo y, como quien no quiere la cosa –«yo no reparaba mucho en esto, porque, gloria sea a Dios, siempre he estimado en más la virtud que el linaje»–, cede la capilla mayor del convento de Toledo a un comerciante de su misma ascendencia y cierra los oídos a los dimes y diretes que ello suscita, simplemente, porque «no eran cosas para los que ya tenemos despreciado el mundo».

Pinceladas de este tipo forman la trama de la realidad histórica. Son tantas, que nos permiten recomponer la mentalidad social de Teresa de Jesús; su apretada condensación actúa, por otra parte, como núcleo de anclaje de sugerentes connotaciones. Todo lo ve ella traspuesto a lo divino. Cuenta, así, Jerónimo Gracián que un día que, de camino al borde del Pisuerga, atollaban los carros, la Madre sugirió: «apeémonos, hermanas..., e iremos a pie por aquella sendita blanca». Era, en realidad, un barro gredoso en el que comenzó a hundirse la caballería de Gracián. Y, enseguida, al verlo, la Madre: «¡Ay, pecadora de mí! ¡Esa era la sendica que me parecía buena! *Ansí deben ser los caminos del mundo.*» Multitud de trasposiciones semejantes jalonan, en esbozos, el LIBRO DE LAS FUNDACIONES. Describe, por ejemplo, la llegada a Villanueva de la Jara donde salen a recibirlas los frailes:

> «Como iban descalzos y con sus capas pobres de sayal, hiciéronnos a todas devoción y a mí me enterneció mucho, *pareciéndome estar en aquel florido tiempo de nuestros santos padres. Parecían en aquel campo unas flores blancas olorosas...* Entraron en la iglesia con un *Te Deum,* y voces muy mortificadas. La entrada de ella es debajo de tierra

–como por una cueva–, que *representaba la de nuestro padre Elias»* (F.28, 20).

En proceso inverso, podemos comprobar cómo lo sobrerreal se torna accesible y cotidiano. En este punto nos precave la Reformadora con una tajante advertencia: ninguna fácil concesión a la credulidad del milagrerismo. Acaba de contar cómo en Medina, confiando en el Señor, logran las monjas obtener agua en un rincón del huerto en que los entendidos descartaban su existencia, y, a renglón seguido, añade: «No lo cuento por milagro –que otras cosas pudiera decir–, sino por la fe que tenían estas hermanas, puesto que pasa así como lo digo y porque no es mi primer intento loar las monjas de estos monasterios» (F. 2, 5). El objetivo fundamental de FUNDACIONES –mostrar las grandezas de Dios– se especifica en la aducción de ejemplos de hermanas en las que aquéllas resplandecen. Tales muestras servirán, además, de modelo para las futuras carmelitas (véase F. 2, 5). Subyace en todo ello una «teoría de los cimientos» que Santa Teresa viene a esbozar de este modo: así como los padres del desierto en su pobreza y humildad fueron –dice– «nuestros fundadores verdaderos» (F. 14, 4), las primeras descalzas deben servir de cimiento para la reforma ahora emprendida (F. 4, 6).

Y a fe que no difieren mucho las descripciones que en su LIBRO nos lega, de los cuadros de la primera vida eremítica recogidos en el *Flos sanctorum.* Pienso en las cosas de la ya mentada Beatriz de la Encarnación (F. 12, 7-8) o de Catalina de Cardona (F. 28, 26-28); pero, sobre todo, en escenas como aquellas de Toledo:

> «Era mucho lo que en este monasterio se ejercitaban en mortificación y obediencia; de manera que algún tiempo que estuve en él, en veces había de mirar lo que hablaba la perlada, que, aunque fuese con descuido, ellas lo ponían luego por obra. Esta-

ban una vez mirando una balsa de agua que había en el huerto, y dijo: "Mas ¿qué sería si dijese (a una monja que estaba allí junto) que se echase aquí?". No se lo hubo dicho, cuando ya la monja estaba dentro, que, según se paró, fue menester vestirse de nuevo. Otra vez [...]. Otras cosas semejantes hacían y de gran mortificación, tanto que ha sido menester que las declaren las cosas en que han de obedecer algunas personas de letras y irlas a la mano...»

Interesa subrayar el colofón con que cierra este pasaje:

> «Y esto no es en solo este monasterio (sino que se me ofreció decirlo aquí), sino en todos hay tantas cosas, que quisiera yo no ser parte para decir algunas, para que se alabe nuestro Señor en sus siervas» (F. 16, 3).

En el núcleo del objetivo primordial de LAS FUNDACIONES queda aún por señalar un último motivo de redacción: el de la nómina para la gratitud. Quiere la Fundadora dejar constancia expresa de cuantos colaboraron en la Reforma, a fin de que sus monjas los recuerden siempre. Silenciará, en cambio, con celo exquisito, los nombres de quienes la entorpecen y tratará de exculpar a los contradictores y perseguidores: «mostróse bien lo que sentía el demonio este santo principio de la Reforma carmelitana. Padecieron mucho los Descalzos, en especial los cabezas, de graves testimonios y contradicción de casi todos los padres Calzados» (F.28, 1). Si tras un Nuncio «que favorecía mucho la virtud, y así estimaba a los Descalzos» (F. 28, 3), viene otro que los encarcela y destierra, es «para mayor bien y para que fuese más entendida la virtud» (ibídem). El lector adivina el trasfondo de luchas internas de las Órdenes religiosas y, en un ámbito más ancho, las controversias espirituales del siglo XVI, pero ella no pretende escribir su historia y no hace «sino tocar en ello para que entiendan las monjas que vinieren cuán obligadas están a llevar adelante la perfección, pues hallan llano lo que tanto ha costado a las de ahora» (F. 28, 5).

COMUNICACIÓN MÍSTICA, MAGISTERIO Y CRÓNICA

«También me mandan –dice Teresa de Jesús en el Prólogo–, si se ofreciese ocasión, trate algunas cosas de oración y del engaño que podría haber para no ir más adelante los que la tienen.» Es seguro que este mandato adicional le resultaba menos costoso que el impuesto oficio de cronista. De hecho, al concluir el tratado sobre asuntos de oración y fenómenos extraordinarios, al que añade algunas normas prácticas de régimen de conventos –capítulos 4 al 8–, exclama: «¡Qué fuera he salido del propósito!» –vale decir, cuánto me he extendido–; pero, sin ocultar su mayor inclinación a escribir en esa línea, se justifica: «Y podrá ser hayan sido más a propósito algunos destos avisos que quedan dichos que el contar las fundaciones» (F. 9, 1). De este modo, comunicación mística hecha magisterio y crónica van entrelazándose a lo largo del LIBRO DE LAS FUNDACIONES que, según Tomas Álvarez, es «una historia narrada por una mística que no oculta la condición de tal». En el relato del libro «también lo místico es histórico».

Pero –y aquí brilla el genio estético de Teresa de Jesús– una y otra parte, que parecen alternar en sucesión discontinua, discurren, realmente, en convergencia interior, supeditadas a un propósito ulterior cuyo sentido construyen: la grandeza de Dios se manifiesta en una Reforma concreta, la del Carmelo, que busca liberar los espíritus de la impedimenta de unas determinadas normas convencionales históricas, de temores, de desvarios fomentados por la conflictiva circunstancia histórica, y, en último término, de las ataduras del mundo, para que, como en la época gloriosa de los Padres del eremo, puedan volar por los anchos espacios de la experiencia de Dios. No es casual, por tanto, que los capítulos dedicados a «cosas de oración» traten específicamente de que hay que dejar a un lado temores –«pues no son engaños, es menester no estén los espíritus amedrentados» (F. 4, 2)–, estudien, sin rebozo y con claridad de discernimiento, los distintos grados de la escala espiritual –meditación, contemplación perfecta, arrobamientos, revelaciones y visiones– o se propongan defender el valor espiritual de la vida activa, tal como si, saliendo al paso de la acusación que el Nuncio Sega le iba a formular al calificarla de «fémina inquieta y andariega», quisiera justificar el valor de su actividad. Las FUNDACIONES perfilan a los ojos del lector el sentido puro de la Reforma que ella pretendía.

No es este el momento de analizarla, sino tan sólo de indicar el rico venero de datos que el LIBRO facilita para ello. A través de su lectura vamos comprendiendo que, lejos de cualquier aventurerismo –y el impuesto viaje a Andalucía constituye la excepción confirmadora–, Teresa de Jesús opera sobre el ámbito castellanoleonés y que, dentro de él, descarta para sus fundaciones los lugares pequeños por pobreza de su ambiente cultural (F. 20, 2) y prefiere, en cambio, núcleos urbanos entonces ricos. Tal elección viene condicionada por el hecho de que allí será más fácil vivir de limosna y porque en tales lugares muchos amigos de familia, cristianos nuevos como ella, le prestarán ayuda. Podemos también deducir cuál era su criterio de selección y cómo, junto a la limitación numérica –13 monjas en un principio en cada convento; 21 más tarde– procuraba que de ninguna manera sus monasterios vinieran a convertirse en solución de vida para mozas pobres o para mujeres con problemas particulares (F 27, 12); su enérgica actitud en el caso de la princesa de Éboli es suficientemente expresiva (F. 18, 16 y 17). Es, sin duda, apasionante seguir los pasos de institución de las fundaciones, mesurados todos por un práctico realismo de madre de familia, pero guiados siempre por el propósito de lograr un ámbito seguro para la realización de la libertad de espíritu.

Dejo a un lado algo que al lector de hoy le resultará por demás atractivo: los cuadros del penoso, incansable viaje en carromatos de una mujer con muy precaria salud. Es lo primero que ella recuerda en el primer Epílogo:

> «Ya habéis visto, hijas, que se han pasado algunos trabajos; aunque creo son los menos lo que he escrito, porque si se hubieran de decir por menudo, era gran cansancio, así de los caminos, con aguas y nieves y con perderlos, y sobre todo muchas veces con tan poca salud...» (F. 27, 17).

¿Cómo olvidar el camino hacia Sevilla bajo un sol de infierno y el paso del río Guadalquivir cuya corriente amenaza con arrastrar los carros? (F. 24, 6-11). Pocas páginas de nuestra literatura igualan en fuerza expresiva a este pasaje teresiano, que, según sospecho, no es más que la traslación literaria de una narración oral bien conocida de sus hermanas. Así lo sugiere la acotación que añade: «no pensé tratar de estas cosas, que son de poca importancia, que hubiera dicho hartas de malos sucesos de caminos; *he sido importunada para alargarme más en esto*» (ibídem).

ARTE LITERARIO

La empresa reformista de las órdenes religiosas conllevó a lo largo del Siglo de Oro una intensa producción de crónicas e historias particulares, de las que podría ser estimada como paradigma la gran *Historia de la Orden de San Jerónimo* del padre José de Sigüenza.

Y es en el cotejo con ellas donde se puede apreciar con justeza el sobresaliente valor estético de nuestra escritora. Rezuman aquéllas un marcado sabor libresco que emana tanto del acopio documental de datos como de la conformación de episodios y conductas de los protagonistas sobre los moldes de la vieja hagiografía de las *Vitae Patrum* y el *Flos sanctorum.* Por no salimos del caso de Sigüenza, notemos que él escribe su Historia sobre la pauta de otras crónicas precedentes y que su propósito es descubrir en los frailes jerónimos «un claro resplandor de aquella edad primera de los monjes de la Iglesia...». El resultado es una monótona repetición de esquemas de la que el propio autor tiene conciencia y advierte: «las que tienen algún valor de ellas [historias de santos] también les parecerá demasiado, y dirán que todas estas vidas son unas...; el que se hartase presto de esto, no lo lea, lea libros de caballerías, donde todo es encantamientos, gigantes, cuchilladas, marañas de amores...». La verdad es que, en cierto modo, en su dimensión hagiográfica las Crónicas a que me refiero constituyen una especie de libros de caballerías a lo divino, al tiempo que, en contraste, su estrato histórico pretende seguir los modelos de la historiografía clásica.

Con el Libro de las Fundaciones adviene a esa parcela de la literatura un planteamiento radicalmente nuevo. La documentación no es aquí tomada de fuentes librescas sino del propio recuerdo y, sin que falte voluntad de precisión (F. Prólogo 3; y 7, 3), no es la circunstancia histórica lo que primariamente interesa a la escritora: «En la cuenta de los años en que se fundaron los conventos tengo alguna sospecha si yerro alguno, aunque pongo la diligencia que puedo por que se me acuerde. Como no importa mucho, que se puede enmendar después, dígolos conforme a lo que puedo advertir con la memoria» (F. 20, 15). La genialidad de Fundaciones arranca, a mi juicio, de esa intuición primaria de integrar los datos del recuerdo en un discurso dialéctico, el señalado como objetivo fundamental.

Todo está contemplado y es trasmitido desde ese punto de vista: la demostración de la eficaz grandeza de Dios en el proceso de avance de la reforma carmelitana. Así, por ejemplo, hay ocasiones en que Teresa de Jesús se demora en relatar con gran detalle los avatares de adquisición de una casa; cuando el lector puede estar a punto de preguntarse a qué viene toda aquella profusión de minucias, la escritora ataja: «Parecerá cosa impertinente haberme detenido tanto en el comprar de la casa, hasta que se vea el fin que debía llevar el Demonio para que no fuésemos a lo de Nuestra Señora» (F. 29, 17; véase también F. 31, 38). En esa misma línea las personas son captadas y retratadas desde la función espiritual que en el conjunto desempeñan; así doña Beatriz de Beamonte y Navarra «es una persona de blanda condición, generosa, penitente; en fin, muy sierva de Dios» (F. 30, 4). Me apresuro a descartar de la sospecha del lector cualquier temor de encontrarse ante un mundo, digamos, «simple». Porque es cierto que la narración se hace desde una perspectiva de logro final, pero –y en esto radica uno de los grandes valores literarios de FUNDACIONES– Santa Teresa sabe mantener el ritmo de interés narrativo conduciéndonos a través de un camino lleno de obstáculos y en el que el tiempo actúa como elemento regulador del interés.

A ello contribuye, desde luego, la estructuración narrativa de toda la aventura fundacional sobre el esquema imaginativo de una contienda entre Dios y el Demonio. De ella dimana una tensión, enfatizada, como ya he dicho, por el maximalismo. Basta repasar el primer Epílogo y anotar los ponderativos que lo jalonan: *gran cansancio, gran sentimiento; grande amor, grandísimo contento, mayor alivio; testimonios bien graves, una cosa gravísima...* (F. 27, 17-21).

La dramaticidad aparece aquí y allí compensada por un desenfadado humorismo. Apenas iniciada la narración y a punto de iniciar las fundaciones, se nos presenta ella misma como «una pobre monja descalza cargada de patentes» (F. 2, 6); quien conoce su gran habilidad de gestora, no puede menos de sonreír. Y estalla, por fuerza, la risa ante aquel cuadro que pinta de las beatas de Villanueva de la Jara:

> «El más tiempo rezaban el oficio divino con un poco que sabían leer –que sólo una lee bien– y no con breviarios conformes el renovado por San Pío V.
>
> Unos les habían dado de lo viejo romano algunos clérigos –como no se aprovechaban de ellos–, otros como podían. Y como no sabían leer, estábanse muchas horas. Esto no lo rezaban adonde de fuera las oyesen. Dios tomaría su intención y trabajo, que pocas verdades debían decir.»

En el «Prólogo» dice ella: «...procuraré abreviar si supiere, porque mi estilo es tan pesado que, aunque quiera temo que no dejaré de cansar y cansarme». Inserta la afirmación en el contexto de la inicial «captatio benevolentiae», late en ella un «topos humilitatis»; pero responde también a un hecho cierto: la dificultad que encuentra para abreviar porque las ideas le bullen a borbotones y se le entrelazan unos temas con otros. Es lo propio de la conversación. Llegamos con ello a un punto clave para la comprensión de la escritura teresiana. En mi libro sobre *El arte literario de Santa Teresa*, después de evocar el principio formulado por Virginia Woolf –«saber para quién se escribe es saber cómo hay que escribir»– he destacado la fecundidad de su aplicación a la crítica literaria de nuestra primera escritora. Son sus hermanas carmelitas las destinatarias del discurso de FUNDACIONES y con ellas habla por escrito Santa Teresa. Aun sobre la base de unas anotaciones previas, la redacción de grandes tractos del LIBRO connota una situación coloquial. Lo demuestran, entre otras cosas, además de los acostumbrados anacolutos y expresiones semejantes, las autocorrecciones introducidas en el decurso del texto. Tratando de la santidad de Catalina Godínez, escribe: «Y aunque la olearon dos veces –tan al cabo la una que decía el médico que no había por qué ir por el olio, que antes moriría–, nunca dejaba de confiar del Señor que había de ir monja». Y aquí, la precisión inmediata: «No digo que en este tiempo la olearan las dos veces que hay de agosto a San Sebastián, sino antes» (F. 22, 18).

Pero, al tiempo que habla con sus monjas, Santa Teresa autorreflexiona en monólogo, y el estilo se vierte, entonces, hacia lo subjetivo; dialoga con Dios, y cobra el discurso tono de oración, instruye a sus monjas, y nos sitúa ante un tratado, o, en fin, amplía el radio de destinatarios y apela a los cristianos en general a modo de predicador. Baste un solo ejemplo en el que se adivinan estas variantes. Está empezando a contar la vocación de Casilda de Padilla y, a fin de que se valore la decisión que de abandonar el mundo adopta, enfatiza su entronque familiar con la alta nobleza castellana y, tras sugerir de manera escueta los pleitos nobiliarios que la herencia de los títulos comporta, exclama:

> «¡Oh Hijo del Padre Eterno, Jesucristo, Señor nuestro, Rey verdadero de todo! ¿Qué dejastes en el mundo que podimos heredar de Vos vuestros descendientes? ¿Qué poseistes, Señor mío, sino trabajos y deshonras?; y aún no tuvistes sino un madero en que pasar el trabajoso trago de la muerte [...] Vuestras armas son cinco llagas.
>
> ¡Ea, pues, hijas mías!, ésta ha de ser nuestra devisa si hemos de heredar su reino: no con descansos, no con regalos, no con honras, no con riquezas se ha de ganar lo que Él compró con tanta sangre.
>
> ¡Oh gente ilustre!, abrid por amor de Dios los ojos...» (10, 11).

Toda la variedad de estilos requeridos por la diversidad de géneros implícitos va contrapunteando el hilo narrativo de la gran epopeya dramática que, de este modo, se traduce en un discurso extraordinariamente vivo. Con sentido innato de la proporción, Teresa de Jesús presta voz directa a los personajes, haciendo presentes todas las escenas claves. Ha llegado, por ejemplo, el momento de dar cuenta de la primera fundación de Descalzas en Duruelo. A ella había ido el padre Antonio de Jesús a quien, páginas atrás, ha presentado como un letrado, manifestando, a la vez, su temor de que no fuera capaz de adaptarse a la nueva vida. El lugarejo –¡cómo sería!– no figuraba siquiera en el *Repertorio de caminos*, de Villuga, y la Fundadora se extravió antes de llegar a él: «Llegué –dice– una mañana. Estaba el padre fray Antonio de Jesús barriendo la puerta de la iglesia con un rostro de alegría que tiene él de siempre. Yo le dije: ¿Qué es esto, mi padre?, ¿qué se ha hecho de la honra? Díjome estas palabras, diciéndome el gran contento que tenía: "Yo maldigo el tiempo que la tuve"» (F. 14, 6). No ha necesitado la escritora anotar acotaciones sobre la intención de su expresión para que nosotros captemos toda la ironía que la pregunta conlleva. Y no hace falta subrayar lo que la escena, de suyo tan trivial, connota en el proceso narrativo: los letrados vivían ya como ermitaños.

Acaso lo que más nos seduce hoy es ver a Dios participando en el lenguaje de coloquio: «Estando un día en oración –cuenta en el cap. 25, 4– pidiendo a Dios, pues eran sus esposas y le tenían tanto deseo de contentar, les diese casa, me dijo: "Ya os he oído; déjame a Mí."». Nunca, en verdad, la literatura espiritual nos había hecho oírlo tan cercano. Y, por si fuera poco, en otra ocasión semejante, en medio de las dificultades para la fundación de Burgos, «sin estar en oración, me dice Nuestro Señor: "Ahora, Teresa, ten fuerte"».

Se ha señalado muchas veces que la mayor parte de

los símiles teresianos son tópicos de la literatura espiritual y de la predicación; nada más cierto. Pero precisamente ahí resplandece su genio, al renovar –en el sentido más rico del término–, por medio de una expresión personalísima, lo más conocido. Nada más visto, por ejemplo, que la estampa de un alma que se convierte en presencia de Cristo crucificado; pero el cuadro se nos aparece como inédito en la descripción que Teresa de Jesús hace de la conversión de Catalina Godínez: «apenas leyó el título [que coronaba un crucifijo de su alcoba], le pareció había venido una luz a su alma para entender la verdad, como si en *una pieza oscura entrara el sol;* y con esta luz puso los ojos en el Señor que *estaba en la cruz corriendo sangre...»* (F. 22, 4). Si el símil de la pieza visualiza en especialidad el ámbito del alma, qué diremos del valor de ese gerundio, *corriendo sangre*, que, aparte el regusto de plástica barroca, hace presente fluido lo que la rutina había hecho emplasto.

En un estudio del léxico del LIBRO DE LAS FUNDACIONES se advierte en seguida que la adjetivación es muy escasa. Toda la enorme carga de dramatismo y afectividad se sustenta en el puro contraste de las desnudas sustancias: Dios y el Demonio, el bien y el mal, la gracia y el pecado. No hay lugar para las ornamentaciones y los matices. El escenario de la guerra aparece desnudo y los hombres que en ella andan están vistos en situación límite. Cuando, acompañada de dos mercaderes de Medina, llega madre Teresa a Duruelo, todos tres rompen a llorar al ver aquella escena: «Tenía tantas cruces, tantas calaveras... El coro era el desván... habíanse de abajar mucho para entrar y para oír misa. Tenían a los dos rincones hacia la iglesia dos ermitillas adonde no podían estar sino echados o sentados, llenas de heno (porque el lugar era muy frío y el tejado casi les davan sobre las cabezas), con dos ventanillas hacia el altar y dos piedras por cabeceras, y allí sus cruces y calaveras...» (F. 14, 7).

Si tuviera que resumir en pocas palabras la razón íntima en que, a mi juicio, se cifra la clave del logro artístico de las FUNDACIONES, no dudaría en señalar ésta: que la vida cotidiana es elevada a categoría de gran epopeya y que ésta, a su vez, es contada a modo de cuento familiar cotidiano. De ahí el espesor literario de un Libro que con justicia se sitúa en la cumbre de la prosa castellana.

VÍCTOR GARCÍA DE LA CONCHA.

BIBLIOGRAFÍA

EFRÉN DE LA MADRE DE DIOS Y OTGER STEGGINK: *Santa Teresa y su tiempo,* 2 vols., Salamanca, Biblioteca de la Caja de Ahorros, 1982. Constituye el estudio biográfico más completo, que documenta, paso a paso, cada una de las fundaciones. Una versión más abreviada y accesible de la obra lleva el título de *Tiempo y Vida de Santa Teresa,* Madrid, Biblioteca de Autores Cristianos.

TEÓFANES EGIDO: *El linaje judeoconverso de Santa Teresa,* Madrid, Editorial de Espiritualidad, 1986. Centrado en el pleito de hidalguía de los Cepeda, resulta muy interesante para explicar los criterios teresianos en la elección de lugares de fundación y para explicar muchas de sus relaciones.

Congreso Internacional Teresiano: Vol. 5: Sección Histórica. Vol. II: Sección Literaria y Sección Teológico Espiritual, Salamanca, Universidad, 1984. Constituyen una verdadera «Summa Teresiana», ya que recogen estudios de medio centenar de especialistas sobre los más variados aspectos.

AA.VV.: *Introducción a la lectura de Santa Teresa,* Madrid, Editorial de Espiritualidad, 1978. Responde muy bien a su título. Constituye, en efecto, una utilísima guía –sin duda, la mejor de las hasta ahora existentes– para conocer el contexto histórico de Santa

Teresa, sus propósitos reformadores y su espiritualidad, y para acercarse a cada uno de sus libros.

VÍCTOR GARCÍA DE LA CONCHA: *El arte literario de Santa Teresa*, Barcelona, Ariel, 1978. Tras exponer la Estética y Poética teresianas, analiza su concreción en la escritura y estudia los libros como un conjunto orgánico.

NUESTRA EDICIÓN

No incluyó fray Luis de León el *Libro de las Fundaciones* en su edición de *Obras de Teresa de Jesús*, que aparece en Salamanca, 1588. Sin duda porque muchas alusiones a personas todavía vivas podían resultar inconvenientes en medio de la gran polémica que por entonces agitaba a la Descalcez. Felipe II entronizó el autógrafo de la obra, junto con otros teresianos, en la Biblioteca de El Escorial. Fueron Jerónimo Gracián y Ana de Jesús los que impulsaron la primera edición de la obra que vio la luz en Bruselas, 1610; en verdad, era muy imperfecta; se suprimían dos capítulos, el diez y el once, y, en cambio, se añadía otro, con la fundación de Granada, de mano de Ana de Jesús, junto con bastantes correcciones que el P. Gracián había hecho al original teresiano.

La primera edición rigurosa es la del P. Silverio de Santa Teresa (1919), a las que siguen las de los PP. Efrén y O. Steggink en las *Obras Completas* (BAC), Teófanes Egido en *Obras Completas* (Editorial de Espiritualidad) y la de Tomás Álvarez, con edición facsímil, transcripción del autógrafo y versión modernizada, a las que se añade una «Nota histórica» y el estudio del libro (Monte Carmelo).

La presente edición se apoya en un cotejo directo del manuscrito con esas cuatro ediciones precedentes, modernizando las grafías para una mejor accesibilidad.

LIBRO DE LAS FUNDACIONES

[PRÓLOGO]

JHS

1. Por experiencia he visto, dejando lo que en muchas partes he leído, el gran bien que es para un alma no salir de la obediencia. En esto entiendo estar el irse adelantando en la virtud y el ir cobrando la de la humildad; en esto está la seguridad de la sospecha, que los mortales es bien que tengamos mientras se vive en esta vida, de errar el camino del cielo; aquí se halla la quietud, que tan preciada es en las almas que desean contentar a Dios. Porque si de veras se han resignado en esta santa obediencia y rendido el entendimiento a ella, no queriendo tener otro parecer de su confesor[1], y si son religiosos el de su prelado, el demonio cesa de acometer con sus continuas inquietudes, como tiene visto que antes sale con pérdida que con ganancia; y también nuestros bulliciosos movimientos, amigos de hacer su voluntad y aun de sujetar la razón en cosas de nuestro contento, cesan, acordándose que determinadamente pusieron su voluntad en la de Dios, tomando por medio sujetarse a quien en su lugar toman.

Habiéndome Su Majestad, por su bondad, dado luz

[1] Un parecer distinto del de su confesor.

de conocer el gran tesoro que está encerrado en esta preciosa virtud, he procurado, aunque flaca e imperfectamente, tenerla; aunque muchas veces repugna la poca virtud que veo en mí, porque para algunas cosas que me mandan, entiendo que no llega. La divina Majestad provea lo que falta para esta obra presente.

2. Estando en San José de Ávila, año de mil y quinientos y sesenta y dos —que fue el mismo que se fundó este monasterio mismo—, fui mandada del padre fray García de Toledo, dominico, que al presente era mi confesor, que escribiese la fundación de aquel monasterio, con otras muchas cosas que, quien lo viere, si sale a luz, verá [2].

Ahora, estando en Salamanca, año de mil y quinientos y setenta y tres, que son once años después, confesándome con un padre, rector de la Compañía, llamado el maestro Ripalda, habiendo visto este libro de la primera fundación, le pareció sería servicio de Nuestro Señor que escribiese de otros siete monasterios que, después acá, por la bondad de Nuestro Señor, se han fundado [3], junto con el principio de los monasterios de los padres descalzos de esta primera Orden [4], y así me lo ha mandado. Pareciéndome a mí ser imposible a causa de los muchos negocios, así de cartas como de otras ocupaciones forzosas, por ser en cosas mandadas por los prelados, me estaba encomendando a Dios y algo apretada por ser yo para tan poco y con tan mala salud, que, aún sin esto, muchas veces me parecía no se poder sufrir el trabajo conforme a mi bajo natural, me dijo el Señor: «Hija, la obediencia da fuerzas.»

3. Plega a Su Majestad que sea así y dé gracia

---

[2] Se refiere al *Libro de la Vida*, cuyos capítulos 32-36 cuentan el proceso fundacional de San José.

[3] Medina del Campo, Malagón, Valladolid, Toledo, Pastrana, Salamanca y Alba de Tormes.

[4] Convento de los Descalzos en Duruelo.

para que acierte yo a decir para gloria suya las mercedes que en estas fundaciones ha hecho a esta Orden. Puédese tener por cierto que se dirá con toda verdad sin ningún encarecimiento, a cuanto yo entendiere, sino conforme a lo que ha pasado. Porque en cosa muy poco importante yo no trataría mentira por ninguna de la tierra; en esto, que se escribe para que Nuestro Señor sea alabado, haríaseme gran conciencia y creería no sólo era perder tiempo sino engañar con las cosas de Dios y, en lugar de ser alabado por ellas, ser ofendido; sería una gran traición. No plega a Su Majestad me deje de su mano para que yo la haga.

Irá señalada cada fundación, y procuraré abreviar, si supiere, porque mi estilo es tan pesado que, aunque quiera, temo que no dejaré de cansar y cansarme. Mas con el amor que mis hijas me tienen, a quien ha de quedar esto después de mis días, se podrá tolerar.

4. Plega a Nuestro Señor que, pues en ninguna cosa yo procuro provecho mío, ni tengo por qué, sino su alabanza y gloria —pues se verán muchas cosas para que se le den—, esté muy lejos de quien lo leyere atribuirme a mí ninguna, pues sería contra la verdad, sino que pidan a Su Majestad que me perdone lo mal que me he aprovechado de todas estas mercedes. Mucho más hay de qué se quejar de mí mis hijas por esto que por qué me dar gracias de lo que en ello está hecho. Démoslas todas, hijas mías, a la divina bondad por tantas mercedes como nos ha hecho. Una avemaría pido por su amor a quien esto leyere, para que sea ayuda a salir del purgatorio y llegar a ver a Jesucristo Nuestro Señor, que vive y reina con el Padre y el Espíritu Santo por siempre jamás, amén.

5. Por tener yo poca memoria, creo que se dejarán de decir muchas cosas muy importantes, y otras que se pudieran excusar, se dirán; en fin, conforme a mi poco ingenio y grosería [5] y también al poco sosiego que

---

[5] Falta de cultura. Debe interpretarse como declaración de humildad.

para esto hay. También me mandan, si se ofreciere ocasión trate algunas cosas de oración y del engaño que podría haber para no ir más adelante las que las [6] tienen.

6. En todo me sujeto a lo que tiene la madre santa Iglesia Romana; y con determinación que antes que venga a vuestras manos, hermanas e hijas mías, lo verán letrados y personas espirituales, comienzo en nombre del Señor, tomando por ayuda a su gloriosa Madre, cuyo hábito tengo, aunque indigna de él, y a mi glorioso padre y señor San José, en cuya casa estoy, que así es la vocación [7] de este monasterio de Descalzas, por cuyas oraciones he sido ayudada contino.

7. Año de 1573, día de San Luis, rey de Francia, que son veinticuatro días de agosto.

Sea Dios alabado.

---

[6] Sic. Obviamente, debe ser *la*.
[7] Advocación.

CAPÍTULO 1

Comienza la Fundación de San José del Carmen de Medina del Campo. De los medios por donde se comenzó a tratar de esta fundación y de las demás

1. Cinco años después de la fundación de San José de Ávila estuve en él, que, a lo que ahora entiendo, me parece serán los más descansados de mi vida, cuyo sosiego y quietud echa harto menos muchas veces mi alma. En este tiempo entraron algunas doncellas religiosas de poca edad, a quien el mundo, a lo que parecía, tenía ya para sí, según las muestras de su gala y curiosidad. Sacándolas el Señor bien apresuradamente de aquellas vanidades, las trajo a su casa, dotándolas de tanta perfección, que eran harta confusión mía, llegando al número de trece, que es el que estaba determinado para no pasar mas adelante.

2. Yo me estuve deleitando entre almas tan santas y limpias, adonde sólo era su cuidado de servir y alabar a Nuestro Señor. Su Majestad nos enviaba allí lo necesario sin pedirlo, y cuando nos faltaba, que fue harto pocas veces, era mayor su regocijo. Alababa a Nuestro Señor de ver tantas virtudes encumbradas, en especial el descuido que tenían de todo mas [1] de ser-

[1] Todo lo que no fuera servir a Dios.

virle. Yo, que estaba allí por mayor, nunca me acuerdo ocupar el pensamiento en ello. Tenía muy creído que no había de faltar el Señor a las que no traían otro cuidado sino en cómo contentarle. Y si alguna vez no había para todas en el mantenimiento, diciendo yo fuese para las más necesitadas, cada una le parecía no ser ella, y así se quedaba hasta que Dios enviaba para todas.

3. En la virtud de la obediencia —de quien yo soy muy devota, aunque no sabía tenerla hasta que estas siervas me enseñaron para no lo ignorar—, si yo tuviera virtud, pudiera decir muchas cosas que allí en ella vi. Una se me ofrece ahora; y es que, estando un día en refectorio, diéronnos raciones de cogombro; a mí cupo una muy delgada y por de dentro podrida. Llamé con disimulación a una hermana de las de mejor entendimiento y talentos que allí había, para probar su obediencia, y díjela que fuese a sembrar aquel cogombro a un huertecillo que teníamos. Ella me preguntó si le había de poner alto o tendido. Yo le dije tendido. Ella fue y púsole, sin venir a su pensamiento que era imposible dejarse de secar, sino que el ser por obediencia le cegó la razón natural, para creer era muy acertado.

4. Acaecíame encomendar a una seis o siete oficios contrarios, y, callando, tomarlos, pareciéndole posible hacerlos todos. Tenían un pozo, a dicho de los que le probaron, de harto mal agua, y parecía imposible correr por estar muy hondo. Llamando yo oficiales para procurarlo, reíanse de mí, de que quería echar dineros en balde. Yo dije a las hermanas que qué les parecía. Dijo una: «que se procure: Nuestro Señor nos ha de dar quien nos traiga agua y para darles de comer, pues más barato sale a Su Majestad dárnoslo en casa, y así no lo dejará de hacer». Mirando yo con la gran fe y determinación con que lo decía, túvelo por cierto y, contra voluntad del que entendía en las fuentes, que

conocía de agua, lo hice. Y fue el Señor servido, que sacamos un caño de ello bien bastante para nosotras, y de beber, como ahora le tienen.

5. No lo cuento por milagro, que otras cosas pudiera decir, sino por la fe que tenían estas hermanas, puesto que pasa ansí como lo digo, y porque no es mi primer intento loar las monjas de estos monasterios, que, por la bondad del Señor, todas hasta ahora van así. Y de estas cosas y otras muchas sería escribir muy largo, aunque no sin provecho, porque a las veces se animan las que vienen a imitarlas. Mas si el Señor fuere servido que esto se entienda, podrán los prelados mandar a las prioras que lo escriban.

6. Pues estando esta miserable [2] entre estas almas de ángeles —que a mí no me parecían otra cosa, porque ninguna falta, aunque fuese interior, me encubrían, y las mercedes y grandes deseos y desasimiento que el Señor les daba eran grandísimas; su consuelo era su soledad, y así me certificaban que jamás de estar solas se hartaban, y así tenían por tormento que las viniesen a ver, aunque fuesen hermanos; la que más lugar tenía de estarse en una ermita, se tenía por más dichosa—, considerando yo el gran valor de estas almas y el ánimo que Dios las daba para padecer y servirle, no cierto de mujeres, muchas veces me parecía que era para algún gran fin las riquezas que el Señor ponía en ellas. No porque me pasase por pensamiento lo que después ha sido, porque entonces parecía cosa imposible, por no haber principio para poderse imaginar, puesto que mis deseos, mientras más el tiempo iba adelante, eran muy más crecidos de ser alguna parte para bien de algún alma, y muchas veces me parecía, como quien tiene un gran tesoro guardado y desea que todos gocen de él y le atan las manos para distribuirle: así me parecía

[2] Ella misma.

que estaba atada mi alma, porque las mercedes que el Señor en aquellos años la hacía eran muy grandes y todo me parecía mal empleado en mí. Servía al Señor con mis pobres oraciones; siempre procuraba con las hermanas hiciesen lo mismo y se aficionasen al bien de las almas y al aumento de su Iglesia, y a quien trataba con ellas, siempre se edificaban, y en esto embebía mis grandes deseos.

7. A los cuatro años, me parece era algo más, acertó a venirme a ver un fraile francisco, llamado fray Alonso Maldonado, harto siervo de Dios y con los mismos deseos del bien de las almas que yo, y podíalos poner por obra, que le tuve yo harta envidia. Éste venía de las Indias poco había. Comenzóme a contar de los muchos millones de almas que allí se perdían por falta de doctrina, e hízonos un sermón y plática animándonos a la penitencia, y fuese. Yo quedé tan lastimada de la perdición de tantas almas, que no cabía en mí. Fuíme a una ermita [3] con hartas lágrimas; clamaba a Nuestro Señor, suplicándole diese medio cómo pudiese algo para ganar algún alma para su servicio, pues tantas llevaba el demonio, y que pudiese mi oración algo, ya que yo no era para más. Había gran envidia a los que podían por amor de Nuestro Señor emplearse en esto, aunque pasasen mil muertes. Y así me acaece que cuando en las vidas de los santos leemos que convirtieron almas, mucha más devoción me hace y más ternura y más envidia que todos los martirios que padecen —por ser ésta la inclinación que Nuestro Señor me ha dado—, pareciéndome que precia más un alma que por nuestra industria y oración le ganásemos mediante su misericordia, que todos los servicios que le podemos hacer.

---

[3] Inspirada en el *Libro de la Institución de los primeros monjes*, Teresa de Jesús restaura la jornada eremítico-contemplativa y al servicio de ella multiplica por todo el convento de San José pequeñas ermitas a las que las monjas se retiran para orar.

8. Pues andando yo con esta pena tan grande, una noche, estando en oración, representóseme Nuestro Señor de la manera que suele, y, mostrándome mucho amor, a manera de quererme consolar, me dijo: «Espera un poco, hija, y verás grandes cosas.» Quedaron tan fijadas en mi corazón estas palabras, que no las podía quitar de mí. Y aunque no podía atinar, por mucho que pensaba en ello, qué podría ser, ni veía camino para poderlo imaginar, quedé muy consolada y con gran certidumbre que serían verdaderas estas palabras; mas el medio cómo, nunca vino a mi imaginación. Así se pasó, a mi parecer, otro medio año y, después de éste, sucedió lo que ahora diré.

CAPÍTULO 2

Cómo nuestro padre general vino a Ávila, y lo que de su venida sucedió

1. Siempre nuestros Generales residen en Roma y jamás ninguno vino a España, y así parecía cosa imposible venir ahora. Mas, como para lo que Nuestro Señor quiere, no hay cosa que lo sea, ordenó Su Majestad que lo que nunca había sido, fuese ahora. Yo, cuando lo supe, paréceme que me pesó; porque, como ya se dijo en la fundación de San José, no estaba aquella casa sujeta a los frailes por la causa dicha [1]. Temí dos cosas: la una, que se había de enojar conmigo, y, no sabiendo las cosas cómo pasaban, tenía razón; la otra, si me había de mandar tornar al monasterio de la Encarnación, que es de la Regla mitigada, que para mí fuera desconsuelo, por muchas causas que no hay para qué decir. Una bastaba, que era no poder yo allá guardar el rigor de la Regla primera y ser de más de ciento y cincuenta el número [2]; y todavía adonde hay pocas, hay más conformidad y quietud. Mejor lo hizo Nuestro Señor que yo pensaba;

---

[1] De acuerdo con Roma, el convento de San José estaba fundado en obediencia al obispo de Ávila.

[2] Tenía cabida real para sesenta monjas y ese desproporcionado número y la escasez de recursos dificultaban el recogimiento.

porque el General es tan siervo suyo y tan discreto y letrado, que miró ser buena la obra y, por lo demás, ningún desabrimiento me mostró. Llámase fray Juan Bautista Rubeo de Ravena, persona muy señalada en la Orden, y con mucha razón.

2. Pues, llegado a Ávila, yo procuré fuese a San José, y el obispo tuvo por bien se le hiciese toda la cabida que a su misma persona. Yo le di cuenta con toda verdad y llaneza, porque es mi inclinación tratar así con los prelados suceda lo que sucediere, pues están en lugar de Dios, y con los confesores lo mismo; y si esto no hiciese, no me parecería tenía seguridad mi alma. Y así le di cuenta de ella y casi de toda mi vida, aunque es harto ruin. Él me consoló mucho y aseguró que no me mandaría salir de allí.

3. Alegróse de ver la manera de vivir y un retrato, aunque imperfecto, del principio de nuestra Orden, y cómo la Regla se guardaba en todo rigor, porque en toda la Orden no se guardaba en ningún monasterio, sino la mitigada [3]. Y, con la voluntad que tenía de que fuese muy adelante este principio, diome muy cumplidas patentes para que se hiciesen más monasterios, con censuras para que ningún provincial me pudiese ir a la mano. Éstas yo no se las pedí, puesto que entendió, de mi manera de proceder en la oración, que eran los deseos grandes de ser parte para que algún alma se llegase más a Dios.

4. Estos medios yo no los procuraba, antes me parecía desatino, porque una mujercilla tan sin poder como yo bien entendía que no podía hacer nada; mas cuando al alma vienen estos deseos, no es en su mano desecharlos. El amor de contentar a Dios y la fe hacen posible lo que por razón natural no lo es. Y así, en

---

[3] En realidad, aunque Teresa de Jesús no lo sabía, existían en Italia otros conventos reformados que guardaban también la Regla Primitiva.

viendo yo la gran voluntad de nuestro reverendísimo general para que hiciese más monasterios, me pareció los veía hechos. Acordándome de las palabras que Nuestro Señor me había dicho [4], vía yo algún principio de lo que antes no podía entender.

Sentí muy mucho cuando vi tornar a nuestro padre General a Roma; habíale cobrado gran amor y parecíame quedar con gran desamparo. Él me le mostraba grandísimo y mucho favor, y, las veces que se podía desocupar, se iba allá a tratar cosas espirituales, como a quien el Señor debe hacer grandes mercedes; en este caso nos era consuelo oírle. Aun antes que se fuese, el obispo, que es don Álvaro de Mendoza, muy aficionado a favorecer a los que ve pretenden servir a Dios con más perfección, y así, procuró que le dejase licencia para que en su obispado se hiciesen algunos monasterios de frailes descalzos de la primera Regla. También otras personas se lo pidieron. Él lo quisiera hacer, mas halló contradicción en la Orden; y así, por no alterar la Provincia, lo dejó por entonces.

5. Pasados algunos días, considerando yo cuán necesario era, si se hacían monasterios de monjas, que hubiese frailes de la misma Regla, y viendo ya tan pocos en esta Provincia que aun me parecía se iban a acabar, encomendándolo mucho a Nuestro Señor, escribí a nuestro padre General una carta, suplicándole lo mejor que yo supe, dando las causas por donde sería gran servicio de Dios, y los inconvenientes que podía haber no eran bastantes para dejar tan buena obra, y poniéndole delante el servicio que haría a Nuestra Señora, de quien era muy devoto. Ella debía ser la que lo negoció; porque esta carta llegó a su poder estando en Valencia, y desde allí me envió licencia para que se fundasen dos monasterios, como

---

[4] «Espera un poco, hija, y verás grandes cosas.» (Cap. 1,8.)

quien deseaba la mayor religión de la Orden. Porque no hubiese contradicción, remitiólo al Provincial que era entonces y al pasado, que era harto dificultoso de alcanzar. Mas, como vi lo principal, tuve esperanza el Señor haría lo demás. Y así fue, que, por el favor del obispo, que tomaba este negocio por muy suyo, entrambos vinieron en ello.

6. Pues estando yo ya consolada con las licencias, creció más mi cuidado, por no haber frailes en la Provincia, que yo entendiese, para ponerlo por obra, ni seglar que quisiese hacer tal comienzo. Yo no hacía sino suplicar a Nuestro Señor que siquiera una persona despertase. Tampoco tenía casa ni cómo la tener. Vela aquí una pobre monja descalza, sin ayuda de ninguna parte, sino del Señor, cargada de patentes y buenos deseos, y sin ninguna posibilidad para ponerlos por obra. El ánimo no desfallecía ni la esperanza, que, pues el Señor había dado lo uno, daría lo otro. Ya todo me parecía muy posible, y así lo comencé a poner por obra.

7. ¡Oh grandeza de Dios! ¡Y cómo mostráis vuestro poder en dar osadía a una hormiga! Y cómo, Señor mío, no queda por Vos el no hacer grandes obras los que os aman, sino por nuestra cobardía y pusilanimidad! Como nunca nos determinamos, sino llenos de mil temores y prudencias humanas, así, Dios mío, no obráis Vos vuestras maravillas y grandezas. ¿Quién más amigo de dar, si tuviese a quién, ni de recibir servicios a su costa? Plega a Vuestra Majestad que os haya yo hecho alguno y no tenga más cuenta que dar de lo mucho que he recibido. Amén.

CAPÍTULO 3

Por qué medios se comenzó a tratar de hacer el monasterio de San José en Medina del Campo

1. Pues estando yo con todos estos cuidados, acordé de ayudarme de los padres de la Compañía, que estaban muy aceptos en aquel lugar, en Medina, con quien, como ya tengo escrito en la primera fundación [1], traté mi alma muchos años, y por el gran bien que la hicieron, siempre los tengo particular devoción. Escribí lo que nuestro padre General me había mandado al rector de allí, que acertó a ser el que me confesó muchos años, como queda dicho, aunque no el nombre: llamábase Baltasar Álvarez, que al presente es Provincial. Él y los demás dijeron que harían lo que pudiesen en el caso, y así hicieron mucho para recaudar la licencia de los del pueblo y del prelado, que, por ser monasterio de pobreza [2], en todas partes es dificultoso; y así se tardó algunos días en negociar.

2. A esto fue un clérigo, muy siervo de Dios y bien

---

[1] En el *Libro de la Vida*.

[2] En una primera etapa, Teresa de Jesús quiso que sus conventos vivieran sólo del trabajo de las monjas y las limosnas. Las dificultades surgidas por la pobreza de la época, sobre todo en lugares pequeños, la llevaron a aceptar fundaciones con un capital básico, aportado por un fundador y de cuyas rentas se vivía.

desasido de todas las cosas del mundo y de mucha oración. Era capellán en el monasterio adonde yo estaba, al cual le daba el Señor los mismos deseos que a mí, y así me ha ayudado mucho, como se verá adelante. Llámase Julián de Ávila. Pues ya que tenía la licencia, no tenía casa ni blanca[3] para comprarla. Pues crédito para fiarme en nada, si el Señor no le diera, ¿cómo le había de tener una romera como yo? Proveyó el Señor que una doncella muy virtuosa, para quien no había habido lugar en San José que entrase, sabiendo se hacía otra casa, me vino a rogar la tomase en ella. Ésta tenía unas blanquillas, harto poco, que no era para comprar casa, sino para alquilarla —y así procuramos una de alquiler— y para ayuda al camino. Sin más arrimo que éste, salimos de Ávila dos monjas de San José y yo, y cuatro de la Encarnación —que es el monasterio de la Regla mitigada, adonde yo estaba antes que se fundase San José—, con nuestro padre capellán, Julián de Ávila.

3. Cuando en la ciudad se supo, hubo mucha murmuración; unos decían que yo estaba loca; otros esperaban el fin de aquel desatino. Al obispo, según después me ha dicho, le parecía muy grande, aunque entonces no me lo dio a entender ni quiso estorbarme, porque me tenía mucho amor, y no me dar pena. Mis amigos harto me habían dicho, mas yo hacía poco caso de ello; porque me parecía tan fácil lo que ellos tenían por dudoso, que no podía persuadirme a que había de dejar de suceder bien.

Ya cuando salimos de Ávila había yo escrito a un padre de nuestra Orden, llamado fray Antonio de Heredia, que me comprase una casa, que era entonces prior del monasterio de frailes que allí hay de nuestra Orden, llamado Santa Ana, para que me comprase una casa. Él lo trató con una señora que le tenía devoción,

[3] La moneda de menor valor en la época.

que tenía una que se le había caído toda, salvo un cuarto, y era muy bien puesto. Fue tan buena, que prometió de vendérsela, y así la concertaron sin pedirle fianzas ni más fuerza de su palabra; porque, a pedirlas, no tuviéramos remedio. Todo lo iba disponiendo el Señor. Esta casa estaba sin paredes, que a esta causa alquilamos esta otra, mientras que aquélla se aderezaba, que había harto que hacer.

4. Pues, llegando la primera jornada, noche, y cansadas por el mal aparejo que llevábamos, yendo a entrar por Arévalo, salió un clérigo nuestro amigo, que nos tenía una posada en casa de unas devotas mujeres, y díjome en secreto cómo no teníamos casa; porque estaba cerca de un monasterio de Agustinos, y que ellos resistían que no entrásemos ahí, y que, forzado, había de haber pleito. ¡Oh, válgame Dios! Cuando Vos, Señor, queréis dar ánimo, ¡qué poco hacen todas las contradicciones! Antes parece me animó, pareciéndome, pues ya se comenzaba alborotar el demonio, que se había de servir el Señor de aquel monasterio. Con todo, le dije que callase, por no alborotar a las compañeras, en especial a las dos de la Encarnación, que las demás por cualquier trabajo pasaran por mí. La una de estas dos era superiora entonces de allí, y defendiéronle mucho la salida [4]; entrambas de buenos deudos, y venían contra su voluntad porque a todos les parecía disparate, y después vi yo que les sobraba la razón; que, cuando el Señor es servido yo funde una casa de éstas, paréceme que ninguna admite mi pensamiento que me parezca bastante para dejarlo de poner por obra, hasta después de hecho. Entonces se me ponen juntas las dificultades, como después se vera.

5. Llegando a la posada, supe que estaba en el lugar un fraile dominico, muy gran siervo de Dios, con

---

[4] Obstaculizáronla mucho.

quien yo me había confesado el tiempo que había estado en San José. Porque en aquella fundación traté mucho de su virtud, aquí no diré más del nombre, que es el maestro fray Domingo Báñez[5] –tiene muchas letras y discreción–, por cuyo parecer yo me gobernaba, y al suyo no era tan dificultoso, como en todos, lo que iba a hacer. Porque quien más conoce a Dios, más fácil se le hacen sus obras, y de algunas mercedes que sabía Su Majestad me hacía y por lo que había visto en la fundación de San José, todo le parecía muy posible. Diome gran consuelo cuando le vi, porque con su parecer todo me parecía iría acertado. Pues, venido allí, díjele muy en secreto lo que pasaba. A él le pareció que presto podríamos concluir el negocio de los Agustinos; mas a mi hacíaseme recia cosa cualquier tardanza, por no saber qué hacer de tantas monjas, y así pasamos todas con cuidado aquella noche, que luego lo dijeron en la posada a todas.

6. Luego, de mañana llegó allí el prior de nuestra Orden, fray Antonio, y dijo que la casa que tenía concertado de comprar era bastante y tenía un portal adonde se podía hacer una iglesia pequeña, aderezándole con algunos paños. En esto nos determinamos. Al menos a mí parecióme muy bien; porque la más brevedad era lo que mejor nos convenía, por estar fuera de nuestros monasterios y también porque temía alguna contradicción, como estaba escarmentada de la fundación primera. Y así quería que antes que se entendiese, estuviese ya tomada la posesión y, así, nos determinamos a que luego se hiciese. En esto mismo vino el Padre Maestro fray Domingo.

7. Llegamos a Medina del Campo víspera de Nuestra Señora de Agosto, a las doce de la noche. Apeámonos en el monasterio de Santa Ana por no hacer

---

[5] El gran teólogo dominico será uno de los mentores intelectuales de Teresa de Jesús y gran valedor suyo.

ruido, y a pie nos fuimos a la casa. Fue harta misericordia del Señor, que a aquella hora encerraban toros para correr otro día, no nos topar alguno. Con el embebecimiento que llevábamos, no había acuerdo de nada; mas el Señor, que siempre le tiene de los que desean su servicio, nos libró, que cierto allí no se pretendía otra cosa.

8. Llegadas a la casa, entramos en un patio. Las paredes harto caídas me parecieron, mas no tanto como cuando fue de día se pareció. Parece que el Señor había querido se cegase aquel bendito padre para ver que no convenía poner allí Santísimo Sacramento. Visto el portal, había bien que quitar tierra de él, a teja vana, las paredes sin embarrar; la noche era corta y no traíamos sino unos reposteros —creo eran tres—: para toda la largura que tenía el portal, era nada. Yo no sabía qué hacer, porque vi no convenía poner allí altar. Plugo al Señor, que quería luego se hiciese, que el mayordomo de aquella señora tenía muchos tapices de ella en casa, y una cama[6] de damasco azul, y había dicho nos diese lo que quisiésemos, que era muy buena.

9. Yo, cuando vi tan buen aparejo, alabé al Señor, y así harían las demás, aunque no sabíamos qué hacer de clavos, ni era hora de comprarlos. Comenzáronse a buscar de las paredes; en fin, con trabajo, se halló recaudo. Unos a entapizar, nosotras a limpiar el suelo, nos dimos tan buena prisa, que, cuando amanecía, estaba puesto el altar, y la campanilla en un corredor, y luego se dijo la misa. Esto bastaba para tomar la posesión. No se cayó en ello, sino que pusimos el Santísimo Sacramento y desde unas resquicias de una puerta que estaba frontero, veíamos misa, que no había otra parte.

10. Yo estaba hasta esto muy contenta, porque

---

[6] Cubrecama.

para mí es grandísimo consuelo ver una iglesia más adonde haya Santísimo Sacramento; mas poco me duró. Porque, como se acabó la misa, llegué por un poquito de una ventana a mirar el patio y vi todas las paredes por algunas partes en el suelo, que para remediarlo era menester muchos días. ¡Oh, válgame Dios! Cuando yo vi a Su Majestad puesto en la calle en tiempo tan peligroso como ahora estamos por estos luteranos, ¡qué fue la congoja que vino a mi corazón!

11. Con esto se juntaron todas las dificultades que podían poner los que mucho lo habían murmurado, y entendí claro que tenían razón. Parecíame imposible ir adelante con lo que había comenzado; porque así como antes todo me parecía fácil, mirando a que se hacía por Dios, así ahora la tentación estrechaba de manera su poder, que no parecía haber recibido ninguna merced suya: sólo mi bajeza y poco poder tenía presente. Pues arrimada a cosa tan miserable, ¿qué buen suceso podía esperar? Y a ser sola, paréceme lo pasara mejor; mas pensar habían de tornar las compañeras a su casa, con la contradicción que habían salido, hacíaseme recio. También me parecía que, errado este principio, no había lugar todo lo que yo tenía entendido había de hacer el Señor adelante. Luego, se añadía el temor si era ilusión lo que en la oración había entendido, que no era la menor pena, sino la mayor; porque me daba grandísimo temor si me había de engañar el demonio. ¡Oh, Dios mío, qué cosa es ver un alma que Vos queréis dejar que pene! Por cierto, cuando se me acuerda esta aflicción y otras algunas que he tenido en estas fundaciones, no me parece hay que hacer caso de los trabajos corporales, aunque han sido hartos, en esta comparación.

12. Con toda esta fatiga que me tenía bien apretada, no daba a entender ninguna cosa a las compañeras, porque no las quería fatigar más de lo que estaban. Pasé con este trabajo hasta la tarde, que envió el rector de la Compañía a verme con un padre, que

me animó y consoló mucho. Yo no le dije todas las penas que tenía sino sólo la que me daba vernos en la calle. Comencé a tratar de que se nos buscase casa alquilada, costase lo que costase, para pasarnos a ella mientras aquello se remediaba, y comencéme a consolar de ver la mucha gente que venía, y ninguno cayó en nuestro desatino, que fue misericordia de Dios; porque fuera muy acertado quitarnos el Santísimo Sacramento. Ahora considero yo mi bobería y el poco advertir de todos en no consumirle; sino que me parecía, si esto se hiciera, era todo deshecho.

13. Por mucho que se procuraba, no se halló casa alquilada en todo el lugar, que yo pasaba harto penosas noches y días. Porque, aunque siempre dejaba hombres que velasen el Santísimo Sacramento, estaba con cuidado si se dormían; y así, me levantaba a mirarlo de noche por una ventana, que hacía muy clara luna y podíalo bien ver. Todos estos días era mucha la gente que venía, y no sólo[7] les parecía mal, sino poníales devoción de ver a Nuestro Señor otra vez en el portal. Y Su Majestad, como quien nunca se cansa de humillarse por nosotros, no parece quería salir de él.

14. Ya después de ocho días, viendo un mercader[8] la necesidad —que posaba en una muy buena casa—, díjonos fuésemos a lo alto de ella, que podíamos estar como en casa propia. Tenía una sala muy grande y dorada, que nos dio para iglesia, y una señora que vivía junto a la casa que compramos, llamada doña Elena de Quiroga, gran sierva de Dios, dijo que me ayudaría para que luego se comenzase a hacer una capilla para donde estuviese el Santísimo Sacramento, y también para acomodarnos cómo estuviésemos en-

---

[7] Y no sólo *no*...

[8] Varios mercaderes judeo-conversos y amigos de familia serán protectores de las fundaciones.

cerradas. Otras personas nos daban harta limosna para comer; mas esta señora fue la que más me socorrió.

15. Ya con esto comencé a tener sosiego, porque adonde nos fuimos estábamos con todo encerramiento, y comenzamos a decir las Horas, y en la casa se daba el buen prior mucha prisa, que pasó harto trabajo. Con todo, tardaría dos meses. Mas, púsose de manera que pudimos estar algunos años razonablemente. Después lo ha ido Nuestro Señor mejorando.

16. Estando aquí yo, todavía tenía cuidado de los monasterios de los frailes. Y como no tenía ninguno, como he dicho, no sabía qué hacer. Y así me determiné muy en secreto a tratarlo con el prior de allí para ver qué me aconsejaba y así lo hice. Él se alegró mucho cuando lo supo y me prometió que sería el primero. Yo lo tuve por cosa de burla y así se lo dije; porque, aunque siempre fue buen fraile y recogido y muy estudioso y amigo de su celda, que era letrado, para principio semejante no me pareció sería, ni tendría espíritu, ni llevaría adelante el rigor que era menester, por ser delicado y no mostrado a ello. Él me aseguraba mucho y certificó que había muchos días que el Señor le llamaba para vida más estrecha, y así tenía ya determinado de irse a los cartujos y le tenían ya dicho le recibirían. Con todo esto, no estaba muy satisfecha, aunque me alegraba de oírle, y roguéle que nos detuviésemos algún tiempo y él se ejercitase en las cosas que había de prometer. Y así se hizo, que se pasó un año y en éste le sucedieron tantos trabajos y persecuciones de muchos testimonios, que parece el Señor le quería probar. Y él lo llevaba todo tan bien y se iba aprovechando tanto, que yo alababa a Nuestro Señor y me parecía le iba Su Majestad disponiendo para esto.

17. Poco después, acertó a venir allí un padre de poca edad, que estaba estudiando en Salamanca, y él fue con otro compañero, el cual me dijo grandes cosas de la vida que este padre hacía. Llámase fray Juan de

la Cruz. Yo alabé a Nuestro Señor, y hablándole, contentóme mucho, y supe de él como se quería también ir a los cartujos. Yo le dije lo que pretendía y le rogué mucho esperase hasta que el Señor nos diese monasterio y el gran bien que sería, si había de mejorarse, ser en su misma Orden y cuánto más serviría al Señor. Él me dio la palabra de hacerlo, con que no se tardase mucho. Cuando yo vi ya que tenía dos frailes para comenzar, parecióme estaba hecho el negocio, aunque todavía no estaba tan satisfecha del prior, y así aguardaba algún tiempo, y también por tener adonde comenzar.

18. Las monjas iban ganando crédito en el pueblo y tomando con ellas mucha devoción y, a mi parecer, con razón; porque no entendían sino en cómo pudiese cada una más servir a Nuestro Señor. En esto iban con la manera de proceder que en San José de Ávila, por ser una misma la Regla y Constituciones.

Comenzó el Señor a llamar a algunas para tomar el hábito; y eran tantas las mercedes que les hacía, que yo estaba espantada. Sea por siempre bendito, amén; que no parece aguarda más de a ser querido para querer.

CAPÍTULO 4

En que trata de algunas mercedes que el Señor hace a las monjas de estos monasterios, y dase aviso a las prioras de cómo de ha de haber en ellas

1. Hame parecido, antes que vaya más adelante —porque no sé el tiempo que el Señor me dará de vida ni de lugar, y ahora parece tengo un poco—, de dar algunos avisos, para que las prioras se sepan entender y lleven las súbditas con más aprovechamiento de sus almas, aunque no con tanto gusto suyo.

Hase de advertir que cuando me han mandado escribir estas fundaciones, dejado la primera de San José de Ávila, que se escribió luego, están fundados, con el favor del Señor, otros siete hasta el de Alba de Tormes, que es el postrero de ellos. Y la causa de no se haber fundado más ha sido el atarme los prelados en otra cosa, como adelante se verá.

2. Pues, mirando a lo que sucede de cosas espirituales en estos años en estos monasterios, he visto la necesidad que hay de lo que quiero decir. Plega a Nuestro Señor que acierte conforme a lo que veo es menester. Y pues no son engaños, es menester no estén los espíritus amedrentados; porque, como en otras partes he dicho en algunas cosillas que para las hermanas he escrito [1], yendo con limpia conciencia y

---

[1] En el *Camino de Perfección*.

con obediencia, nunca el Señor permite que el demonio tenga tanta mano que nos engañe de manera que pueda dañar el alma; antes viene él a quedar engañado. Y como esto entiende creo no hace tanto mal como nuestra imaginación y malos humores, en especial si hay melancolía, porque el natural de las mujeres es flaco y el amor propio que reina en nosotras muy sutil. Y, así, han venido a mí personas, así hombres como mujeres, muchas, junto con las monjas de estas casas, adonde claramente he conocido que muchas veces se engañan a sí mismas sin querer. Bien creo que el demonio se debe entremeter para burlarnos; mas de muy muy muchas que, como digo, he visto, por la bondad del Señor no he entendido que las haya dejado de su mano. Por ventura, quiere ejercitarlas en estas quiebras para que salgan experimentadas.

3. Están, por nuestros pecados, tan caídas en el mundo las cosas de oración y perfección, que es menester declararme de esta suerte; porque, aun sin ver peligro, temen de andar este camino, ¿qué sería si dijésemos alguno? Aunque, a la verdad, en todo le hay y para todo es menester, mientras vivimos, ir con temor y pidiendo al Señor nos enseñe y no desampare. Mas, como creo dije una vez, si en algo puede dejar de haber muy menos peligro, es en los que más se llegan a pensar en Dios y procuran perfeccionar su vida.

4. Como, Señor mío, vemos que nos libráis muchas veces de los peligros en que nos ponemos, aun para ser contra Vos, ¿cómo es de creer no nos libraréis, cuando no se pretende cosa más que contentaros y regalarnos con Vos? Jamás esto puedo creer. Podría ser que, por otros juicios secretos de Dios, permitiese algunas cosas que así como así habían de suceder; mas el bien nunca trajo mal. Así que esto sirva de procurar caminar mejor el camino, para contentar mejor a nuestro Esposo y hallarle más presto; mas no de dejarle de andar. Y para animarnos a andar con fortaleza

camino de puertos tan ásperos, como es el de esta vida, mas no para acobardarnos en andarle. Pues, en fin, fin, yendo con humildad, mediante la misericordia de Dios, hemos de llegar a aquella ciudad de Jerusalén, adonde todo se nos hará poco lo que se ha padecido, o nonada, en comparación de lo que se goza.

5. Pues comenzando a poblarse estos palomarcitos de la Virgen Nuestra Señora, comenzó la Divina Majestad a mostrar sus grandezas en estas mujercitas flacas, aunque fuertes en los deseos y en el desasirse de todo lo criado, que debe ser lo que más junta el alma con su Criador, yendo con limpia conciencia. Esto no había menester señalar, porque si el desasimiento es verdadero, paréceme no es posible sin él no ofender al Señor; como todas las pláticas y trato no sale de Él, así Su Majestad no parece se quiere quitar de con ellas. Esto es lo que veo ahora y con verdad puedo decir. Teman las que están por venir y esto leyeren, y si no vieren lo que ahora hay, no lo echen a los tiempos, que para hacer Dios grandes mercedes a quien de veras le sirve, siempre es tiempo, y procuren mirar si hay quiebra en esto y enmendarla.

6. Oigo algunas veces de los principios de las Órdenes decir que, como eran los cimientos, hacía el Señor mayores mercedes a aquellos santos nuestros pasados. Y es así, mas siempre habrían de mirar que son cimiento de los que están por venir. Porque si ahora los que vivimos no hubiésemos caído de lo que los pasados, y los que viniesen después de nosotros hiciesen otro tanto, siempre estaría firme el edificio. ¿Qué me aprovecha a mí que los santos pasados hayan sido tales, si yo soy tan ruin, después, que dejo estragado con la mala costumbre el edificio? Porque está claro que los que vienen no se acuerdan tanto de los que ha muchos años que pasaron como de los que ven presentes. Donosa cosa es que lo eche yo a no ser de las primeras y no mire la diferencia que hay de mi

vida y virtudes a la de aquellos a quien Dios hacía tan grandes mercedes.

7. ¡Oh, válgame Dios, qué disculpas tan torcidas y qué engaños tan manifiestos! No trato de los que fundan las religiones, que, como los escogió Dios para gran oficio, dioles más gracia. Pésame a mí, Dios mío, de ser tan ruin y tan poco en vuestro servicio; mas bien sé que está la falta en mí de no me hacer las mercedes que a mis pasados. Lastímame mi vida, Señor, cuando la cotejo con la suya, y no lo puedo decir sin lágrimas. Veo que he perdido yo lo que ellos trabajaron y que en ninguna manera me puedo quejar de Vos, ni ninguna es bien que se queje, sino que, si viere va cayendo en algo su Orden, procure ser piedra tal con que se torne a levantar el edificio, que el Señor ayudará para ello.

8. Pues tornando a lo que decía, que me he divertido mucho, son tantas las mercedes que el Señor hace en estas casas, que si hay una o dos en cada una que la lleve Dios ahora por meditación, todas las demás llegan a contemplación perfecta, y algunas van tan adelante, que llegan a arrobamientos. A otras hace el Señor merced por otra suerte, Junto con esto de darles revelaciones y visiones, que claramente se entiende ser de Dios. No hay ahora casa que no haya una o dos o tres de éstas. Bien entendido que no está en esto la santidad, ni es mi intención loarlas solamente, sino para que se entienda que no es sin propósito los avisos que quiero decir.

CAPÍTULO 5

En que se dicen algunos avisos para cosas de oración. Es muy provechoso para los que andan en cosas activas

1. No es mi intención ni pensamiento que será tan acertado lo que yo dijere aquí, que se tenga por regla infalible; que sería desatino en cosas tan dificultosas. Como hay muchos caminos en este camino del espíritu, podrá ser acierte a decir de alguno de ellos algún punto. Si los que no van por él no lo entendieren, será que van por otro, y si no aprovechare a ninguno, tomará el Señor mi voluntad, pues entiende que, aunque no todo he experimentado yo, en otras almas sí lo he visto.

2. Lo primero quiero tratar, según mi pobre entendimiento, en qué está la sustancia de la perfecta oración. Porque alguno he topado que les parece está todo el negocio en el pensamiento y, si éste pueden tener mucho en Dios, aunque sea haciéndose gran fuerza, luego les parece que son espirituales, y, si se divierten, no pudiendo más, aunque sea para cosas buenas, luego les viene gran desconsuelo y les parece que están perdidos. Estas cosas e ignorancias no las tendrán los letrados —aunque ya he topado con alguno en ellas—; mas para nosotras, las mujeres, de todas

estas ignorancias nos conviene ser avisadas. No digo que no es merced del Señor quien siempre puede estar meditando en sus obras, y es bien que se procure. Mas hase de entender que no todas las imaginaciones son hábiles de su natural para esto, mas todas las almas lo son para amar. Ya otra vez escribí la causa de este desvarío de nuestra imaginación. A mi parecer, no todas, que será imposible, mas algunas. Y, así, no trato ahora de esto, sino querría dar a entender que el alma no es el pensamiento, ni la voluntad es mandada [1], que tendría harta mala ventura; por donde el aprovechamiento del alma no está en pensar mucho, sino en amar mucho.

3. ¿Cómo se adquirirá este amor? Determinándose a obrar y padecer, y hacerlo cuando se ofreciere. Bien es verdad que del pensar lo que debemos al Señor y quién es y lo que somos, se viene a hacer un alma determinada, y que es gran mérito y para los principios muy convemente; mas entiéndese cuando no hay de por medio cosas que toquen en obediencia y aprovechamiento de los prójimos. Cualquiera de estas dos cosas que se ofrezcan, piden tiempo para dejar el que nosotros tanto deseamos dar a Dios, que, a nuestro parecer, es estamos a solas pensando en Él y regalándonos con los regalos que nos da. Dejar esto por cualquiera de estas dos cosas, es regalarle y hacer por Él. Dicho por su boca: *Lo que hicisteis por uno de estos pequeñitos, hacéis por mí*. Y en lo que toca a la obediencia, no querrá que vaya por otro camino que Él quien bien le quisiere, *obediens usque ad mortem*.

4. Pues si esto es verdad, ¿de qué procede el disgusto que por la mayor parte da, cuando no se ha estado mucha parte del día apartados y embebidos en Dios, aunque andemos empleados en estotras cosas? A mi parecer, por dos razones: la una y más principal,

[1] Por el pensamiento.

por un amor propio que aquí se mezcla, muy delicado, y así no se deja entender, que es querernos más contentar a nosotros que a Dios. Porque está claro que después que un alma comienza a gustar cuán suave es el Señor, que es más gusto estarse descansando el cuerpo sin trabajar y regalada el alma.

5. ¡Oh caridad de los que verdaderamente aman a este Señor y conocen su condición! ¡Qué poco descanso podrán tener, si ven que son un poquito de parte para que un alma sola se aproveche y ame más a Dios, o para darle algún consuelo o para quitarla de algún peligro! ¡Qué mal descansará con este descanso particular suyo! Y cuando no puede con obras, con oración, importunando al Señor por las muchas almas que la lástima de ver que se pierden. Pierde ella su regalo y lo tiene por bien perdido porque no se acuerda de su contento sino en cómo hacer más la voluntad del Señor; y así es en la obediencia. Sería recia cosa que nos estuviese claramente diciendo Dios que fuésemos a alguna cosa que le importa, y no quisiésemos, sino estarle mirando, porque estamos más a nuestro placer. ¡Donoso adelantamiento en el amor de Dios es atarle las manos con parecer que no nos puede aprovechar sino por un camino!

6. Conozco a algunas personas que de vista —dejado, como he dicho, lo que yo he experimentado— que me han hecho entender esta verdad cuando yo estaba con pena grande de verme con poco tiempo, y, así, las había lástima de verlas siempre ocupadas en negocios y cosas muchas [2] les mandaba la obediencia; y pensaba yo en mí, y aun se lo decía, que no era posible entre tanta baraúnda crecer el espíritu, porque entonces no tenían mucho. ¡Oh Señor, cuán diferentes son vuestros caminos de nuestras torpes imaginaciones, y cómo de un alma que está ya determinada a amaros

---

[2] [que].

y dejada en vuestras manos no queréis otra cosa sino que obedezca y se informe bien de lo que es más servicio vuestro y eso desee! No ha menester ella buscar los caminos ni escogerlos, que ya su voluntad es vuestra. Vos, Señor mío, tomáis ese cuidado de guiarla por donde más se aproveche. Y, aunque el prelado no ande con este cuidado de aprovecharnos el alma sino de que se hagan los negocios que le parece conviene a la comunidad, Vos, Dios mío, le tenéis y vais disponiendo el alma y las cosas, que se tratan de manera, que, sin entender cómo, nos hallamos con espíritu y gran aprovechamiento, que nos deja después espantadas.

7. Así lo estaba una persona que ha pocos días que hablé, que la obediencia le había traído cerca de quince años tan trabajado en oficios y gobiernos que en todos estos no se acordaba de haber tenido un día para sí, aunque él procuraba lo mejor que podía algunos ratos al día de oración y de traer limpia conciencia. Es un alma de las más inclinadas a obediencia que yo he visto, y así la pega a cuantas trata. Hale pagado bien el Señor, que, sin saber cómo, se halló con aquella libertad de espíritu tan preciada y deseada que tienen los perfectos, adonde se halla toda la felicidad que en esta vida se puede desear; porque, no queriendo nada, lo poseen todo. Ninguna cosa temen ni desean de la tierra, ni los trabajos las turban, ni los contentos las hacen movimiento; en fin, nadie la puede quitar la paz, porque ésta de sólo Dios depende. Y como a Él nadie le puede quitar, sólo temor de perderle puede dar pena, que todo lo demás de este mundo es, en su opinión, como si no fuese, porque ni le hace ni le deshace para su contento. ¡Oh dichosa obediencia y distracción por ella, que tanto pudo alcanzar!

8. No es sólo esta persona, que otras he conocido de la misma suerte, que no las había visto algunos años había, y hartos; y preguntándoles en qué se ha-

bían pasado, era todo en ocupaciones de obediencia y caridad. Por otra parte, veíalos tan medrados en cosas espirituales, que me espantaban. Pues, ¡ea!, hijas mías, no haya desconsuelo, cuando la obediencia os trajere empleadas en cosas exteriores, entender que, si es en la cocina, entre los pucheros anda el Señor, y ayudándoos en lo interior y exterior.

9. Acuérdome que me contó un religioso que había determinado y puesto muy por sí que en ninguna cosa le mandase el prelado que dijese de no, por trabajo que le diese. Y un día estaba hecho pedazos de trabajar, y ya tarde, que no se podía tener, e iba a descansar sentándose un poco, y topóle el prelado y díjole que tomase el azadón y fuese a cavar a la huerta. Él calló, aunque bien afligido el natural, que no se podía valer. Tomó su azadón, y yendo a entrar por un tránsito que había en la huerta —que yo vi muchos años después que él me lo había contado, que acerté a fundar en aquel lugar una casa—, se le apareció Nuestro Señor con la cruz a cuestas, tan cansado y fatigado, que le dio bien a entender que no era nada el que él tenía en aquella comparación.

10. Yo creo que, como el demonio ve que no hay camino que más presto lleve a la suma perfección que el de la obediencia, pone tantos disgustos y dificultades debajo de color de bien. Y esto se note bien y verán claro que digo verdad. En lo que está la suma perfección claro está que no es en regalos interiores ni en grandes arrobamientos, ni visiones, ni en espíritu de profecía, sino en estar nuestra voluntad tan conforme con la de Dios, que ninguna cosa entendamos que quiere, que no la queramos con toda nuestra voluntad, y tan alegremente tomemos lo sabroso como lo amargo, entendiendo que lo quiere Su Majestad. Esto parece dificultosísimo; no el hacerlo, sino este contentarnos con lo que de en todo nuestra voluntad contradice conforme a nuestro natural; y así es verdad que lo es. Mas esta fuerza tiene el amor, si es perfecto: que

olvidamos nuestro contento por contentar a quien amamos. Y verdaderamente es así, que, aunque sean grandísimos trabajos, entendiendo contentamos a Dios, se nos hacen dulces. Y de esta manera aman los que han llegado aquí las persecuciones y deshonras y agravios. Esto es tan cierto y está tan sabido y llano, que no hay para qué me detener en ello.

11. Lo que pretendo dar a entender es la causa: que la obediencia, a mi parecer, hace más presto o es el mayor medio que hay para llegar a este tan dichoso estado. Es que, como en ninguna manera somos señores de nuestra voluntad, para pura y limpiamente emplearla toda en Dios, hasta que la sujetamos a la razón, es la obediencia el verdadero camino para sujetarla; porque esto no se hace con buenas razones; que nuestro natural y amor propio tiene tantas, que nunca llegaríamos allá. Y muchas veces, lo que es mayor razón, si no lo hemos gana, nos hace parecer disparate, con la gana que tenemos de hacerlo.

12. Había tanto que decir aquí, que no acabaríamos, de esta batalla interior, y tanto lo que pone el demonio y el mundo y nuestra sensibilidad para hacernos torcer la razón. Pues, ¿qué remedio? Que así como acá en un pleito muy dudoso se toma un juez y lo pone en mano las partes, cansados de pleitear, tome nuestra alma uno, que sea el prelado o confesor, con determinación de no traer más pleito ni pensar más en su causa, sino liar de las palabras del Señor, que dice: *A quien a vosotros oye, a mi me oye,* y descuidar de su voluntad. Tiene el Señor en tanto este rendimiento —y con razón, porque es hacerle señor del libre albedrío que nos ha dado—, que, ejercitándonos en esto, una vez deshaciéndonos, otra vez con mil batallas, pareciéndonos desatino lo que se juzga en nuestra causa, venimos a conformarnos con lo que nos mandan, con este ejercicio penoso. Mas, con pena o sin ella, en fin lo hacemos, y el Señor ayuda tanto de su parte, que por la misma causa que sujetamos nues-

tra voluntad y razón por Él, nos hace señores de ella. Entonces, siendo señores de nosotros mismos, nos podemos con perfección emplear en Dios, dándole la voluntad limpia para que la junte con la suya, pidiéndole que venga fuego del cielo de amor suyo que abrase este sacrificio [3], quitando todo lo que le puede descontentar, pues ya no ha quedado por nosotros, que, aunque con hartos trabajos, le hemos puesto sobre el altar, que, en cuanto ha sido en nosotros, no toca en la tierra.

13. Está claro que no puede uno dar lo que no tiene, sino que es menester tenerlo primero. Pues créanme que para adquirir este tesoro que no hay mejor camino que cavar y trabajar para sacarle de esta mina de la obediencia; que mientras más caváremos, hallaremos más, y mientras más nos sujetáremos a los hombres, no teniendo otra voluntad sino la de nuestros mayores, más estaremos señores de ella para conformarla con la de Dios. Mirad, hermanas, si quedará bien pagado el dejar el gusto de la soledad. Yo os digo que no por falta de ella dejaréis de disponeros para alcanzar esta verdadera unión que queda dicha, que es hacer mi voluntad una con la de Dios. Esta es la unión que yo deseo y querría en todas, que no unos embebecimientos muy regalados que hay, a quien tienen puesto nombre de unión. Y será así, siendo después de esta que dejo dicha. Mas si después de esa suspensión queda poca obediencia y propia voluntad, unida con su amor propio me parece a mí que estará, que no con la voluntad de Dios. Su Majestad sea servido de que yo lo obre como lo entiendo.

14. La segunda causa que me parece causa este sinsabor, es que, como en la soledad hay menos ocasiones de ofender al Señor, que algunas —como en

---

[3] Referencia a los sacrificios del Antiguo Testamento en que la víctima era quemada, y, en concreto, al sacrificio de Elías.

todas partes están los demonios y nosotros mismos— no pueden faltar, parece anda el alma más limpia; que, si es temerosa de ofenderle, es grandísimo consuelo no haber en qué tropezar. Y, cierto, ésta me parece a mí más bastante razón para desear no tratar con nadie, que la de grandes regalos y gustos de Dios.

15. Aquí, hijas mías, se ha de ver el amor, que no a los rincones, sino en mitad de las ocasiones. Y creedme que, aunque haya más faltas y aun algunas pequeñas quiebras, que sin comparación es mayor ganancia nuestra. Miren que siempre hablo presuponiendo andar en ellas por obediencia o caridad, que, a no haber esto de por medio, siempre me resumo en que es mejor la soledad. Y, aunque hemos de desearla, aun andando en lo que digo, a la verdad, este deseo, él anda continuo en las almas que de veras aman a Dios. Por lo que digo que es ganancia, es porque se nos da a entender quién somos y hasta dónde llega nuestra virtud. Porque una persona siempre recogida, por santa que a su parecer sea, no sabe si tiene paciencia ni humildad, ni tiene cómo lo saber. Como si un hombre fuese muy esforzado, ¿cómo se ha de entender, si no se ha visto en batalla? San Pedro harto le parecía que era, mas miren lo que fue en la ocasión; mas salió de aquella quiebra no confiando nada de sí, y de allí vino a ponerla en Dios y pasó después el martirio que vimos.

16. ¡Oh, válgame Dios, si entendiésemos cuánta miseria es la nuestra! En todo hay peligro si no la entendemos; y a esta causa nos es gran bien que nos manden cosas para ver nuestra bajeza. Y tengo por mayor merced del Señor un día de propio y humilde conocimiento, aunque nos haya costado muchas aflicciones y trabajos, que muchos de oración; cuánto más, que el verdadero amante en toda parte ama y siempre se acuerda del amado. ¡Recia cosa sería que sólo en los rincones se pudiese traer oración! Ya veo yo que no puede ser muchas horas; mas, ¡oh, Señor mío!, ¡qué

fuerza tiene con vos un suspiro salido de las entrañas, de pena por ver que no basta que estamos en este destierro, sino que aun no nos dan lugar para eso, que podríamos estar a solas gozando de Vos!

17. Aquí se ve bien que somos esclavos suyos, vendidos por su amor de nuestra voluntad a la virtud de la obediencia, pues por ella dejamos en alguna manera de gozar al mismo Dios. Y no es nada si consideramos que Él vino del seno del Padre por obediencia a hacerse esclavo nuestro. Pues, ¿con qué se podrá pagar ni servir esta merced? Es menester andar con aviso de no descuidarse de manera en las obras, aunque sean de obediencia y caridad, que muchas veces no acudan a lo interior a su Dios. Y créanme que no es el largo tiempo el que aprovecha el alma en la oración, que, cuando le emplean tan bien en obras, gran ayuda es para que en muy poco espacio tenga mejor disposición para encender el amor que en muchas horas de consideración. Todo ha de venir de su amor. Sea bendito por siempre jamás.

CAPÍTULO 6

Avisa los daños que puede causar a gente espiritual no entender cuándo ha de resistir al espíritu. Trata de los deseos que tiene el alma de comulgar. El engaño que puede haber en esto. Hay cosas importantes para las que gobiernan estas casas

1. Yo he andado con diligencia, procurando entender de dónde procede un embebecimiento grande que he visto tener a algunas personas a quien el Señor regala mucho en la oración, y por ellas no queda el disponerse a recibir mercedes. No trato ahora de cuando un alma es suspendida y arrebatada de Su Majestad, que mucho he escrito en otras partes de esto y en cosa semejante no hay que hablar: porque nosotros no podemos nada, aunque hagamos más por resistir, si es verdadero arrobamiento. Hase de notar que en éste dura poco la fuerza que nos fuerza a no ser señores de nosotros. Mas acaece muchas veces comenzar una oración de quietud, a manera de sueño espiritual, que embebece el alma de manera que si no entendemos cómo se ha de proceder aquí, se puede perder mucho tiempo y acabar la fuerza por nuestra culpa y con poco merecimiento.

2. Querría saberme dar aquí a entender y es tan dificultoso, que no sé si saldré con ello; mas bien sé que, si quieren creerme, lo entenderán las almas que

anduvieren en este engaño. Algunas sé que se estaban siete u ocho horas, y almas de gran virtud, y todo les parecía era arrobamiento; y cualquier ejercicio virtuoso las cogía de tal manera, que luego se dejaban a sí mismas, pareciendo no era bien resistir al Señor; y así, poco a poco, se podrán morir o tomar tontas, si no procuran el remedio. Lo que entiendo en este caso es que, como el Señor comienza a regalar el alma y nuestro natural es tan amigo de deleite, empléase tanto en aquel gusto, que ni se querría menear, ni por ninguna cosa perderle. Porque, a la verdad, es más gustoso que los del mundo, y cuando acierta en natural flaco o de su mismo natural el ingenio —o, por mejor decir, la imaginación— no variable, sino que, aprehendiendo en una cosa, se queda en ella sin más divertir, como muchas personas que comienzan a pensar en una cosa —aunque no sea de Dios—, se quedan embebidas o mirando una cosa sin advertir lo que miran: una gente de condición pausada, que parece de descuido se les olvida lo que van a decir; así acaece acá, conforme a los naturales o complexión o flaqueza, o que si tienen melancolía, harálas entender mil embustes gustosos.

3. De este humor hablaré un poco adelante; mas aunque no le haya, acaece lo que he dicho, y también en personas que de penitencia están gastadas, que, como he dicho, en comenzando el amor a dar gusto en el sentido, se dejan tanto llevar de él, como tengo dicho. Y a mi parecer, amarían muy mejor no dejándose embobar, que en este término de oración pueden muy bien resistir; porque cuando hay flaqueza se siente un desmayo que ni deja hablar ni menear, así es acá si no se resiste, que la fuerza del espíritu —si está flaco el natural— le coge y sujeta.

4. Podránme decir que qué diferencia tiene esto de arrobamiento, que lo mismo es, al menos al parecer. Y no les falta razón, mas no al ser [1]. Porque en arro-

---

[1] Nótese la correlación: *al parecer/al ser*.

bamiento o unión de todas las potencias, como digo, dura poco y deja grandes efectos y luz interior en el alma, con otras muchas ganancias, y ninguna cosa obra el entendimiento, sino el Señor es el que obra en la voluntad. Acá es muy diferente, que, aunque el cuerpo está preso, no lo está la voluntad ni la memoria ni entendimiento, sino que harán su operación desvariada, y por ventura, si han asentado en una cosa, aquí darán y tomarán.

5. Yo ninguna ganancia hallo en esta flaqueza corporal: que no es otra cosa, salvo que tuvo buen principio; mas sirva para emplear bien este tiempo, que tanto tiempo embebidas; mucho más se puede merecer con un acto y con despertar muchas veces la voluntad para que ame a Dios, que no dejarla pausada. Así aconsejo a las prioras que pongan toda la diligencia posible en quitar estos pasmos tan largos; que no es otra cosa, a mi parecer, sino dar lugar a que se tullan las potencias y sentidos para no hacer lo que su alma les manda. Y así la quitan la ganancia que, andando cuidadosos, les suelen acarrear. Si entiende que es flaqueza, quitar los ayunos y disciplinas –digo los que no son forzosos, y a tiempo puede venir que se puedan todos quitar con buena conciencia–, darle oficios para que se distraiga.

6. Y aunque no tenga estos amortecimientos, si trae muy empleada la imaginación, aunque sea en cosas muy subidas de oración, es menester esto, que acaece algunas veces no ser señoras de sí; en especial, si han recibido del Señor alguna merced trasordinaria o visto alguna visión, queda el alma de manera que le parecerá siempre la está viendo, y no es así, que no fue más de una vez. Es menester, quien se viese con este embebecimiento muchos días, procurar mudar la consideración, que, como sea en cosas de Dios, no es inconveniente más que estén en uno que en otro, como se empleen en cosas suyas, y tanto se huelga algunas

veces que consideren sus criaturas y el poder que tuvo en criarlas como pensar en el mismo Criador.

7. ¡Oh desventurada miseria humana, que quedaste tal por el pecado, que aun en lo bueno hemos menester tasa y medida para no dar con nuestra salud en el suelo, de manera que no lo podamos gozar! Y verdaderamente conviene a muchas personas –en especial a las de flacas cabezas o imaginación–, y es servir a Nuestro Señor y muy necesario entenderse. Y cuando una viere que se le pone en la imaginación un misterio de la Pasión o la gloria del cielo o cualquier otra cosa semejante, y que está muchos días que, aunque quiere, no puede pensar en otra cosa ni quitar de estar embebida en aquello, entienda que le conviene distraerse como pudiese; si no, que vendrá por tiempo a entender el daño, y que esto nace de lo que tengo dicho, o [de] la flaqueza grande corporal o de la imaginación, que es muy peor. Porque así como un loco, si da en una cosa, no es señor de sí, ni puede divertirse ni pensar en otra, ni hay razones que para esto le muevan, porque no es señor de la razón, así podrá suceder acá, aunque es locura sabrosa, o que si tiene humor de melancolía, puédele hacer muy gran daño. Yo no hallo por dónde sea bueno, porque el alma es capaz para gozar del mismo Dios. Pues si no fuese alguna cosa de las que he dicho, pues Dios es infinito, ¿por qué ha de estar el alma cautiva a sola una de sus grandezas o misterios, pues hay tanto en que nos ocupar? Y mientras en más cosas quisiéremos considerar suyas, más se decubren sus grandezas.

8. No digo que en una hora, ni aun en un día, piensen en muchas cosas, que esto sería no gozar por ventura de ninguna bien; que como es cosas tan delicadas, no querría que pensasen lo que no me pasa por pensamiento decir, ni entendiesen uno por otro. Cierto, es tan importante entender este capítulo bien, que, aunque sea pesada en escribirle, no me pesa; ni querría le pesase a quien no le entendiere de una vez,

leerle muchas, en especial la prioras y maestras de novicias que han de guiar en oraciones a las hermanas. Porque verán si no andan con cuidado al principio, el mucho tiempo que será después menester para remediar semejantes flaquezas.

9. Si hubiera de escribir lo mucho de este daño que ha venido a mi noticia, vieran tengo razón de poner en esto tanto. Una sola quiero decir, y por ésta sacarán las demás. Están en un monasterio de estos una monja y una lega, la una y la otra de grandísima oración, acompañada de mortificación y humildad y virtudes, muy regaladas del Señor y a quien comunica de sus grandezas; particularmente tan desasidas y ocupadas en su amor, que no parece, aunque mucho las queramos andar a los alcances, que dejan de responder, conforme a nuestra bajeza, a las mercedes que Nuestro Señor les hace. He tratado tanto de su virtud, porque teman más las que no la tuvieren. Comenzáronles unos ímpetus grandes de deseo del Señor, que no se podían valer; parecíales se les aplacaba cuando comulgaban y, así, procuraban con los confesores fuese a menudo, de manera que vino tanto a crecer esta su pena, que si no las comulgaban cada día, parecía que se iban a morir. Los confesores, como veían tales almas y con tan grandes deseos, aunque el uno era bien espiritual, parecióle convenía este remedio para su mal.

10. No paraba sólo en esto, sino que a la una eran tantas sus ansias, que era menester comulgar de mañana para poder vivir, a su parecer; que no eran almas que fingieran cosa, ni por ninguna de las del mundo dijeran mentira. Yo no estaba allí; y la priora escribióme lo que pasaba y que no se podía valer con ellas, y que personas tales decían que, pues no podían más, se remediasen así. Yo entendí luego el negocio, que lo quiso el Señor; con todo, callé hasta estar presente, porque temí no me engañase y a quien lo aprobaba era razón no contradecir hasta darle mis razones.

11. El era tan humilde, que luego, como fui allá y le hablé, me dio crédito. El otro no era tan espiritual, ni casi nada en su comparación; no había remedio de poderle persuadir; mas de éste se me dio poco, por no le estar tan obligada. Yo las comencé a hablar y a decir muchas razones, a mi parecer bastantes para que entendiesen era imaginación el pensar se morirían sin este remedio. Tenían la tan fijada en esto, que ninguna cosa bastó, ni bastara llevándose por razones. Yo ya vi eres excusado, y díjeles que yo también tenía aquellos deseos y dejaría de comulgar, porque creyesen que ellas no lo habían de haber sino cuando todas; que nos muriésemos todas tres, que yo tendría esto por mejor que no que semejante costumbre se pusiese en estas casas, adonde había quien amaba a Dios tanto como ellas y querrían hacer otro tanto.

12. Era en tanto extremo el daño que ya había hecho la costumbre —y el demonio debía entremeterse—, que verdaderamente, como no comulgaron, parecía que se morían. Yo mostré gran rigor, porque mientras más veía que no se sujetaban a la obediencia —porque, a su parecer, no podían más— más claro vi que era tentación. Aquel día pasaron con harto trabajo; otro, con poco menos, y así fue disminuyendo de manera, que, aunque yo comulgaba, porque me lo mandaron fue —que veíalas tan flacas que no lo hiciera—, muy bien por ello.

13. Desde a poco, entendieron ellas y todas la tentación y el bien que fue remediarla con tiempo; porque de aquí a poco más, sucedieron cosas en aquella casa de inquietud con los prelados, no a culpa suya —adelante podrá ser diga algo de ello—, que no tomaran a bien semejante costumbre, ni la sufrieran.

14. ¡Oh cuántas cosas pudiera decir de éstas! Sola otra diré: no era en monasterio de nuestra Orden, sino de Bernardas. Éstaba una monja, no [menos] virtuosa que las dichas. Esta con muchas disciplinas y ayunos vino a tanta flaqueza, que cada vez que co-

mulgaba o había ocasión de encenderse en devoción, luego era caída en el suelo y así se estaba ocho o nueve horas, pareciendo a ella y a todas era arrobamiento. Esto le acaecía tan a menudo, que, si no se remediara, creo viniera en mucho mal. Andaba por todo el lugar la fama de los arrobamientos; a mí me pesaba de oírlo, porque quiso el Señor entendiese lo que era y temía en lo que había de parar. Quien la confesaba a ella era muy padre mío y fuémelo a contar. Yo le dije lo que entendía y cómo era perder tiempo e imposible ser arrobamiento, sino flaqueza; que la quitase los ayunos y disciplinas y la hiciese divertir. Ella era obediente; hízolo así. Desde a poco que fue tomando fuerza, no había memoria de arrobamiento; y si de verdad lo fuera, ningún remedio bastara hasta que fuera la voluntad de Dios. Porque es tan grande la fuerza del espíritu, que no bastan las nuestras para resistir, y, como he dicho, deja grandes efectos en el alma; esotro, no más que si no pasase, y cansancio en el cuerpo.

15. Pues quede entendido de aquí que todo lo que nos sujetare de manera que entendamos no deja libre la razón, tengamos por sospechoso, y que nunca de aquí se ganará la libertad de espíritu; que una de las cosas que tiene, es hallar a Dios en todas las cosas y poder pensar en ellas. Lo demás es sujeción de espíritu, y, dejado del daño que hace al cuerpo, ata al alma para no crecer; sino como cuando van en un camino y entran en un trampal o atolladero, que no pueden pasar de allí; en parte hace así el alma, la cual, para ir adelante, no sólo ha menester andar, sino volar. ¡Oh, que cuando dicen, y les parece, andan embebidas en la divinidad y que no pueden valerse, según andan suspendidas, ni hay remedio de divertirse, que acaece muchas veces!

16. Miren que torno a avisar, que por un día, ni cuatro, ni ocho no hay que temer, que no es mucho un natural flaco quede espantado por estos días. Si

pasa de aquí, es menester remedio. El bien que todo esto tiene, es que no hay culpa de pecado, no dejarán de ir mereciendo; mas hay los inconvenientes que tengo dichos y hartos más. En lo que toca a las comuniones, será muy grande, por amor que tenga un alma, no esté sujeta también en esto al confesor y a la priora; aunque sienta soledad, no con extremos para no venir a ellos. Es menester también en esto, como en otras cosas, las vayan mortificando y las den a entender conviene más no hacer su voluntad que no su consuelo.

17. También puede entremeterse en esto nuestro amor propio. Por mí ha pasado, que me acaecía algunas veces, que, en acabando de comulgar, casi que aun la Forma no podía dejar de estar entera, si veía comulgar a otras, quisiera no haber comulgado por tornar a comulgar. Como me acaecía tantas veces, he venido después a advertir –que entonces no me parecía había en qué reparar– cómo era más por mi gusto que por amor de Dios; que como cuando llegamos a comulgar, por la mayor parte se siente ternura y gusto, aquello me llevaba a mí: que si fuera por tener a Dios en mi alma, ya le tenía; si por cumplir lo que nos manda de que lleguemos a la sacra comunión, ya lo había hecho; si por recibir las mercedes que con el Santísimo Sacramento se dan, ya las había recibido. En fin, he venido claro a entender que no había en ello más de tomar a tener aquel gusto sensible.

18. Acuérdome que en un lugar que estuve, adonde había monasterio nuestro, conocí una mujer, grandísima sierva de Dios, a dicho de todo el pueblo, y debíalo de ser. Comulgaba cada día y no tenía confesor particular, sino una vez iba a una iglesia a comulgar, otra a otra. Yo notaba esto, y quisiera más verle obedecer a una persona, que no tanta comunión. Estaba en casa por sí, y, a mi parecer, haciendo lo que quería; sino que, como era buena, todo era bueno. Yo se lo decía

algunas veces, mas no hacía caso de mí, y con razón, porque era muy mejor que yo, mas en esto no me parecía errara. Fue allí el santo fray Pedro de Alcántara. Procuré que la hablase y no quedé contenta de la relación que la dio; y en ello no debía haber más, sino que somos tan miserables, que nunca nos satisfacemos mucho sino de los que van por nuestro camino; porque yo creo que había ésta servido más al Señor y hecho más penitencias en un año que yo en muchos.

19. Vínole a dar el mal de la muerte, que a esto voy; ella tuvo diligencia para procurar le dijesen misa en su casa cada día y le diesen el Santísimo Sacramento. Como duró la enfermedad, un clérigo, harto siervo de Dios, que se la decía muchas veces, parecióle no se sufría de que en su casa comulgase cada día. Debía ser tentación del demonio, porque acertó a ser el postrero; que murió. Ella, como vio acabar la misa y quedarse sin el Señor, diole tan gran enojo y estuvo con tanta cólera con el clérigo, que él vino bien escandalizado a contármelo a mi. Yo sentí harto, porque aun no sé si se reconcilió, que me parece murió luego.

20. De aquí vine a entender el daño que hace hacer nuestra voluntad en nada, y, en especial, en una cosa tan grande; que quien tan a menudo se llega al Señor, es razón que entienda tanto su indignidad, que no sea por su parecer, sino que lo que nos falta para llegar a tan gran Señor —que forzado será mucho—, supla la obediencia de ser mandadas. A esta bendita ofreciósele ocasión de humillarse mucho, y por ventura mereciera más que comulgando, entendiendo que no tenía culpa el clérigo, sino que el Señor, viendo su miseria y cuán indigna estaba, lo había ordenado así para entrar en tan ruin posada. Como hacía una persona, que la quitaban muchas veces los discretos confesores la comunión, porque era a menudo. Ella, aunque lo sentía muy tiernamente, por otra parte deseaba más la honra de Dios que la suya, y no hacía sino

alabarle, porque había despertado el confesor para que mirase por ella y no entrase Su Majestad en tan ruin posada. Y, con estas consideraciones, obedecía con gran quietud de su alma, aunque con pena tierna y amorosa; mas por todo el mundo junto no fuera contra lo que la mandaban [2].

21. Créanme que amor de Dios —no digo que lo es, sino a nuestro parecer— que menea las pasiones de suerte que para en alguna ofensa suya o en alterar la paz del alma enamorada, de manera que no entienda la razón, es claro que nos buscamos a nosotros; y que no dormirá el demonio para apretarnos cuando más daño nos piense hacer, como hizo a esta mujer, que, cierto, me espantó mucho, aunque no porque dejo de creer que no sería parte para estorbar su salvación, que es grande la bondad de Dios; mas fue a recio tiempo la tentación.

22. Helo dicho aquí, porque las prioras están advertidas, y las hermanas teman y consideren y se examinen de la manera que llegan a recibir tan gran merced. Si es por contentar a Dios, ya saben que se contenta más con la obediencia que con el sacrificio. Pues si esto es y merezco más, ¿qué me altera? No digo que quedan sin pena humilde, porque no todas han llegado a perfección de no tenerla, por sólo hacer lo que entienden que agrada más a Dios; que si la voluntad está muy desasida de todo su propio interés, está claro que no sentiría ninguna cosa, antes se alegrará de que se le ofrece ocasión de contentar al Señor en cosa tan costosa, y se humillará y quedará tan satisfecha comulgando espiritualmente.

23. Mas porque a los principios es mercedes que hace el Señor estos grandes deseos de llegarse a El —y aun a fines, más digo a los principios porque es

---

[2] La riqueza con que precisa el sentimiento interior y la decisión de la voluntad, nos hace pensar que se refiere a sí misma.

de tener en más, y en lo demás de la perfección que he dicho no están tan enteras–, bien se les concede que sientan ternura y pena cuando se lo quitare, con sosiego del alma y sacando actos de humildad de aquí. Mas cuando fuere con alguna alteración o pasión, y tentándose con la prelada o con el confesor, crean que es conocida tentación; o que si alguno se determina, aunque le diga el confesor que no comulgue, a comulgar: yo no querría el mérito que de allí sacará, porque en cosas semejantes no hemos de ser jueces de nosotros; el que tiene las llaves para atar y desatar lo ha de ser. Plega al Señor que para entendernos en cosas tan importantes nos dé luz y no nos falte su favor, para que de las mercedes que nos hace no saquemos darle disgusto.

CAPÍTULO 7

De cómo se han de haber con las que tienen melancolía. Es necesario para las preladas

1. Estas mis hermanas de San José de Salamanca, adonde estoy cuando esto escribo, me han mucho pedido diga algo de cómo se han de haber con las que tienen humor de melancolía; y porque —por mucho que andamos procurando no tomar las que le tienen— es tan sutil, que se hace mortecino para cuando es menester y así no lo entendemos hasta que no se puede remediar. Paréceme que en un librico pequeño dije de esto, no me acuerdo [1]; poco se pierde en decir algo aquí, si el Señor fuese servido que acertase. Ya puede ser que esté dicho otra vez; otras ciento lo diría, si pensase atinar alguna en algo que aprovechase. Son tantas las invenciones que busca este humor para hacer su voluntad, que es menester buscarlas para cómo lo sufrir y gobernar sin que haga daño a las otras.

2. Hace de advertir que no todos los que tienen este humor son tan trabajosos, que cuando cae en un sujeto humilde y en condición blanda, aunque consigo mismos traen trabajo, no dañan a los otros, en especial si hay buen entendimiento. También hay más y menos

---

[1] Piensa en el *Camino de Perfección*, 24, 4.

de este humor. Cierto, creo que el demonio en algunas personas le toma por medianero, para si pudiese ganarlas; y si no andan con gran aviso, sí hará. Porque como lo que más este humor hace es sujetar la razón, ésta oscura, ¿qué no harán nuestras pasiones? Parece que si no hay razón, que es ser locos, y es así; mas en las que ahora hablamos, no llega a tanto mal, que harto menos mal sería. Mas de haber de tenerse por persona de razón y tratarla como tal, no la teniendo, es trabajo intolerable; que los que están del todo enfermos de este mal, es para haberlos piedad, mas no dañan, y si algún medio hay para sujetarlos, es que hayan temor.

3. En los que sólo ha comenzado este tan dañoso mal, aunque no esté tan confirmado, en fin es de aquel humor y raíz y nace de aquella cepa; y así, cuando no bastaren otros artificios, el mismo remedio ha menester, y que se aprovechen las preladas de las penitencias de la Orden y procuren sujetarlas de manera que entiendan no han de salir con todo, ni con nada, de lo que quieren. Porque si entienden que algunas veces han bastado sus clamores y las desesperaciones que dice el demonio en ellos, por si pudiese echarlos a perder, ellos van perdidos y una basta para traer inquieto un monasterio. Porque, como la pobrecita en sí misma no tiene quien la valga para defenderse de las cosas que la pone el demonio, es menester que la prelada ande con grandísimo aviso para su gobierno, no sólo exterior, sino interior; que la razón que en la enferma está oscurecida, es menester esté más clara en la prelada, para que no comience el demonio a sujetar aquel alma tomando por medio este mal. Porque es cosa peligrosa, que, como es a tiempos el apretar este humor tanto que sujete la razón —y entonces no será culpa, como no lo es a los locos, por desatinos que hagan; mas a los que no lo están, sino enferma la razón, todavía hay alguna— y otros tiempos están buenos, es menester que no comiencen en los tiempos

que están malos a tomar libertad, para que cuando están buenos no sean señores de sí, que es terrible ardid del demonio. Y así, si lo miramos, en lo que más dan es en salir con lo que quieren y decir todo lo que se les viene a la boca y mirar faltas en los otros con que encubrir las suyas y holgarse en lo que les da gusto; en fin, como quien no tiene en sí quien la resista. Pues las pasiones no mortificadas y que cada una de ellas querría salir con lo que quiere, ¿qué será, si no hay quien las resista?

4. Torno a decir, como quien ha visto y tratado muchas personas de este mal, que no hay otro remedio para él, si no es sujetarlas por todas las vías y maneras que pudieren. Si no bastaren palabras, sean castigos; si no bastaren pequeños, sean grandes; si no bastare un mes de tenerlas encarceladas, sean cuatro: que no pueden hacer mayor bien a sus almas. Porque, como queda dicho y lo torno a decir –porque importa para las mismas entenderlo, aunque alguna vez o veces no puedan más consigo–, como no es locura confirmada, de suerte que disculpe para la culpa –aunque algunas veces lo sea, no es siempre, y queda el alma en mucho peligro–, sino estando, como digo, la razón tan quitada que la haga fuerza, hace lo que, cuando no podía más, hacía o decía. Gran misericordia es de Dios a los que da este mal sujetarse a quien los gobierne, porque aquí está todo su bien, por este peligro que he dicho. Y por amor de Dios, si alguna leyere esto, mire que le importa por ventura la salvación.

5. Yo conozco algunas personas que no les falta casi nada para del todo perder el juicio; mas tienen almas humildes y tan temerosas, que, aunque se están deshaciendo en lágrimas y entre sí mismas, no hacen más de lo que les mandan y pasan su enfermedad como otras hacen; aunque esto es mayor martirio, y así tendrán mayor gloria y acá el purgatorio para no tenerle allá. Mas torno a decir que las que no hicieren esto de grado, que sean apremiadas de las preladas; y

no se engañen con piedades indiscretas, para que se vengan [a] alborotar todas con sus desconciertos.

6. Porque hay otro daño grandísimo, dejado el peligro que queda dicho de la misma: que como la ven, a su parecer, buena, como no entienden la fuerza que le hace el mal en lo interior, es tan miserable nuestro natural, que cada una le parecerá es melancolía, para que la sufran, y aun en hecho de verdad se lo hará entender el demonio así, y vendrá a hacer el demonio un estrago, que cuando se venga a entender, sea dificultoso de remediar. E importa tanto esto, que en ninguna manera se sufre haya en ello descuido, sino que si la que es melancólica resistiere al prelado, que lo pague como la sana, y ninguna cosa se le perdone. Si dijere mala palabra a su hermana, lo mismo. Así en todas las cosas semejantes que éstas.

7. Parece sin justicia, que si no puede más, castiguen a la enferma como a la sana. Luego también lo sería atar a los locos y azotarlos, sino dejarlos matar a todos. Créanme que lo he probado y que, a mi parecer, intentado hartos remedios, y que no hallo otro. Y la priora que por piedad dejare comenzar a tener libertad a las tales, en fin no se podrá sufrir y cuando se venga a remediar, será habiendo hecho mucho daño a las otras. Si porque no maten los locos los atan y castigan, y es bien, aunque parece hace gran piedad, pues ellos no pueden más, ¿cuánto más se ha de mirar que no hagan daño a las almas con sus libertades? Y verdaderamente creo que muchas veces es, como he dicho, de condiciones libres y poco humildes y mal domadas, y que no les hace tanta fuerza el humor como esto. Digo en algunas, porque he visto que cuando hay a quien temer, se van a la mano y pueden; pues, ¿por qué no podrán por Dios? Yo he miedo que el demonio, debajo del color de este humor, como he dicho, quiere ganar muchas almas; porque ahora se usa más que suele, y es que toda la propia voluntad y libertad llaman ya melancolía.

8. Y es así que he pensado que en estas casas y en todas las de religión no se había de tomar este nombre en la boca, porque parece que trae consigo libertad, sino que se llame enfermedad grave, ¡y cuánto lo es!, y se cure como tal, que a tiempos es muy necesario adelgazar el humor con alguna cosa de medicina para poderse sufrir; y estése en la enfermería, y entienda que, cuando saliere [a] andar en comunidad, que ha de ser humilde como todas y obedecer como todas; y cuando no lo hiciere, que no le valdrá el humor; porque por las razones que tengo dichas conviene, y más se pudieran decir. Las prioras han menester, sin que las mismas lo entiendan, llevarlas con mucha piedad, así como verdadera madre, y buscar los remedios que pudiere para su remedio.

9. Parece que me contradigo, porque hasta aquí he dicho que se lleven con rigor. Así lo torno a decir, que no entiendan que han de salir con lo que quieren, ni salgan, puesto en término de que hayan de obedecer; que en sentir que tienen esta libertad está el daño. Mas puede la priora no las mandar lo que ve han de resistir —pues no tienen en si fuerza para hacerse fuerza—, sino llevarlas por maña y amor todo lo que fuere menester, para que, si fuese posible, por amor se sujetasen, que sería muy mejor y suele acaecer, mostrando que las ama mucho, y dárselo a entender por obras y palabras. Y han de advertir que el mayor remedio que tienen es ocuparlas mucho en oficios, para que no tengan lugar de estar imaginando, que aquí está todo su mal; y aunque no los hagan tan bien, súfranlas algunas faltas, por no las sufrir otras mayores estando perdidas —porque entiendo que es el más suficiente remedio que se les puede dar—, y procurar que no tengan muchos ratos de oración, aun de lo ordinario, que por la mayor parte tienen la imaginación flaca y haráles mucho daño, y sin eso se les antojarán cosas que ellas ni quien las oyere no lo acaben de entender. Téngase en cuenta con que no

coman pescado, sino pocas veces [2]; y también en los ayunos es menester no ser tan continuos como los demás.

10. Demasía parece dar tanto aviso para este mal y no para otro ninguno, habiéndolos tan graves en nuestra miserable vida, en especial en la flaqueza de las mujeres.

Es por dos cosas: la una, que parece están buenas, porque ellas no quieren conocer tienen este mal; y como no las fuerza a estar en cama, porque no tienen calentura, ni a llamar médico, es menester lo sea la priora, pues es más perjudicial mal para toda la perfección, que los que están con peligro de la vida en la cama. La otra es porque con otras enfermedades o sanan o se mueren; de ésta por maravilla sanan ni de ella se mueren, sino vienen a perder del todo el juicio, que es morir para matar a todas. Ellas pasan harta muerte consigo mismas de aflicciones e imaginaciones y escrúpulos, y así tendrán harto gran mérito, aunque ellas siempre las llamen tentaciones; que si acabasen de entender es del mismo mal, tendrían gran alivio, si no hiciesen caso de ello. Por cierto, yo las tengo gran piedad, y así es razón todas se la tengan las que están con ellas, mirando que se le podrá dar el Señor, y sobrellevándolas sin que ellas lo entiendan, como tengo dicho. Plega el Señor que haya atinado a lo que conviene hacer para tan gran enfermedad.

---

[2] Se les rebajen las abstinencias.

CAPÍTULO 8

Trata de algunos avisos para revelaciones y visiones

1. Parece hace espanto [a] algunas personas sólo en oír nombrar visiones o revelaciones. No entiendo la causa por qué tienen por camino tan peligroso el llevar Dios un alma por aquí, ni de dónde ha procedido este pasmo. No quiero ahora tratar cuáles son buenas o malas, ni las señales que he oído a personas muy doctas para conocer esto, sino de lo que será bien que haga quien se viere en semejante ocasión; porque a pocos confesores irá, que no la dejen atemorizada. Que, cierto, no espanta tanto decir que les representa el demonio muchos géneros de tentaciones ni de espíritu de blasfemia y disbaratadas y deshonestas cosas, cuanto se escandalizará de decirle que ha visto o habládola algún ángel, o que se le ha representado Jesucristo crucificado, Señor nuestro [1].

2. Tampoco quiero ahora tratar de cuando las revelaciones son de Dios —que esto está entendido ya los grandes bienes que hacen al alma—, mas que son representaciones que hace el demonio para engañar, y que se aprovecha de la imagen de Cristo Nuestro Se-

---

[1] Teresa conoce muy bien por experiencia propia las reservas de los confesores de la época en este punto.

ñor o de sus santos. Para esto, tengo para mí que no permitirá Su Majestad ni le dará poder para que con semejantes figuras engañe a nadie, si no es por su culpa, sino que él quedará engañado. Digo que no engañará, si hay humildad; y así no hay para qué andar asombradas, sino fiar del Señor, y hacer poco caso de estas cosas, si no es para alabarle más.

3. Yo sé de una persona que la trajeron harto apretada los confesores por cosas semejantes, que después, a lo que se pudo entender por los grandes efectos y buenas obras que de esto procedieron, era de Dios; y harto tenía, cuando veía su imagen en alguna visión, que santiguarse y dar higas, porque se lo mandaban así. Después, tratando con un gran letrado dominico, el Maestro fray Domingo Báñez, le dijo que era mal hecho, que ninguna persona hiciese esto; porque adonde quiera que veamos la imagen de Nuestro Señor, es bien reverenciarla, aunque el demonio la haya pintado, porque él es gran pintor, y antes nos hace buena obra queriéndonos hacer mal, si nos pinta un crucifijo u otra imagen tan al vivo, que la deje esculpida en nuestro corazón. Cuadróme [2] mucho esta razón, porque cuando vemos una imagen muy buena, aunque supiésemos la ha pintado un mal hombre, no dejaríamos de estimar la imagen, ni haríamos caso del pintor para quitarnos la devoción; porque el bien o el mal no está en la visión, sino en quien la ve y no se aprovecha con humildad de ellas, y si no la hay, aunque sean de Dios no hará provecho. Porque si lo que ha de ser para humillarse, viendo que no merece aquella merced, la ensoberbece, será como la araña, que todo lo que come convierte en ponzoña, o la abeja, que lo convierte en miel.

4. Quiérome declarar más. Si Nuestro Señor, por

---

[2] Aunque pretendía hasta ahí ocultar que se trataba de ella misma —véase *Vida*, 29, 5-6—, este *cuadróme* la traiciona y revela que ella es el sujeto de la experiencia.

su bondad, quiere representarse a un alma para que más le conozca o ame, o mostrarla algún secreto suyo o hacerla algunos particulares regalos y mercedes, y ella, como he dicho, con esto —que había de confundirse y conocer cuán poco lo merece su bajeza— se tiene luego por santa y le parece por algún servicio que ha hecho le viene esta merced, claro está que el bien grande que de aquí la podía venir convierte en mal como la araña. Pues digamos ahora que el demonio, por incitar a soberbia, hace estas apariciones. Si entonces el alma, pensando son de Dios, se humilla, y conoce no ser merecedora de tan gran merced, y se esfuerza [en] servir más, porque viéndose rica, mereciendo aun no comer las migajas que caen de las personas que ha oído hacer Dios estas mercedes —quiero decir, ni ser sierva de ninguna—, humíllase y comienza a esforzarse a hacer penitencia y a tener más oración y a tener más cuenta con no ofender a este Señor, que piensa es el que la hace esta merced, y a obedecer con más perfección, yo aseguro que no torne el demonio, sino que se vaya corrido y que ningún daño deje en el alma.

5. Cuando dice algunas cosas que hagan o por venir, aquí es menester tratarlo con confesor discreto y letrado, y no hacer ni creer cosa, sino lo que aquél la dijere. Puédelo comunicar con la priora, para que le dé confesor que sea tal. Y téngase este aviso: que si no obedeciere a lo que el confesor le dijere y se dejare guiar por él, que o es mal espíritu o terrible melancolía. Porque, puesto que el confesor no atinase, ella atinará más en no salir de lo que le dice, aunque sea ángel de Dios el que la habla; porque Su Majestad le dará luz u ordenará cómo se cumpla; y es sin peligro hacer esto, y en hacer otra cosa puede haber muchos peligros y muchos daños.

6. Téngase aviso, que la flaqueza natural es muy flaca, en especial en las mujeres, y en este camino de oración se muestra más; y así es menester que a cada

cosita que se nos antoje, no pensemos luego es cosa de visión; porque crean que cuando lo es, que se da bien a entender. Adonde hay algo de melancolía, es menester mucho más aviso; porque cosas han venido a mí de estos antojos, que me han espantado cómo es posible que tan verdaderamente les parezca que ven lo que no ven.

7. Una vez vino a mí un confesor muy admirado, que confesaba una persona y decíale que venía muchos días Nuestra Señora y se sentaba sobre su cama y estaba hablando más de una hora y diciendo cosas por venir y otras muchas. Entre tantos desatinos acertaba alguno y, con esto, teníase por cierto. Yo entendí luego lo que era, aunque no lo osé decir; porque estamos en un mundo que es menester pensar lo que pueden pensar de nosotros, para que hayan efecto nuestras palabras. Y así dije que se esperase aquellas profecías si eran verdad, y preguntase otros efectos, y se informase de la vida de aquella persona. En fin, venido a entender, era todo desatino.

8. Pudiera decir tantas cosas de éstas, que hubiera bien en qué probar el intento que llevo a que no se crea luego un alma, sino que vaya esperando tiempo, y entendiéndose bien antes que lo comunique, para que no engañe al confesor, sin querer engañarle; porque si no tiene experiencia de estas cosas, por letrado que sea, no bastará para entenderlo. No ha muchos años sino harto poco tiempo, que un hombre desatinó harto a algunos bien letrados y espirituales con cosas semejantes, hasta que vino a tratar con quien tenía esta experiencia de mercedes del Señor, y vio claro que era locura junto con ilusión. Aunque no estaba entonces descubierto sino muy disimulado, desde a poco lo descubrió, el Señor claramente, aunque pasó harto primero esta persona, que lo entendió, en no ser creída.

9. Por estas cosas y otras semejantes, conviene mucho que se trate [con] claridad de su oración cada

hermana con la priora, y ella tenga mucho aviso de mirar la complexión y perfección de aquella hermana, para que avise al confesor, porque mejor se entienda, y le escoja a propósito, si el ordinario no fuere bastante para cosas semejantes. Tengan mucha cuenta en que cosas como éstas no se comuniquen, aunque sean muy de Dios, ni mercedes conocidas milagrosas, con los de fuera ni con confesores que no tengan prudencia para callar; porque importa mucho esto —más de lo que podrán entender—, y que unas con otras no lo traten. Y la priora, con prudencia, siempre la entiendan inclinada más a loar a las que se señalan en cosas de humildad y mortificación y obediencia, que a las que Dios llevare por este camino de oración muy sobrenatural, aunque tengan todas estotras virtudes. Porque si es espíritu del Señor, humildad trae consigo para gustar de ser despreciada y a ella no hará daño y a las otras hace provecho. Porque como a esto no pueden llegar, que lo da Dios a quien quiere, desconsolarse hían para tener estotras virtudes; aunque también las da Dios, puédense más procurar y son de gran precio para la religión. Su Majestad nos las dé; con ejercicio y cuidado y oración no las negará a ninguna que con confianza de su misericordia las procurare.

CAPÍTULO 9

Trata de cómo salió de Medina del Campo para la fundación de San José de Malagón

1. ¡Qué fuera he salido del propósito! Y podrá ser hayan sido más a propósito algunos de estos avisos que quedan dichos que el contar las fundaciones.

Pues estando en San José de Medina del Campo, con harto consuelo de ver cómo aquellas hermanas iban por los mismos pasos que las de San José de Ávila, de toda religión y hermandad y espíritu, y cómo iba Nuestro Señor proveyendo su casa, así para lo que era necesario en la iglesia como para las hermanas, fueron entrando algunas —que parece las escogía el Señor— cuales convenía para cimiento de semejante edificio, que en estos principios entiendo está todo el bien para lo de adelante; porque, como hallan el camino, por él se van las de después.

2. Estaba una señora en Toledo, hermana del duque de Medinaceli, en cuya casa yo había estado por mandado de los prelados, como más largamente dije en la fundación de San José [1], adonde me cobró particular amor, que debía ser algún medio para desper-

---

[1] Doña Luisa de la Cerda con quien Santa Teresa, mandada por sus superiores, pasa una temporada justa en vísperas de fundar San José.

tarla a lo que hizo; que estos toma Su Majestad muchas veces en cosas que, a los que no sabemos lo por venir, parecen de poco fruto. Como esta señora entendió que yo tenía licencia para fundar monasterios, comenzóme mucho a importunar hiciese uno en una villa suya llamada Malagón. Yo no lo quería admitir en ninguna manera, por ser lugar tan pequeño, que forzado había de tener renta para poderse mantener de lo que yo estaba muy enemiga.

3. Tratado con letrados, me dijeron que hacía mal, que, pues el santo Concilio daba licencia de tenerla, que no se había de dejar de hacer monasterio adonde se podía tanto el Señor servir, por mi opinión. Con esto se juntaron las muchas importunaciones de esta señora, por donde no pude hacer menos de admitirle. Dio bastante renta, porque siempre soy amiga de que sean los monasterios, o del todo pobres, o que tengan de manera que no hayan menester las monjas importunar a nadie para todo lo que fuere menester [2].

4. Pusiéronse todas las fuerzas que pude para que ninguna poseyese nada, sino que guardasen las Constituciones en todo, como en estotros monasterios de pobreza. Hechas todas las escrituras, envió por algunas hermanas para fundarle, y fuimos con aquella señora a Malagón, adonde aún no estaba la casa acomodada para entrar en ella y, así, nos detuvimos más de ocho días en un aposento de la fortaleza.

5. Día de Ramos, año de 1568, yendo la procesión del lugar por nosotras, con los velos delante del rostro y capas blancas, fuimos a la iglesia del lugar, adonde se predicó, y desde allí se llevó el Santísimo Sacramento a nuestro monasterio. Hizo mucha devoción a todos. Allí me detuve algunos días. Estando uno, des-

---

[2] Lo que en definitiva importa, según la mentalidad de la Fundadora, es que las monjas no se distraigan en asuntos materiales: o se confía, por pobreza, en las limosnas, o se pone renta suficiente. Malagón constituye el primer caso de esta segunda alternativa.

pués de haber comulgado, en oración, entendí de Nuestro Señor que se había de servir en aquella casa mucho. Paréceme que estaría allí aún no dos meses, porque mi espíritu daba prisa para que fuese a fundar la casa de Valladolid, y la causa era lo que ahora diré.

CAPÍTULO 10

En que se trata de la Fundación de la casa de Valladolid. Llámase este monasterio La Concepción de Nuestra Señora del Carmen

1. Antes de que se fundase este monasterio de San José de Malagón, cuatro o cinco meses, tratando conmigo un caballero principal, mancebo, me dijo que si quería hacer monasterio en Valladolid, que él daría una casa que tenía con una huerta muy buena y grande que tenía dentro de una gran viña, de muy buena gana, y quiso dar luego la posesión; tenía harto valor. Yo la tomé, aunque no estaba muy determinada a fundarle allí, porque estaba casi un cuarto de legua del lugar. Mas parecióme que se podría pasar a él, como allí se tomase la posesión. Y como él lo hacia tan de gana, no quise dejar de admitir su buena obra ni estorbar su devoción.

2. Desde a dos meses, poco más o menos, le dio un mal tan acelerado que le quitó la habla y no se pudo bien confesar, aunque tuvo muchas señales de pedir al Señor perdón. Murió muy en breve, harto lejos de donde yo estaba. Díjome el Señor que había estado su salvación en harta aventura, y que había habido misericordia de él por aquel servicio que había hecho a su Madre en aquella casa que había dado para hacer monasterio de su Orden, y que no saldría

del purgatorio hasta la primera misa que allí se dijese, que entonces saldría. Yo traía tan presentes las graves penas de estas almas, que, aunque en Toledo deseaba fundar, lo dejé por entonces, y me di toda la prisa que pude para fundar como pudiese en Valladolid.

3. No pudo ser tan presto como yo deseaba, porque forzado me hube de detener en San José de Ávila —que estaba a mi cargo— hartos días, y después en San José de Medina del Campo, que fui por allí, adonde, estando un día en oración, me dijo el Señor que me diese prisa, que padecía mucho aquel alma, que, aunque no tenía mucho aparejo, lo puse por obra y entré en Valladolid día de San Lorencio. Y como vi la casa, dióme harta congoja, porque entendí era desatino estar allí monjas sin muy mucha costa; y, aunque era de gran recreación, por ser la huerta tan deleitosa, no podía dejar de ser enfermo, que estaba cabe el río.

4. Con ir cansada, hube de ir a misa a un monasterio de nuestra Orden, que vi que estaba a la entrada del lugar, y era tan lejos que me dobló más la pena. Con todo, no lo decía a mís compañeras por no las desanimar. Aunque flaca, tenía alguna fe que el Señor, que me había dicho lo pasado, lo remediaría. Hice muy secretamente venir oficiales y comenzar a hacer tapias para lo que tocaba al recogimiento y lo que era menester. Estaba con nosotras el clérigo que he dicho, llamado Julián de Ávila, y uno de los dos frailes que queda dicho que quería ser Descalzo, que se informaba de nuestra manera de proceder en estas casas [1]. Julián de Ávila entendía en sacar la licencia del Ordinario, que ya había dado buena esperanza antes que yo fuese. No se pudo hacer tan presto, que no viniese un domingo antes que estuviese alcanzada la licencia; mas diéronnosla para decir misa adonde teníamos para iglesia, y así nos la dijeron.

---

[1] El que después sería San Juan de la Cruz, aprende de este modo el estilo de vida de los Descalzos.

5. Yo estaba bien descuidada de que entonces se había de cumplir lo que se me había dicho de aquel alma; porque, aunque se me dijo «a la primera misa», pensé que había de ser a la que se pusiese el Santísimo Sacramento. Viniendo el sacerdote adonde habíamos de comulgar, con el Santísimo Sacramento en las manos, llegando yo a recibirle, junto al sacerdote se me representó el caballero que he dicho, con rostro resplandeciente y alegre; puestas las manos, me agradeció lo que había puesto por él para que saliese del purgatorio y fuese aquel alma al cielo. Y cierto, que la primera vez que entendí estaba en carrera de salvación, que yo estaba bien fuera de ello y con harta pena, pareciéndome que era menester otra muerte para su manera de vida; que, aunque tenía buenas cosas, estaba metido en las del mundo. Verdad es que había dicho a mis compañeras que traía muy delante la muerte. Gran cosa es lo que agrada a Nuestro Señor cualquier servicio que se haga a su Madre, y grande es su misericordia. Sea por todo alabado y bendito, que así paga con eterna vida y gloria la bajeza de nuestras obras y las hace grandes siendo de pequeño valor.

6. Pues, llegado el día de Nuestra Señora de la Asunción, que es a quince de agosto, año de 1568, se tomó la posesión de este monasterio. Estuvimos allí poco, porque caímos casi todas muy malas. Viendo esto una señora de aquel lugar llamada doña María de Mendoza, mujer del Comendador Cobos, madre del marqués de Camarasa, muy cristiana y de grandísima caridad —sus limosnas en gran abundancia la daban a bien a entender—, hacíame mucha caridad; de antes, que yo la había tratado porque es hermana del obispo de Ávila, que en el primer monasterio nos favoreció mucho y en todo lo que toca a la Orden. Como tiene tanta caridad y vio que allí no se podrían pasar sin gran trabajo, así por ser lejos para las limosnas como por ser enfermo, díjonos que le dejásemos aquella casa

y nos compraría otra. Y así lo hizo, que valía mucho más la que nos dio, con dar todo lo que era menester hasta ahora, y lo hará mientras viviere.

7. Día de San Blas, nos pasamos a ella con gran procesión y devoción del pueblo; y siempre la tiene, porque hace el Señor muchas misericordias en aquella casa, y ha llevado a ella almas, que a su tiempo se pondrá su santidad, para que sea alabado el Señor que por tales medios quiere engrandecer sus obras y hacer merced a sus criaturas. Porque entró allí una que dio a entender lo que es el mundo en despreciarle, de muy poca edad, me ha parecido decirlo aquí, para que se confundan los que mucho le aman, y tomen ejemplo las doncellas a quien el Señor diere buenos deseos e inspiraciones, para ponerlos por obra.

8. Está en este lugar una señora que llaman doña María de Acuña, hermana del conde de Buendía. Fue casada con el Adelantado de Castilla. Muerto él, quedó con un hijo y dos hijas, y harto moza. Comenzó a hacer vida de tanta santidad y a criar sus hijos en tanta virtud, que mereció que el Señor los quisiese para sí. No dije bien, que tres hijas la quedaron: la una fue luego monja; otra no se quiso casar, sino hacía vida con su madre de gran edificación. El hijo, de poca edad, comenzó a entender lo que era el mundo y a llamarle Dios para entrar en religión, de tal suerte que no bastó nadie a estorbárselo, aunque su madre holgaba tanto de ello, que con Nuestro Señor le debía ayudar mucho, aunque no lo mostraba, por los deudos; en fin, cuando el Señor quiere para sí un alma, tienen poca fuerza las criaturas para estorbarlo: así acaeció aquí, que con detenerle tres años con hartas persuasiones, se entró en la Compañía de Jesús. Díjome un confesor de esta señora, que le había dicho que en su vida había llegado gozo a su corazón como el día que hizo profesión su hijo.

9. ¡Oh Señor, qué gran merced haceis a los que dais tales padres, que aman tan verdaderamente a sus

hijos, que sus estados y mayorazgos y riquezas quieren que los tengan en aquella bienaventuranza que no ha de tener fin! Cosa es de gran lástima, que está el mundo ya con tanta desventura y ceguedad, que les parece a los padres que está su honra en que no se acabe la memoria de este estiércol de los bienes de este mundo, y que no la haya de que tarde o temprano se ha de acabar; y todo lo que tiene fin, aunque dure, se acaba, y hay que hacer poco caso de ello; y que a costa de los pobres hijos quieran sustentar sus vanidades, y quitar a Dios con mucho atrevimiento las almas que quiere para sí, y a ellas un tan gran bien, que, aunque no hubiera el que ha de durar para siempre, que les convida Dios con él, es grandísimo verse libre de los cansancios y leyes del mundo, y mayores para los que más tienen. Abridles, Dios mío, los ojos; dadles a entender qué es el amor que están obligados a tener a sus hijos, para que no los hagan tanto mal y no se quejen delante de Dios en aquel juicio final de ellos, adonde, aunque no quieran, entenderán el valor de cada cosa.

10. Pues como, por la misericordia de Dios, sacó a este caballero, hijo de esta señora doña María de Acuña —él se llama don Antonio de Padilla—, de edad de diecisiete años, del mundo, poco más o menos, quedaron los estados en la hija mayor, llamada doña Luisa de Padilla, porque el conde de Buendía no tuvo hijos y heredaba don Antonio este condado y el ser Adelantado de Castilla; porque no hace a mi propósito, no digo lo mucho que padeció con sus deudos hasta salir con su empresa. Bien se entenderá a quien entendiere lo que precian los del mundo que haya sucesor de sus casas.

11. ¡Oh Hijo del Padre Eterno, Jesucristo, Señor nuestro Rey verdadero de todo! ¿Qué dejastes en el mundo que pudimos heredar de Vos vuestros descendientes? ¿Qué poseistes, Señor mío, sino trabajos y dolores y deshonras, y aun no tuvistes sino un madero

en que pasar el trabajoso trago de la muerte? En fin, Dios mío, que los que quisiéremos ser vuestros hijos verdaderos y no renunciar la herencia, no nos conviene huir del padecer. Vuestras armas son cinco llagas. ¡Ea, pues, hijas mías!: ésta ha de ser nuestra divisa, si hemos de heredar su reino; no con descansos, no con regalos, no con honras, no con riquezas se ha de ganar lo que Él compró con tanta sangre. ¡Oh gente ilustre: abrid, por amor de Dios, los ojos; mirad que los verdaderos caballeros de Jeusucristo, y los príncipes de su Iglesia, un San Pedro y San Pablo, no llevaban el camino que lleváis! ¿Pensáis por ventura que ha de haber nuevo camino para vosotros? No lo creáis. Mirad que comienza el Señor a mostrárosle por personas en tan poca edad como de los que ahora hablamos.

12. Algunas veces he visto y hablado a este don Antonio; quisiera tener mucho más, para dejarlo todo. Bienaventurado mancebo y bienaventurada doncella, que han merecido tanto con Dios, que en la edad que el mundo suele señorear a sus moradores, le repisasen ellos. Bendito sea el que los hizo tanto bien.

13. Pues como quedasen los estados en la hermana mayor, hizo el caso de ellos que su hermano; porque desde niña se había dado tanto a la oración —que es adonde el Señor da luz para entender las verdades—, que lo estimó tan poco como su hermano. ¡Oh, válgame Dios, a qué de trabajos y tormentos y pleitos, y aun a aventuras las vidas y las honras se pusieran muchos por heredar esta herencia! No pasaron pocos en la que se la consintiesen dejar. Así es este mundo, que él nos da bien a entender sus desvarios, si no estuviésemos ciegos. Muy de buena gana, porque la dejasen libre de esta herencia, la renunció en su hermana, que ya no había otra, que era la edad de diez u once años. Luego, porque no se perdiese la negra memoria[2], ordenaron los deudos de casar esta niña

---

[2] Muestra Santa Teresa su desprecio de lo que el mundo llama honra con el calificativo de *negra*: negra honra.

con un tío suyo, hermano de su padre, y trajeron del Sumo Pontífice dispensación, y desposáronlos.

14. No quiso el Señor que hija de tal madre y hermana de tales hermanos quedase más engañada que ellos, y así sucedió lo que ahora diré. Comenzando la niña a gozar de los trajes y atavíos del mundo que, conforme a la persona, serían para aficionar en tan poca edad como ella tenía, aún no había dos meses que era desposada, cuando comenzó el Señor a darla luz, aunque ella no lo entendía. Cuando había estado el día con muchos contentos con su esposo, que le quería con más extremo que pedía su edad, dábale una tristeza muy grande, viendo cómo se había acabado aquel día y que así se habían de acabar todos. ¡Oh grandeza de Dios, que del mismo contento que le daban los contentos de las cosas perecederas, le vino a aborrecer! Comenzóle a dar una tristeza tan grande, que no la podía encubrir a su esposo, ni ella sabía de qué, ni qué le decir, aunque él se lo preguntaba.

15. En este tiempo ofreciósele un camino, a donde no pudo dejar ir, lejos del lugar. Ella sintió mucho, como lo quería tanto. Mas luego le descubrió el Señor la causa de su pena, que era inclinarse su alma a lo que no se ha de acabar, y comenzó a considerar cómo sus hermanos habían tomado lo más seguro, y dejádola a ella en los peligros del mundo. Por una parte esto, por otra parecerle que no tenía remedio —porque no había venido a su noticia que, siendo desposada, podía ser monja, hasta que lo preguntó—, traíala fatigada; y, sobre todo, el amor que tenía a su esposo no la dejaba determinar, y así pasaba con harta pena.

16. Como el Señor la quería para sí, fuela quitando este amor, y creciendo el deseo de dejarlo todo. En este tiempo sólo la movía el deseo de salvarse y de buscar los mejores medios; que le parecía que, metida más en las cosas del mundo, se olvidaría de procurar lo que es eterno; que esta sabiduría le infundió Dios

en tan poca edad de buscar cómo ganar lo que no se acaba. ¡Dichosa alma, que tan presto salió de la ceguedad en que acaban muchos viejos! Como se vio libre la voluntad, determinóse del todo de emplearla en Dios —que hasta esto había callado—, y comenzó a tratarlo con su hermana. Ella, pareciéndole niñería, la desviaba de ello y le decía algunas cosas para esto, que bien se podía salvar siendo casada. Ella le respondió que por qué lo había dejado ella. Y pasaron algunos días. Siempre iba creciendo su deseo, aunque a su madre no osaba decir nada, y por ventura era ella la que la daba la guerra con sus santas oraciones.

CAPÍTULO 11

Prosigue en la materia comenzada del orden que tuvo doña Casilda de Padilla para conseguir sus santos deseos de entrar en religión

1. En este tiempo, ofrecióse dar un hábito a una freila en este monasterio de la Concepción, cuyo llamamiento podrá ser que diga, porque, aunque diferentes en calidad —porque es una labradorcita—, en las mercedes grandes que la ha hecho Dios, la tiene de manera que merece —para ser Su Majestad alabado— que se haga de ella memoria. Y yendo doña Casilda —que así se llamaba esta amada del Señor— con una abuela suya a este hábito, que era madre de su esposo, aficionóse en extremo a este monasterio, pareciéndole que, por ser pocas y pobres, podían servir mejor al Señor, aunque todavía no estaba determinada a dejar a su esposo, que, como he dicho, era lo que más la detenía.

2. Consideraba que solía, antes que se desposase, tener ratos de oración; porque la bondad y santidad de su madre las tenía, y a su hijo, criados en esto, que desde siete años los hacía entrar a tiempos en un oratorio y los enseñaban cómo habían de considerar en la pasión del Señor y los hacía confesar a menudo, y así ha visto tan buen suceso de sus deseos, que eran

quererlos para Dios; y así me ha dicho ella que siempre se los ofrecía y suplicaba los sacase del mundo, porque ya ella estaba desengañada de en lo poco que se ha de estimar. Considero yo algunas veces, cuando ellos se vean gozar de los gozos eternos y que su madre fue el medio, las gracias que le darán y el gozo accidental que ella tendrá de verlos; y cuán al contrario será los que, por no los criar sus padres como a hijos de Dios —que lo son más que no suyos—, se ven los unos y los otros en el infierno, las maldiciones que se echarán y las desesperaciones que tendrán.

3. Pues, tornando a lo que decía, como ella viese que aun rezar ya el rosario hacía de mala gana, hubo gran temor que siempre sería peor, y parecíale que veía claro que viniendo a esta casa tenía asegurada su salvación. Y así se determinó del todo; y viniendo una mañana su hermano y ella con su madre acá, ofrecióse que entraron en el monasterio dentro, bien sin cuidado que ella haría lo que hizo. Como se vio dentro, no bastaba nadie a echarla de casa. Sus lágrimas eran tantas porque la dejasen, y las palabras que decía, que a todas tenía espantadas. Su madre, aunque en lo interior se alegraba, temía a los deudos y no quería se quedara así, porque no dijesen había sido persuadida por ella; y la priora también estaba en lo mismo, que le parecía era niña y que era menester más prueba. Esto era por la mañana. Hubiéronse de quedar hasta la tarde, y enviaron a llamar a su confesor y al padre maestro fray Domingo [1], que lo era mío, dominico —de quien hice al principio mención—, aunque yo no estaba entonces aquí. Este padre entendió luego que era el espíritu del Señor, y la ayudó mucho, pasando harto con sus deudos —así habían de hacer todos los que le pretenden servir, cuando ven un alma llamada de Dios: no mirar tanto las prudencias hu-

---

[1] Fray Domingo Báñez.

manas–, prometiéndola de ayudarla para que tornase otro día.

4. Con hartas persuasiones, porque no echasen culpa a su madre, se fue esta vez; ella iba siempre más adelante en sus deseos. Comenzaron secretamente su madre a dar parte a sus deudos –porque no lo supiese el esposo se traía este secreto–; decían que era niñería y que esperase hasta tener edad, que no tenía cumplidos doce años. Ella decía que como la hallaron con edad para casarla y dejarla al mundo, cómo no se la hallaban para darse a Dios. Decía cosas que se parecía bien no era ella la que hablaba en esto.

5. No pudo ser tan secreto que no se avisase a su esposo. Como ella lo supo, parecióle no se sufría aguardarle; y un día de la Concepción, estando en casa de su abuela –que también era su suegra–, que no sabía nada de esto, rogóla mucho la dejase ir al campo con su aya a holgar un poco; ella lo hizo por hacerla placer, en un carro con sus criados. Ella dio a uno dinero y rogóle la esperase a la puerta de este monasterio con unos manojos o sarmientos, y ella hizo rodear de manera que la trajeron por esta casa. Como llegó a la puerta, dijo que pidiesen al torno un jarro de agua, que no dijesen para quién, y apeóse muy aprisa. Dijeron que allí se le darían. Ella no quiso. Ya los manojos estaban allí. Dijo que dijesen viniesen a la puerta a tomar aquellos manojos, y ella juntóse allí, y en abriendo entróse dentro, y fuese a abrazar con Nuestra Señora, llorando y rogando a la priora no la echase. Las voces de los criados eran grandes, y los golpes que daban a la puerta. Ella los fue a hablar a la red y les dijo que por ninguna manera saldría; que lo fuesen a decir a su madre. Las mujeres que iban con ella hacían grandes lástimas. A ella se le daba poco de todo. Como dieron la nueva a su abuela, quiso ir luego allá.

6. En fin, ni ella, ni su tío, ni su esposo, que había venido y procuró mucho de alelarla por la red, hacían más de darla tormento cuando estaba con ella, y después quedar con mayor firmeza. Decíala el esposo, después de muchas lástimas, que podría más servir a Dios haciendo limosnas. Ella le respondía que las hiciese él. Y a las demás cosas, le decía que más obligada estaba a su salvación, y que veía que era flaca, y que en las ocasiones del mundo no se salvaría, y que no tenía que se quejar de ella, pues no le había dejado sino por Dios, que en esto no le hacía agravio. De que vio que no se satisfacía con nada, levantóse y dejóle.

7. Ninguna impresión la hizo, antes del todo quedó disgustada con él; porque al alma que Dios da luz de la verdad, las tentaciones y estorbos que pone el demonio le ayudan más, porque es Su Majestad el que pelea por ella; y así se veía claro aquí, que no parecía era ella la que hablaba.

8. Como su esposo y deudos vieron lo poco que aprovechaba quererla sacar de grado, procuraron fuese por fuerza; y así tradujeron una provisión real para sacarla fuera del monasterio y que la pusiesen en libertad. En todo este tiempo, que fue desde la Concepción hasta el día de los Inocentes, que la sacaron, se estuvo sin darle el hábito en el monasterio, haciendo todas las cosas de la religión como si le tuviera, y con grandísimo contento. Este día la llevaron en casa de un caballero, viniendo la justicia por ella. Lleváronla con hartas lágrimas, diciendo que para qué la atormentaban, pues no les había de aprovechar nada. Aquí fue harto persuadida, así de religiosos como de otras personas: porque a unos les parecía que era niñería, otros deseaban gozase su estado. Sería alargarme mucho si dijese las disputas que tuvo y de la manera que se libraba de todos. Dejábalos espantados de las cosas que decía.

9. Ya que vieron no aprovechaba, pusiéronla en casa de su madre para deternerla algún tiempo, la cual estaba ya cansada de ver tanto desasosiego, y no la ayudaba en nada, antes, a lo que parecía, era contra ella. Podía ser que fuese para probarla más; al menos así me lo ha dicho después —que es tan santa que no se ha de creer sino lo que dice—; mas la niña no lo entendía. Y también un confesor que la confesaba le era en extremo contrario, de manera que no tenía sino a Dios y a una doncella de su madre, que era con quien descansaba. Así pasó con harto trabajo y fatiga hasta cumplir los doce años, que entendió que se trataba de llevarla a ser monja en el monasterio que estaba su hermana, ya que no la podian quitar de que lo fuese, por no haber en él tanta aspereza.

10. Ella, como entendió esto, determinó de procurar por cualquier medio que pudiese procurar su contento con llevar su propósito adelante. Y así, un día, yendo a misa con su madre, estando en la iglesia, entróse su madre a confesar en un confesionario, y ella rogó a su aya que fuese a uno de los padres a pedir que le dijesen una misa; y en viéndola ida, metió sus chapines en la manga, y alzó la saya, y vase con la mayor prisa que pudo a este monasterio, que era harto lejos. Su aya, como no la halló, fue tras ella; y ya que llegaba cerca, rogó a un hombre que se la tuviese. El dijo después que no había podido menearse y, así, la dejó. Ella, como entró a la puerta del monasterio primera, y cerró la puerta, y comenzó a llamar. Cuando llegó la aya, ya estaba dentro en el monasterio y diéronle luego el hábito, y así dio fin a tan buenos principios como el Señor había puesto en ella. Su Majestad la comenzó bien en breve a pagar con mercedes espirituales, y ella a servirle con grandísimo contento y grandísima humildad y desasimiento de todo.

11. Sea bendito por siempre, que así da gusto con los vestidos pobres de sayal a la que tan aficionada

estaba a los muy curiosos y ricos, aunque no eran parte para encubrir su hermosura, que estas gracias naturales repartió el Señor en ella, como las espirituales, de condición y entendimiento tan agradable, que a todas es despertador para alabar a Su Majestad. Plega a Él haya muchas que así respondan a su llamamiento [2].

[2] Paradójicamente, Casilda de Padilla abandonaría más tarde la descalcez para hacerse francisca en Burgos. Teresa de Jesús sufrió no poco por ello.

CAPÍTULO 12

En que se trata de la vida y muerte de una religiosa que trajo Nuestro Señor a esta misma casa, llamada Beatriz de la Encarnación, que fue en su vida de tanta perfección, y su muerte tal, que es justo se haga de ella memoria

1. Entró en este monasterio por monja una doncella llamada doña Beatriz Oñez, algo deudo de doña Casilda. Entró algunos años antes, cuya alma tenía a todas espantada, por ver lo que el Señor obraba en ella de grandes virtudes. Y afirman las monjas y priora que en todo cuanto vivió, jamás entendieron en ella cosa que se pudiese tener por imperfección, ni jamás por cosa la vieron de diferente semblante, sino con una alegría modesta que daba bien a entender el gozo interior que traía su alma: un callar sin pesadumbre, que, con tener gran silencio, era de manera que no se le podía notar por cosa particular. No se halla haber jamás hablado palabra que hubiese en ella que reprender; ni en ella se vio porfía ni disculpa, aunque la priora, por probarla, la quisiese culpar de lo que no había hecho, como en estas casas se acostumbra para mortificar. Nunca jamás se quejó de cosa ni de ninguna hermana, ni por semblante ni palabra dio disgusto a ninguna con oficio que tuviese ni ocasión para que de ella se pensase ninguna imperfección, ni se

hallaba por qué acusarla ninguna falta en capítulo, con ser cosas bien menudas las que allí las celadoras dicen que han notado. En todas las cosas era extraño su concierto interior y exteriormente. Esto nacía de traer muy presente la eternidad y para lo que Dios nos había criado. Siempre traía en la boca alabanzas de Dios y un agradecimiento grandísimo. En fin, una perpetua oración.

2. En lo de la obediencia jamás tuvo falta, sino con una prontitud y perfección y alegría a todo lo que se le mandaba. Grandísima caridad con los prójimos, de manera que decía que por cada uno se dejaría hacer mil pedazos a trueco de que no perdiesen el alma y gozasen de su hermano Jesucristo, que así llamaba a Nuestro Señor. En sus trabajos, los cuales con ser grandísimos —de terribles enfermedades, como después diré, y de gravísimos dolores—, los padecía con tan grandísima voluntad y contento, como si fueran grandes regalos y deleites. Debíasele Nuestro Señor dar en el espíritu, porque no es posible menos, según con el alegría los llevaba.

3. Acaeció que en este lugar de Valladolid llevaban a quemar a unos por grandes delitos, Ella debía saber no iban a la muerte con tan buen aparejo como convenía, y diole tan grandísima aflicción que con gran fatiga se fue a Nuestro Señor y le suplicó muy ahincadamente por la salvación de aquellas almas y que, a trueco de lo que ellos merecían, o porque ella mereciese alcanzar esto —que las palabras puntualmente no me acuerdo—, lo diese toda su vida todos los trabajos y penas que ella pudiese llevar. Aquella misma noche le dio la primera calentura, y, hasta que murió, siempre fue padeciendo. Ellos murieron bien, por donde parece que oyó Dios su oración.

4. Diole luego una postema dentro de las tripas, con tan gravísimos dolores, que era bien menester para sufrirlos con paciencia lo que el Señor había puesto en su alma. Esta postema era por la parte de adentro,

adonde cosa de las medicinas que hacían no la aprovechaba; hasta que el Señor quiso que se le viniese a abrir y echar la materia, y así mejoró algo de este mal. Con aquella gana que le daba de padecer, no se contentaba con poco, y así oyendo un sermón un día de la Cruz, creció tanto este deseo, que, como acabaron, con un ímpetu de lágrimas se fue sobre su cama, y preguntándole qué había, dijo que rogasen a Dios la diese muchos trabajos y que con esto estaría contenta.

5. Con la priora trataba ella todas las cosas interiores, y se consolaba en esto. En toda la enfermedad jamás dio la menor pesadumbre del mundo, ni hacía más de lo que quería la enfermera, aunque fuese beber un poco de agua. Desear trabajos almas que tienen oración, es muy ordinario estando sin ellos; mas, estando en los mismos trabajos, alegrarse de padecerlos, no es de muchas. Y así, ya que estaba tan apretada, que duró poco y con dolores muy excesivos y una postema que le dio dentro de la garganta, que no la dejaba tragar, estaban allí algunas de las hermanas, y dijo a la priora —como la debía consolar y animar a llevar tanto mal— que ninguna pena tenía, ni se trocaría por ninguna de las hermanas que estaban muy buenas. Tenía tan presente a aquel Señor por quien padecía, que todo lo más que ella podía rodear para que no entendiesen lo mucho que padecía, y así, si no era cuando el dolor la apretaba mucho, se quejaba muy poco.

6. Parecíale que no había en la tierra cosa más ruin que ella y así en todo lo que se podía entender, era grande su humildad. En tratando de virtudes de otras personas, se alegraba muy mucho. En cosa de mortificación, era extremada. Con una disimulación se apartaba de cualquier cosa que fuese recreación, que, si no era quien andaba sobre aviso, no lo entendían. No parecía que vivía ni trataba con las criaturas, según se le daba poco de todo; que de cualquier manera que fuesen las cosas, las llevaba con una paz, que siempre

la veían estar en un ser; tanto, que le dijo una vez una hermana que parecía de unas personas que hay muy honradas, que, aunque mueran de hambre, lo quieren más que no que lo sientan los de fuera; porque no podían creer que ella dejaba de sentir algunas cosas, aunque tampoco se le parecía.

7. Todo lo que hacía de labor y de oficios era con un fin que no dejaba perder el mérito; y así decía a las hermanas: «no tiene precio la cosa más pequeña que se hace, si va por amor de Dios; no habíamos de menear los ojos, hermanas, si no fuese por este fin y por agradarle». Jamás se entrometía en cosa que no estuviese a su cargo; así no veía falta de nadie, sino de sí. Sentía tanto que de ella se dijese ningún bien, que así traía cuenta con no le decir de nadie en su presencia, por no las dar pena. Nunca procuraba consuelo, ni en irse a la huerta, ni en cosa criada; porque, según ella dijo, grosería [sería] buscar alivio de los dolores que Nuestro Señor le daban; y así nunca pedía cosa, sino lo que la daban: con eso pasaba. También decía que antes le sería cruz tomar consuelo en cosa que no fuese Dios. El caso es que, informándome yo de las de casa, no hubo ninguna que hubiese visto en ella cosa que pareciese sino de alma de gran perfección.

8. Pues venido el tiempo en que Nuestro Señor la quiso llevar de esta vida, crecieron los dolores y tantos males juntos, que, para alabar a Nuestro Señor de ver el contento como lo llevaba, la iban a ver algunas veces. En especial tuvo gran deseo de hallarse a su muerte el capellán que confiesa en aquel monasterio, que es harto siervo de Dios; que, como él la confesaba, teníala por santa. Fue servido que se le cumplió este deseo, que como estaba con tanto sentido y ya oleada, llamáronle para que, si hubiese menester aquella noche, reconciliarla o ayudarla a morir. Un poco antes de las nueve, estando todas con ella, y él lo mismo, como un cuarto de hora antes que muriese, se le

quitaron todos los dolores, y con una paz muy grande levantó los ojos, y se le puso una alegría de manera en el rostro, que pareció como un resplandor, y ella estaba como quien mira a alguna cosa que la da gran alegría, porque así se sonrió por dos veces. Todas las que estaban allí, y el mismo sacerdote, fue tan grande el gozo espiritual y alegría que recibieron, que no saben decir más de que les parecía que estaban en el cielo. Y con esta alegría que digo, los ojos en el cielo, expiró, quedando como un ángel; que así podemos creer, según nuestra fe y según su vida, que la llevó Dios a descanso en pago de lo mucho que había deseado padecer por Él.

9. Afirma el capellán, y así lo dijo a muchas personas, que al tiempo de echar el cuerpo en la sepultura, sintió en él grandísimo y muy suave olor. También afirma la sacristana que toda la cera que en su enterramiento y honras ardió no halló cosa disminuida de la cera. Todo se puede creer de la misericordia de Dios. Tratando estas cosas con un confesor suyo de la Compañía de Jesús, con quien había muchos años confesado y tratado su alma, dijo que no era mucho, ni él se espantaba, porque sabía que tenía Nuestro Señor mucha comunicación con ella.

10. Plega a Su Majestad, hijas mías, que nos sepamos aprovechar de tan buena compañía como ésta y otras muchas que Nuestro Señor nos da en estas casas. Podrá ser que diga alguna cosa de ellas, para que se esfuercen a imitar las que van con alguna tibieza y para que alabemos todas al Señor, que así resplandece su grandeza en unas flacas mujercitas.

CAPÍTULO 13

En que trata cómo se comenzó la primera casa de la Regla Primitiva, y por quién, de los Descalzos Carmelitas. Año de 1568

1. Antes que yo fuese a esta fundación de Valladolid, como ya tenía concertado con el padre fray Antonio de Jesús, que era entonces prior en Medina en Santa Ana, que es de la Orden del Carmen, y con fray Juan de la Cruz, como ya tengo dicho, de que serían los primeros que entrasen si se hiciese monasterio de la primera Regla de Descalzos, y como yo no tuviese remedio para tener casa, no hacía sino encomendarlo a Nuestro Señor; porque, como he dicho, ya estaba satisfecha de estos padres. Porque al padre fray Antonio de Jesús había el Señor bien ejercitado, un año que había que yo lo había tratado con él, en trabajos, y llevádolo con mucha perfección. Del padre fray Juan de la Cruz ninguna prueba había menester, porque, aunque estaba entre los del Paño, Calzados, siempre había hecho vida de mucha perfección y religión. Fue Nuestro Señor servido, que como me dio lo principal, que eran frailes que comenzasen, ordenó lo de demás.

2. Un caballero de Ávila, llamado don Rafael, con quien yo jamás había tratado, no sé cómo, que no me acuerdo, vino a entender que se quería hacer un mo-

nasterio de Descalzos; y vínome a ofrecer que me daría una casa que tenía en un lugarcillo de hartos pocos vecinos, que me parece no serían veinte, que no me acuerdo ahora, que la tenía allí para un rentero que recogía el pan de renta que tenía allí. Yo, aunque vi cuál debía ser, alabé a Nuestro Señor y agradecíselo mucho. Díjome que era camino de Medina del Campo, que iba yo por allí para ir a la fundación de Valladolid, que es camino derecho, y que la vería. Yo dije que lo haría, y así lo hice, que partí de Ávila por junio con una compañera y con el padre Julián Dávila, que era el sacerdote que he dicho que me ayudaba a estos caminos, capellán de San José de Ávila.

3. Aunque partimos de mañana, como no sabíamos el camino, errámosle. Y como el lugar es poco nombrado, no se hallaba mucha relación de él. Así andu-vimos aquel día con harto trabajo, porque hacía muy recio sol. Cuando pensábamos estábamos cerca, había otro tanto que andar. Siempre se me acuerda del cansancio y desvarío que traíamos en aquel camino. Así llegamos poco antes de la noche. Como entramos en la casa, estaba de tal suerte, que no nos atrevimos a quedar allí aquella noche, por causa de la demasiada poca limpieza que tenía, y mucha gente del agosto [1]. Tenía un portal razonable y una cámara doblada con su desván y una cocinilla. Este edificio todo tenía nuestro monasterio. Yo consideré que en el portal se podía hacer iglesia, y en el desván coro (que venía bien), y dormir en la cámara. Mi compañera, aunque era harto mejor que yo y muy amiga de penitencia, no podía sufrir que yo pensase hacer allí monasterio, y así me dijo: «cierto, madre, que no haya espíritu, por bueno que sea, que lo pueda sufrir; vos no tratéis de esto». El padre que iba conmigo, aunque le pareció lo que a mi compañera, como le dije mis intentos no me

---

1 Segadores que venían de otras regiones.

contradijo. Fuimonos a tener la noche en la iglesia, que para el cansancio grande que llevábamos no quisiéramos tenerla en vela.

4. Llegados a Medina, hablé luego con el padre fray Antonio y díjele lo que pasaba, y que si tendría corazón para estar allí algún tiempo, que tuviese cierto que Dios lo remediaría presto, que todo era comenzar —paréceme tenía tan delante lo que el Señor ha hecho, y tan cierto, a manera de decir, como ahora que lo veo; y aún mucho más de lo que hasta ahora he visto, que, al tiempo que ésta escribo, hay diez monasterios de Descalzos[2], por la bondad de Dios—, y que creyese que no nos daría la licencia el Provincial pasado ni el presente —que había de ser con su consentimiento, según dije al principio—, si nos viesen en casa muy medrada, dejado que no teníamos remedio de ella, y que en aquel lugarcillo y casa que no harían caso de ellos. A él le había puesto Dios más ánimos que a mí, y así dijo que no sólo allí, mas que estaría en una pocilga. Fray Juan de la Cruz estaba en lo mismo.

5. Ahora nos quedaba alcanzar la voluntad de los dos padres que tengo dicho, porque con esa condición había dado la licencia nuestro padre general. Yo esperaba en Nuestro Señor de alcanzarla y, así, dije al padre fray Antonio que tuviese cuidado de hacer todo lo que pudiese en allegar algo para la casa. Yo me fui con fray Juan de la Cruz a la fundación que queda escrita de Valladolid. Y como estuvimos algunos días con oficiales para recoger la casa, sin clausura, había lugar para informar al padre fray Juan de la Cruz de toda nuestra manera de proceder, para que llevase bien entendidas todas las cosas, así de mortificación como del estilo de hermandad y recreación que tene-

---

[2] Aparte de Duruelo: Mancera, Pastrana, Alcalá, Altomira, La Roda, San Juan del Puerto, Granada, La Peñuela, Sevilla, Los Remedios.

mos juntos: que todo es con tanta moderación, que sólo sirve de entender allí las faltas de las hermanas y tomar un poco de alivio para llevar el rigor de la Regla. Él era tan bueno, que, al menos yo, podía mucho más deprender de él que él de mí; mas esto no era lo que yo hacía, sino el estilo del proceder las hermanas.

6. Fue Dios servido que estaba allí el provincial de nuestra Orden, de quien yo había de tomar el beneplácito, llamado fray Alonso González. Era viejo y harto buena cosa y sin malicia. Yo le dije tantas cosas y de la cuenta que daría a Dios si tan buena obra estorbaba, cuando se la pedí —y Su Majestad que lo dispuso, como quería que se hiciese—, que se ablandó mucho. Venida la señora doña María de Mendoza y el obispo de Ávila, su hermano, que es quien siempre nos ha favorecido y amparado, lo acabaron con él y con el padre fray Ángel de Salazar, que era el provincial pasado, de quien yo temía toda la dificultad. Más ofrecióse entonces cierta necesidad que tuvo menester el favor de la señora doña María de Mendoza, y esto creo ayudó mucho, dejado que, aunque no hubiera esta ocasión, se lo pusiera Nuestro Señor en el corazón, como al padre General, que estaba bien fuera de ello.

7. ¡Oh, válgame Dios, qué de cosas he visto en estos negocios que parecían imposibles, y cuán fácil ha sido a Su Majestad allanarlas, y qué confusión mía es, viendo lo que he visto, no ser mejor de lo que soy! Que ahora, que lo voy escribiendo, me estoy espantando y deseando que Nuestro Señor dé a entender a todos cómo en estas fundaciones no es casi nada lo que hemos hecho las criaturas. Todo lo ha ordenado el Señor por unos principios tan bajos, que sólo Su Majestad lo podía levantar en lo que ahora está. Sea por siempre bendito. Amén.

CAPÍTULO 14

Prosigue en la fundación de la primera casa de los Descalzos Carmelitas. Dice algo de la vida que allá hacían y del provecho que comenzó a hacer Nuestro Señor en aquellos lugares, a honra y gloria de Dios

1. Como yo tuve estas dos voluntades, ya me parecía no me faltaba nada. Ordenamos que el padre fray Juan de la Cruz fuese a la casa y lo acomodase de manera que, comoquiera, pudiesen entrar en ella —que toda mi prisa era hasta que comenzasen, porque tenía gran temor no nos viniese algún estorbo—; y así se hizo. El padre fray Antonio ya tenía algo allegado de lo que era menester; ayudábamosle lo que podíamos, aunque era poco. Vino allí a Valladolid a hablarme con gran contento, y díjome lo que tenía allegado, que era harto poco. Sólo de relojes iba proveído, que llevaba cinco, que me cayó en harta gracia. Díjome, que para tener las horas concertadas, que no quería ir desapercibido; creo aun no tenía en qué dormir.

2. Tardóse poco en aderezar la casa, porque no había dinero, aunque quisieran hacer mucho. Acabado, el padre fray Antonio renunció su priorazgo, con harta voluntad, y prometió la Primera Regla; que, aunque le decían lo probase primero, no quiso. Íbase a su casita con el mayor contento del mundo. Ya fray Juan estaba allá.

3. Dicho me ha el padre fray Antonio que, cuando llegó a vista del lugarcillo, le dio un gozo interior muy grande y le pareció que había ya acabado con el mundo en dejarlo todo y en meterse en aquella soledad; adonde al uno y al otro no se les hizo la casa mala, sino que les parecía estaban en grandes deleites.

4. ¡Oh, válgame Dios, qué poco hacen estos edificios y regalos exteriores para lo interior! Por su amor os pido, hermanas y padres míos, que nunca dejéis de ir muy moderados en esto de casas grandes y suntuosas. Tengamos delante nuestros fundadores verdaderos, que son aquellos santos padres de donde descendimos, que sabemos que por aquel camino de pobreza y humildad gozan de Dios.

5. Verdaderamente he visto haber más espíritu y aun alegría interior cuando parece que no tienen los cuerpos cómo estar acomodados, que después que ya tienen mucha casa y lo están. Por grande que sea, ¿qué provecho nos trae? Pues sólo de una celda es lo que gozamos continuo, que ésta sea muy grande y bien labrada, ¿qué nos va? Sí, que no hemos de andar mirando las paredes. Considerado que no es la casa que nos ha de durar para siempre, sino tan breve tiempo como es el de la vida, por larga que sea, se nos hará todo suave, viendo que mientras menos tuviéremos acá, más gozaremos en aquella eternidad adonde son las moradas conforme al amor con que hemos imitado la vida de nuestro buen Jesús. Si decimos que son estos principios para renovar la Regla de la Virgen, su madre y señora y patrona nuestra, no la hagamos tanto agravio, ni a nuestros santos padres pasados, que dejemos de conformarnos con ellos. Ya que por nuestra flaqueza en todo no podamos, en las cosas que no hace ni deshace para sustentar la vida, habíamos de andar con gran aviso; pues todo es un poquito de trabajo sabroso, como le tenían estos dos padres; y en determinándonos de pasarlo, es acabada

la dificultad, que toda es la pena un poquito al principio.

6. Primero o segundo domingo de adviento de este año de 1568 –que no me acuerdo cuál de estos domingos fue–, se dijo la primera misa en aquel portalito de Belén, que no me parece era mejor. La primera semana de cuaresma adelante, viniendo a la fundación de Toledo, me vine por allí. Llegué una mañana. Estaba el padre fray Antonio de Jesús barriendo la puerta de la iglesia, con un rostro de alegría que tiene él siempre. Yo le dije: «¿Qué es esto, mi padre?, ¿qué se ha hecho la honra?». Díjome estas palabras, diciéndome el gran contento que tenía: «Yo maldigo el tiempo que la tuve.» Como entré en la Iglesia, quedéme espantada de ver el espíritu que el Señor había puesto allí. Y no era yo sola, que dos mercaderes que habían venido de Medina hasta allí conmigo, que eran mis amigos, no hacían otra cosa sino llorar. ¡Tenía tantas cruces, tantas calaveras! Nunca se me olvida una cruz pequeña de palo que tenía para el agua bendita, que tenía en ella pegada una imagen de papel con un Cristo, que parecía ponía más devoción que si fuera de cosa muy bien labrada.

7. El coro era el desván, que por mitad estaba alto, que podían decir las horas; mas habíanse de abajar mucho para entrar y para oír misa. Tenían a los dos rincones, hacia la iglesia, dos ermitillas, adonde no podían estar sino echados o sentados, llenas de heno –porque el lugar era muy frío, y el tejado casi les daba sobre las cabezas– con dos ventanillas hacia el altar y dos piedras por cabeceras, y allí sus cruces y calaveras. Supe que después que acababan Maitines, hasta Prima no se tornaban a ir, sino allí se quedaban en oración, que la tenían tan grande, que les acaecía ir con harta nieve los hábitos cuando iban a Prima, y no lo haber sentido. Decían sus horas con otro padre de los del Paño, que se fue con ellos a estar, aunque no mudó hábito porque era muy enfermo, y otro fraile

mancebo, que no era ordenado, que también estaba allí.

8. Iban a predicar a muchos lugares que están por allí comarcanos sin ninguna doctrina, que por esto también me holgué se hiciese allí la casa; que me dijeron que ni había cerca monasterio ni de dónde la tener, que era gran lástima. En tan poco tiempo era tanto el crédito que tenían, que a mí me hizo grandísimo consuelo cuando lo supe. Iban, como digo, a predicar legua y media, dos leguas, descalzos —que entonces no traían alpargatas, que después se las mandaron poner— y con harta nieve y frío; y después que habían predicado y confesado, se tornaban bien tarde a comer a su casa. Con el contento, todo se les hacía poco.

9. De esto de comer tenían muy bastante, porque de los lugares comarcanos les proveían más de lo que habían menester; y venían allí a confesar algunos caballeros que estaban en aquellos lugares, adonde les ofrecían ya mejores casas y sitios. Entre éstos, fue uno, don Luis, Señor de las Cinco Villas. Este caballero había hecho una iglesia para una imagen de Nuestra Señora, cierto bien digna de poner en veneración. Su padre la envió desde Flandes a su abuela o madre —que no me acuerdo cuál— con un mercader. El se aficionó tanto a ella, que la tuvo muchos años y después, a la hora de la muerte, mandó se la llevasen. Es un retablo grande, que yo no he visto en mi vida —y otras muchas personas dicen lo mismo— cosa mejor. El padre fray Antonio de Jesús, como fue a aquel lugar a petición de este caballero, y vio la imagen, aficionóse tanto a ella, y con mucha razón, que aceptó de pasar allí el monasterio. Llámase este lugar Mancera. Aunque no tenía ninguna agua de pozo, ni de ninguna manera parecía la podían tener allí, labróles este caballero un monasterio conforme a su profesión, pequeño, y dio ornamentos; hízolo muy bien.

10. No quiero dejar de decir cómo el Señor les dio

agua, que se tuvo por cosa de milagro. Estando un día después de cenar el padre fray Antonio, que era prior, en la claustra con sus frailes, hablando en la necesidad de agua que tenían, levantóse el prior y tomó un bordón que traía en las manos e hizo en una parte de él la señal de la cruz —a lo que me parece, aunque no me acuerdo bien si hizo cruz; mas, en fin, señaló con el palo— y dijo: «Ahora, cavad aquí». A muy poco que cavaron salió tanta agua que, aún para limpiarle, es dificultoso de agotar; y agua de beber muy bueno, que toda la obra han gastado de allí y nunca, como digo, se agota. Después que cercaron una huerta, han procurado tener agua en ella y hecho noria y gastado harto. Hasta ahora, cosa que sea nada, no la han podido hallar.

11. Pues como yo vi aquella casita [1], que poco antes no se podía estar en ella, con un espíritu que a cada parte, me parece, que miraba, hallaba con qué me edificar, y entendí de la manera que vivían, y con la mortificación y oración y el buen ejemplo que daban —porque allí me vino a ver un caballero y su mujer, que yo conocía, que estaba en un lugar muy cerca, y no me acababan de decir de su santidad y el gran bien que hacían en aquellos pueblos—, no me hartaba de dar gracias a Nuestro Señor, con un gozo interior grandísimo, por parecerme que veía comenzado un principio para gran aprovechamiento de nuestra Orden y servicio de Nuestro Señor. Plega a Su Majestad que lleve adelante como ahora van, que mi pensamiento será bien verdadero. Los mercaderes que habían ido conmigo me decían que por todo el mundo no quisieran haber dejado de venir allí. ¡Qué cosa es la virtud, que más les agradó aquella pobreza que todas las riquezas que ellos tenían, y les hartó y consoló su alma!

---

[1] De Duruelo.

12. Después que tratamos aquellos padres y yo algunas cosas, en especial, como soy flaca y ruin, les rogué mucho no fuesen en las cosas de penitencia con tanto rigor, que le llevaban muy grande; y como me había costado tanto de deseo y oración que me diese el Señor quien lo comenzase, y veía tan buen principio, temía no buscase el demonio cómo los acabar antes que se efectuase lo que yo esperaba. Como imperfecta y de poca fe, no miraba que era obra de Dios y Su Majestad la había de llevar adelante. Ellos, como tenían estas cosas que a mi me faltaban, hicieron poco caso de mis palabras para dejar sus obras; y así me fui con harto grandísimo consuelo, aunque no daba a Dios las alabanzas que merecía tan gran merced. Plega a Su Majestad, por su bondad, sea yo digna de servir en algo lo muy mucho que le debo, amén; que bien entendía era ésta muy mayor merced que la que me hacía en fundar casas de monjas.

CAPÍTULO 15

En que trata la fundación del monasterio del glorioso San José en la ciudad de Toledo, que fue el año de 1569

1. Estaba en la ciudad de Toledo un hombre honrado y siervo de Dios, mercader, el cual nunca se quiso casar, sino hacía una vida como muy católico, hombre de gran verdad y honestidad. Con trato lícito allegaba su hacienda, con intento de hacer de ella una obra que fuese muy agradable al Señor. Diole el mal de la muerte. Llamábase Martín Ramírez. Sabiendo un padre de la Compañía de Jesús llamado Pablo Hernández, con quien yo estando en este lugar me había confesado cuando estaba concertando la fundación de Malagón, el cual tenía mucho deseo de que se hiciese un monasterio de estos en este lugar, fuele a hablar y díjole el servicio que sería de Nuestro Señor tan grande, y cómo los capellanes y capellanías que quería hacer las podía dejar en este monasterio, y que se harían en él ciertas fiestas y todo lo demás que él estaba determinado dejar en una parroquia de este lugar.

2. Él estaba ya tan malo, que para concertar esto vio no había tiempo, y dejólo todo en las manos de un hermano que tenía, llamado Alonso Álvarez Martínez, y con esto, le llevó Dios. Acertó bien, porque

es este Alonso Álvarez hombre harto discreto y temeroso de Dios y mucha verdad y limosnero, y llegado a toda razón, que de él, que le ha tratado mucho, como testigo de vista, puedo decir esto con gran verdad.

3. Cuando murió Martín Ramírez, aún me estaba yo en la fundación de Valladolid, adonde me escribió el padre Pablo Hernández, de la Compañía, y el mismo Alonso Álvarez, dándome cuenta de lo que pasaba y que si quería aceptar esta fundación, me diese prisa a venir. Y así me partí poco después que se acabó de acomodar la casa. Llegué a Toledo víspera de Nuestra Señora de la Encarnación, y fuime en casa de doña Luisa, que es adonde había estado otras veces y la fundadora de Malagón. Fui recibida con gran alegría, porque es mucho lo que me quiere. Llevaba dos compañeras de San José de Ávila, harto siervas de Dios. Diéronnos luego un aposento, como solían, adonde estábamos con el recogimiento que en un monasterio.

4. Comencé luego a tratar de los negocios con Alonso Álvarez y un yerno suyo, llamado Diego Ortiz, que era, aunque muy bueno y teólogo, más entero en su parecer que Alonso Álvarez, no se ponía tan presto en la razón. Comenzáronme a pedir muchas condiciones que yo no me parecía convenía otorgar. Andando en los conciertos y buscando una casa alquilada para tomar la posesión, nunca la pudieron hallar, aunque se buscó mucho, que convinicse; ni yo tampoco podía acabar con el gobernador que me diese la licencia —que en este tiempo no había arzobispo—, aunque esta señora adonde estaba lo procuraba mucho. Y un caballlero, que era canónigo en esta iglesia, llamado don Pedro Manrique, hijo del Adelantado de Castilla —era muy siervo de Dios, y lo es, que aún es vivo, y con tener bien poca salud, unos años después que se fundó esta casa se entró en la Compañía de Jesús, adonde está ahora—, era mucha cosa en este lugar, porque tiene mucho entendimiento y valor. Con todo,

no podía acabar que me diesen esta licencia; porque cuando tenía un poco blando el gobernador, no lo estaban los del Consejo. Por otra parte, no nos acabábamos de concertar Alonso Álvarez y yo a causa de su yerno, a quien él daba mucha mano. En fin, vinimos a desconcertarnos del todo.

5. Yo no sabía qué me hacer, porque no había venido a otra cosa y veía que había de ser mucha nota irme sin fundar. Con todo, tenía más pena de no me dar la licencia que de todo lo demás, porque entendía que, tomada la posesión, Nuestro Señor lo proveería, como había hecho en otras partes. Y así me determiné de hablar al gobernador, y fuime a una iglesia que está junto con su casa, y enviéle a suplicar que tuviese por bien de hablarme. Había ya más de dos meses que se andaba en procurarlo, y cada día era peor. Como me vi con él, díjele que era recia cosa que hubiese mujeres que querían vivir en tanto rigor y perfección y encerramiento, y que los que no pasaban nada de esto, sino que se estaban en regalos, quisiesen estorbar obras de tanto servicio de Nuestro Señor. Estas y otras hartas cosas le dije, con una determinación grande que me daba el Señor; de manera le movió el corazón, que antes de que me quitase de con él, me dio la licencia.

6. Yo me fui muy contenta, que me parecía ya lo tenía todo, sin tener nada, porque debían ser hasta tres o cuatro ducados lo que tenía, con que compré dos lienzos —porque ninguna cosa tenía de imagen para poner en el altar— y dos jergones y una manta. De casa no había memoria. Con Alonso Álvarez ya estaba desconcertada. Un mercader, amigo mío, del mismo lugar, que nunca se ha querido casar, ni entiende sino en hacer buenas obras con los presos de la cárcel, y otras muchas obras buenas que hace, y me había dicho que no tuviese pena, que él me buscaría casa —llámase Alonso de Ávila—, cayóme malo. Algunos días antes había venido a aquel lugar un fraile

francisco, llamado fray Martín de la Cruz, muy santo. Estuvo algunos días y, cuando se fue, envióme un mancebo que él confesaba, llamado Andrada, nonada rico, sino harto pobre, a quien él rogó hiciese todo lo que yo le dijese. Él, estando un día en una iglesia en misa, me fue a hablar y a decir lo que le había dicho aquel bendito y que estuviese cierta que en todo lo que él podía, que lo haría por mí, aunque sólo con su persona podía ayudarnos. Yo se lo agradecí, y me cayó harto en gracia, y a mis compañeras más, ver el ayuda que el santo nos enviaba, porque su traje no era para tratar con Descalzas.

7. Pues como yo me vi con la licencia y sin ninguna persona que me ayudase, no sabía qué hacer ni a quién encomendar que me buscase una casa alquilada. Acordóseme del mancebo que me había enviado fray Martín de la Cruz, y díjelo a mis compañeras. Ellas se rieron mucho de mí, y dijeron que no hiciese tal, que no serviría de más de descubrirlo. Yo no las quise oír, que, por ser enviado de aquel siervo de Dios, confiaba había de hacer algo y que no había sido sin misterio; y así le envié a llamar y le conté, con todo el secreto que yo le pude encargar, lo que pasaba, y que para este fin le rogaba me buscase una casa, que yo daría fiador para el alquiler: este era el buen Alonso de Ávila, que he dicho que me cayó malo. A él se le hizo muy fácil, y me dijo que la buscaría. Luego otro día de mañana, estando en misa en la Compañía de Jesús, me vino a hablar, y dijo que ya tenía la casa, que allí traía las llaves, que cerca estaba, que la fuésemos a ver, y así lo hicimos; y era tan buena, que estuvimos en ella un año casi.

8. Muchas veces, cuando considero en esta fundación, me espantan las trazas de Dios. Que había casi tres meses —al menos más de dos, que no me acuerdo bien—, que habían andado dando vuelta a Toledo para buscarla personas tan ricas y, como si no hubiera casas en él, nunca la pudieron hallar. Y vino luego este

mancebo, que no lo era, sino harto pobre, y quiere el Señor que luego la halla y que, pudiéndose fundar sin trabajo, estando concertada con Alonso Álvarez, que no lo estuviese, sino bien fuera de serlo, para que fuese la fundación con pobreza y trabajo.

9. Pues como nos contentó la casa, luego di orden para que se tomase la posesión antes que en ella se hiciese ninguna cosa, porque no hubiese algún estorbo. Y bien en breve me vino a decir el dicho Andrada que aquel día se desembarazaba la casa, que llevásemos nuestro ajuar. Yo le dije que poco había que hacer, que nunguna cosa teníamos, sino dos jergones y una manta. Él se debía espantar. A mis compañeras les pesó de que se lo dije y me dijeron que cómo lo había dicho, que de que nos viese tan pobres, no nos querría ayudar. Yo no advertí en eso, y a él le hizo poco al caso, porque quien le daba aquella voluntad, había de llevarla adelante hasta hacer su obra. Y es así, que con la que él anduvo en acomodar la casa y traer oficiales, no me parece le hacíamos ventaja. Buscamos prestado aderezo para decir misa, y con un oficial nos fuimos a boca de noche con una campanilla para tomar la posesión, de las que se tañen para alzar, que no teníamos otra. Y con harto miedo mío anduvimos toda la noche aliñándolo, y no hubo adonde hacer la iglesia, sino en una pieza, que la entrada era por otra casilla que estaba junto, que tenían unas mujeres, y su dueño también nos la había alquilado.

10. Ya que lo tuvimos todo a punto que quería amanecer, y no habíamos osado decir nada a las mujeres porque no nos descubriesen, comenzamos a abrir la puerta, que era de un tabique, y salía a un patiecillo bien pequeño. Como ellas oyeron golpes, que estaban en la cama, levantáronse despavoridas. Harto tuvimos que hacer en aplacarlas; mas ya era hora, que luego se dijo la misa y, aunque estuvieran recias, no nos hicieron daño; y como vieron para lo que era, el Señor las aplacó.

11. Después veía yo cuán mal lo habíamos hecho, que entonces con el embebecimiento que Dios pone para que se haga la obra, no se advierten los inconvenientes. Pues cuando el dueño de la casa supo que estaba hecha la iglesia, fue el trabajo, que era mujer de un mayorazgo. Era mucho lo que hacía. Con parecerle que se la compraríamos bien, si nos contentaba, quiso el Señor que se aplacó. Pues cuando los del Consejo supieron que estaba hecho el monasterio —que ellos nunca habían querido dar licencia—, estaban muy bravos, y fueron en casa de un señor de la iglesia —a quien yo había dado parte en secreto—, diciendo que querían hacer y acontecer, porque el gobernador habíasele ofrecido un camino después que me dio la licencia, y no estaba en el lugar. Fuéronle a contar a este que digo, espantados de tal atrevimiento, que una mujercilla, contra su voluntad, les hiciese un monasterio. Él hizo que no sabía nada, y aplacólos lo mejor que pudo, diciendo que en otros cabos lo había hecho, y que no sería sin bastantes recaudos.

12. Ellos, desde a no sé cuantos días, nos enviaron una descomunión, para que no se dijese misa hasta que mostrase los recaudos con que se había hecho. Yo les respondí muy mansamente que haría lo que mandaban, aunque no estaba obligada a obedecer en aquello; y pedí a don Pedro Manrique, el caballero que he dicho, que los fuese a hablar y a mostrar los recaudos. Él los allanó, como ya estaba hecho; que si no, tuviéramos trabajo.

13. Estuvimos algunos días con los jergones y la manta, sin más ropa, y aun aquel día ni una seroja de leña no teníamos para asar una sardina, y no sé a quién movió el Señor, que nos pusieron en la iglesia un hacecito de leña con que nos remediamos. A las noches se pasaba algún frío, que le hacía; aunque con la manta y las capas de sayal que traemos encima nos abrigábamos, que muchas veces nos aprovechan. Pa-

recerá imposible, estando en casa de aquella señora que me quería tanto, entrar con tanta pobreza. No sé la causa, sino que quiso Dios que experimentásemos el bien de esta virtud. Yo no se la pedí, que soy enemiga de dar pesadumbre, y ella no advirtió por ventura; que más que lo que nos podía dar, le soy a cargo.

14. Ello fue harto bien para nosotras, porque era tanto el consuelo interior que traíamos y el alegría, que muchas veces se me acuerda lo que el Señor tiene encerrado en las virtudes. Como una contemplación suave me parece causaba esta falta que teníamos. Aunque duró poco, que luego nos fueron proveyendo más de lo que quisiéramos el mismo Alonso Álvarez y otros. Y es cierto que era tanta mi tristeza, que no me parecía sino como si tuviera muchas joyas de oro, y me las llevaran y dejaran pobre. Así sentía pena de que se nos iba acabando la pobreza, y mis compañeras lo mismo; que como las vi mustias, les pregunté qué habían, y me dijeron: «Qué hemos de haber, madre: que ya no parece somos pobres.»

15. Desde entonces me creció deseo de serlo mucho, y me quedó señorío para tener en poco las cosas de bienes temporales; pues su falta hace crecer el bien interior, que cierto trae consigo otra hartura y quietud. En los días que había tratado de la fundación con Alonso Álvarez, eran muchas las personas a quien parecía mal —y me lo decían—, por parecerles que no eran ilustres y caballeros, aunque harto buenos en su estado, como he dicho, y que en un lugar tan principal como este de Toledo, que no me faltaría comodidad. Yo no reparaba mucho en esto, porque, gloria sea Dios, siempre he estimado en más la virtud que el linaje; mas habían ido tantos dichos al gobernador, que me dio la licencia con esta condición, que fundase como en otras partes.

16. Yo no sabía qué hacer, porque hecho el monasterio, tornaron a tratar del negocio; mas como ya

estaba fundado, tomé este medio de darles la capilla mayor, y que en lo que toca al monasterio no tuviesen ninguna cosa, como ahora está. Ya había quien quisiese la capilla mayor, persona principal, y había hartos pareceres, no sabiendo a qué me determinar. Nuestro Señor me quiso dar luz en este caso, y así me dijo una vez cuán poco al caso harían delante del juicio de Dios estos linajes y estados, y me hizo una reprensión grande, porque daba oídos a los que me hablaban en esto, que no eran cosas para los que ya tenemos despreciado el mundo.

17. Con estas y otras razones, yo me confundí harto, y determiné concertar lo que estaba comenzado de darles la capilla, y nunca me ha pesado, porque hemos visto claro el mal remedio que tuviéramos para comprar casa; porque con su ayuda compramos en la que ahora están, que es de las buenas de Toledo, que costó doce mil ducados; y como hay tantas misas y fiestas, está muy a consuelo de las monjas, y hácele a los del pueblo. Si hubiera mirado a las opiniones vanas del mundo, a lo que podemos entender, era imposible tener tan buena comodidad, y hacíase agravio a quien con tan buena voluntad nos hizo esta caridad [1].

---

1 Veladamente alude Santa Teresa al problema que en Toledo suponía otorgar la capilla principal, con derecho a enterramiento, a una persona que no era cristiano viejo. Esto explica, también, la inhibición de doña Luisa de la Cerda, que la había ayudado siempre.

CAPÍTULO 16

En que se tratan algunas cosas sucedidas en este convento de San José de Toledo, para honra y gloria de Dios

1. Hame parecido decir algunas cosas de lo que en servicio de Nuestro Señor algunas monjas se ejercitaban, para que las que vinieren procuren siempre imitar estos buenos principios. Antes que se comprase la casa, entró aquí una monja llamada Ana de la Madre de Dios, de edad de cuarenta años, y toda su vida había gastado en servir a Su Majestad. Aunque en su trato y casa no le faltaba regalo, porque era sola y tenía bien, quiso más escoger la pobreza y sujeción de la Orden y, así, me vino a hablar. Tenía harto poca salud, mas como yo vi alma tan buena y determinada, parecióme buen principio para fundación y, así, la admití. Fue Dios servido de darla mucha más salud en el aspereza y sujeción, que la que tenía con la libertad y regalo.

2. Lo que me hizo devoción y por lo que lo pongo aquí, es que antes que hiciese profesión hizo donación de todo lo que tenía, que era muy rica, y lo dio en limosna para la casa. A mí me pesó de esto y no se lo quería consentir, diciéndole que por ventura o ella se arrepentiría o nosotras no la querríamos dar profesión, y que era recia cosa hacer aquello. Puesto que,

cuando esto fuera, no la habíamos de dejar sin lo que nos daba, mas quise yo agraviárselo mucho: uno, porque no fuese ocasión de alguna tentación; lo otro, por probar más su espíritu. Ella me respondió que, cuando eso fuese, lo pediría por amor de Dios, y nunca con ella pude acabar otra cosa. Vivió muy contenta y con mucha salud.

3. Era mucho lo que en este monasterio se ejercitaban en mortificación y obediencia; de manera que algún tiempo que estuve en él, en veces había de mirar lo que hablaba la prelada, que, aunque fuese con descuido, ellas lo ponían luego por obra. Estaban una vez mirando una balsa de agua que había en el huerto, y dijo: «Mas, ¿qué sería si dijese –a una monja que estaba allí junto– se echase aquí?» No se lo hubo dicho, cuando ya la monja estaba dentro, que, según se paró, fue menester vestirse de nuevo. Otra vez, estando yo presente, estábanse confesando, y la que esperaba a otra que estaba allá, llegó a hablar con la prelada. Díjole que cómo hacía aquello, si era buena manera de recogerse; que metiese la cabeza en un pozo que estaba allí y pensase allí sus pecados. La otra entendió que se echase en el pozo, y fue con tanta prisa a hacerlo, que, si no acudieran presto, se echara, pensando hacía a Dios el mayor servicio del mundo. Otras cosas semejantes y de gran mortificación –tanto que ha sido menester que las declaren las cosas en que han de obedecer algunas personas de letras e irlas a la mano; porque hacían algunas bien recias, que, si su intención no las salvara, fuera desmerecer más que merecer– [...][1]. Y esto no es en solo este monasterio –sino que se me ofreció decirlo aquí–, sino en todos hay tantas cosas, que quisiera yo no ser parte para decir algunas, para que se alabe Nuestro Señor en sus siervas.

---

[1] El inciso hace que la escritora se olvide de completar la frase.

4. Acaeció, estando yo aquí, darle el mal de la muerte a una hermana. Recibidos los Sacramentos, y después de dada la Extremaunción, era tanta su alegría y contento, que así se le podía hablar en cómo nos encomendase en el cielo a Dios y a los santos que tenemos devoción, como si fuera a otra tierra. Poco antes que expirase, entré yo a estar allí –que me había ido delante del Santísimo Sacramento a suplicar al Señor la diese buena muerte–, y así como entré, vi a Su Majestad a su cabecera en mitad de la cabecera de la cama. Tenía algo abiertos los brazos, como que la estaba amparando, y díjome que tuviese por cierto que a todas las monjas que muriesen en estos monasterios, que Él las ampararía así, y que no hubiesen miedo de tentaciones a la hora de la muerte. Yo quedé harto consolada y recogida. Dende a un poquito lleguéla a hablar, y díjome: «¡Oh, madre, qué grandes cosas tengo de ver» Así murió como un ángel.

5. Y algunas que mueren después acá, he advertido que es con una quietud y sosiego como si les diese un arrobamiento o quietud de oración, sin haber habido muestra de tentación ninguna. Así, espero en la bondad de Dios que nos ha de hacer en esto merced, y por los méritos de su Hijo y de la gloriosa Madre suya cuyo hábito traemos. Por eso, hijas mías, esforcémonos a ser verdaderas carmelitas, que presto se acabará la jornada. Y si entendiésemos la aflicción que muchos tienen en aquel tiempo y las sutilezas y engaños con que los tienta el demonio, tendríamos en mucho esta merced.

6. Una cosa se me ofrece ahora que os quiero decir, porque conocía a la persona, y aun era casi deudo de deudos míos. Era gran jugador y había aprendido algunas letras, que por éstas le quiso el demonio comenzar a engañar, con hacerle creer que la enmienda a la hora de la muerte no valía nada. Tenía esto tan fijo, que en ninguna manera podían con él que se confesase, ni bastaba cosa, y estaba el

pobre en extremo afligido y arrepentido de su mala vida; mas decía que para qué se había de confesar, que él veía que estaba condenado. Un fraile dominico, que era su confesor, y letrado, no hacía sino argüirle; mas el demonio le enseñaba tantas sutilezas, que no bastaba. Estuvo así algunos días, que el confesor no sabía qué se hacer, y debíale de encomendar harto al Señor, él y otros, pues tuvo misericordia de él.

7. Apretándole ya el mal mucho, que era dolor de costado, torna allá el confesor, y debía de llevar pensadas más cosas con que le argüir; y aprovechara poco, si el Señor no hubiera piedad de él para ablandarle el corazón. Y como lo comenzó a hablar y a darle razones, sentóse sobre la cama, como si no tuviera mal, y díjole: «¿Qué, en fin, decís que me puede aprovechar mi confesión? Pues yo la quiero hacer.» E hizo llamar un escribano o notario –que de esto no me acuerdo– e hizo un juramento muy solemne de no jugar más y de enmendar su vida, que lo tomasen por testimonio; y confesóse muy bien y recibió los Sacramentos con tal devoción, que, a lo que se puede entender según nuestra fe, se salvó. Plega a Nuestro Señor, hermanas, que nosotras hagamos la vida como verdaderas hijas de la Virgen y guardemos nuestra profesión, para que Nuestro Señor nos haga la merced que hos ha prometido. Amén.

CAPÍTULO 17

Que trata de la fundación de los monasterios de Pastrana, así de frailes como de monjas. Fue en el mismo año de 1570, digo 1569

1. Pues habiendo, luego que se fundó la casa de Toledo, desde a quince días, víspera de Pascua del Espíritu Santo, de acomodar la iglesia y poner redes y cosas, que había habido harto que hacer —porque, como he dicho, casi un año estuvimos en esta casa—, y cansada aquellos días de andar con oficiales, había acabádose todo. Aquella mañana, sentándonos en refectorio a comer, me dio tan gran consuelo de ver que ya no tenía que hacer, y que aquella Pascua podía gozarme con Nuestro Señor algún rato, que casi no podía comer, según se sentía mi alma regalada.

2. No merecí mucho este consuelo, porque, estando en esto, me vienen a decir que está allí un criado de la Princesa de Éboli, mujer de Ruy Gómez de Silva. Yo fui allá, y era que enviaba por mí, porque había mucho que estaba tratado entre ella y mí de fundar un monasterio en Pastrana; yo no pensé que fuera tan presto. A mí me dio pena, porque tan recién fundado el monasterio y con contradicción, era mucho peligro dejarle; y así me determiné luego a no ir, y se lo dije. Él díjome que no se sufría, porque la princesa estaba ya allá y no iba a otra cosa, que era hacerle afrenta.

Con todo eso no me pasaba por pensamiento de ir, y así le dije que se fuese a comer y que yo escribiría a la princesa, y se iría. Él era hombre muy honrado y, aunque se le hacía de mal, como yo le dije las razones que había, pasaba por ello.

3. Las monjas para estar en el monasterio, acababan de venir. En ninguna manera veía cómo se poder dejar tan presto. Fuime delante del Santísimo Sacramento para pedir al Señor escribiese de suerte que no se enojase, porque nos estaba muy mal, a causa de comenzar entonces los frailes, y para todo era bueno tener a Ruy Gómez, que tanta cabida tenía con el Rey y con todos; aunque de esto no me acuerdo si me acordaba, mas bien sé que no la quería disgustar. Estando en esto, fueme dicho de parte de Nuestro Señor que no dejase de ir, que a más iba que a aquella fundación, y que llevase la Regla y Constituciones.

4. Yo, como esto entendí, aunque veía grandes razones para no ir, no osé sino hacer lo que solía en semejantes cosas, que era seguirme por el consejo del confesor y, así, le envié a llamar, sin decirle lo que había entendido en la oración –porque con esto quedo más satisfecha siempre, sino suplicando al Señor les dé luz conforme a lo que naturalmente pueden conocer, y Su Majestad, cuando quiere se haga una cosa, se lo pone en corazón; esto me ha acaecido muchas veces–. Así fue en esto, que, mirándolo todo, le pareció fuese, y con eso me determiné a ir.

5. Salí de Toledo segundo día de Pascua de Espíritu Santo. Era el camino por Madrid, y fuimos a posar mis compañeras y yo a un monasterio de franciscas con una señora que le hizo y estaba en él, llamada doña Leonor Mascareñas, aya que fue del Rey, muy sierva de Nuestro Señor, adonde yo había posado otras veces por algunas ocasiones que se había ofrecido pasar por allí, y siempre me hacía mucha merced.

6. Esta señora me dijo que se holgaba viniese a tal tiempo, porque estaba allí un ermitaño que me desea-

ba mucho conocer, y que le parecía que la vida que hacían él y sus compañeros conformaba mucho con nuestra Regla. Yo, como tenía solos dos frailes, vínome al pensamiento que si pudiese que éste lo fuese, que sería gran cosa; y así la supliqué procurase que nos hablásemos. Él posaba en un aposento que esta señora le tenía dado, con otro hermano mancebo llamado fray Juan de la Miseria, gran siervo de Dios y muy simple en las cosas del mundo. Pues, comunicándonos entrambos, me vino a decir que quería ir a Roma.

7. Antes que pase adelante, quiero decir lo que sé de este padre, llamado Mariano de San Benito. Era de nación italiana, doctor, y de muy gran ingenio y habilidad. Estando con la reina de Polonia, que era el gobierno de toda su casa, nunca se habiendo inclinado a casar, sino tenía una encomienda de San Juan, llamóle Nuestro Señor a dejarlo todo para mejor procurar su salvación. Después de haber pasado algunos trabajos, que le levantaron había sido en una muerte de un hombre y le tuvieron dos meses en la cárcel, adonde no quiso letrado ni que nadie volviese por él sino Dios y su justicia, habiendo testigos que decían que él los había llamado para que le matasen —casi como a los viejos de Santa Susaña—, acaeció que, preguntado a cada uno adónde estaba entonces, el uno dijo que sentado sobre una cama, el otro que a una ventana. En fin, vinieron a confesar cómo lo levantaban, y él me certificaba que le había costado hartos dineros librarlos para que no los castigasen, y que el mismo que le hacía la guerra había venido a sus manos, que hiciese cierta información contra él, y que por el mismo caso había puesto cuanto había podido por no le hacer daño.

8. Estas y otras virtudes —que es hombre limpio y casto, enemigo de tratar con mujeres— debían de merecer con Nuestro Señor que le diese de lo que era el mundo para procurar apartarse de él. Y así comenzó a pensar qué Orden tomaría. E intentando las unas y

las otras, en todas debía hallar inconveniente para su condición, según me dijo. Supo que cerca de Sevilla estaban juntos unos ermitaños en un desierto que llamaban el Tardón, teniendo un hombre muy santo por mayor, que llamaban el padre Mateo. Tenía cada uno su celda y aparte, sin decir oficio divino, sino un oratorio adonde se juntaban a misa; ni tenían renta, ni querían recibir limosna, ni la recibían, sino de la labor de sus manos se mantenían, y cada uno comía por sí harto pobremente. Parecióme, cuando lo oí, el retrato de nuestros santos padres. En esta manera de vivir estuvo ocho años. Como vino el santo concilio de Trento, como mandaron reducir a las Órdenes los ermitaños, él quería ir a Roma a pedir licencia para que los dejasen estar así, y este intento tenía cuando yo le hablé.

9. Pues como me dijo la manera de su vida, yo le mostré nuestra Regla primitiva y le dije que sin tanto trabajo podía guardar todo aquello, pues era lo mismo, en especial de vivir de la labor de sus manos, que era a lo que él mucho se inclinaba, diciéndome que estaba el mundo perdido de codicia y que esto hacía no tener en nada a los religiosos. Como yo estaba en lo mismo, en esto presto nos concertamos, y aun en todo; que, dándole yo razones de lo mucho que podía servir a Dios en este hábito, me dijo que pensaría en ello aquella noche. Ya yo le vi casi determinado y entendí que lo que yo había entendido en oración, que iba a más que al monasterio de las monjas, era aquélla. Diome grandísimo contento, pareciéndome se había mucho de servir el Señor si él entraba en la Orden. Su Majestad, que lo quería, le movió de manera aquella noche, que otro día me llamó ya muy determinado y aun espantado de verse mudado tan presto, en especial por una mujer —que aun ahora algunas veces me lo dice—, como si fuera eso la causa, sino el Señor que puede mudar los corazones.

10. Grandes son sus juicios, que, habiendo andado

tantos años sin saber a qué se determinar de estado —porque el que entonces tenía no lo era, que no hacían votos ni cosa que los obligase, sino estarse allí retirados—, y que tan presto le moviese Dios y le diese a entender lo mucho que le había de servir en este estado, y que Su Majestad le había menester para llevar adelante lo que estaba comenzado, que ha ayudado mucho, y hasta ahora le cuesta hartos trabajos, y costará más hasta que se asiente —según se puede entender de las contradicciones que ahora tiene esta primera Regla—, porque por su habilidad e ingenio y buena vida, tiene cabida con muchas personas que nos favorecen y amparan [1].

11. Pues díjome cómo Ruy Gómez en Pastrana —que es el mismo lugar adonde yo iba— le había dado una buena ermita y sitio para hacer allí asiento de ermitaños, y que él quería hacerla de esta Orden y tomar el hábito. Yo se lo agradecí y alabé mucho a Nuestro Señor; porque de las dos licencias que me había enviado nuestro padre General Reverendísimo para dos monasterios, no estaba hecho más del uno. Y desde allí hice mensajero a los dos padres que quedan dichos, el que era provincial y lo había sido, pidiéndoles mucho me diesen licencia —porque no se podía hacer sin su consentimiento—, y escribí al obispo de Ávila —que era don Álvaro de Mendoza, que nos favorecía mucho— para que lo acabasen con ellos.

12. Fue Dios servido que lo tuvieron por bien. Parecerles habría que en lugar tan apartado les podía hacer poco perjuicio. Diome la palabra de ir allá en siendo venida la licencia; con esto fui en extremo contenta. Hallé allá a la princesa y al príncipe Ruy Gómez, que me hicieron muy buen acogimiento. Diéronnos un aposento apartado, adonde estuvimos más de

---

[1] Alude Santa Teresa veladamente a las tensiones que dentro de la descalcez dividían a los rigoristas —entre los que se encontraba el padre Mariano— y los más humanistas, allegados a Gracián.

lo que yo pensé, porque la casa estaba tan chica, que la princesa la había mandado derrocar mucho de ella y tornar a hacer de nuevo, aunque no las paredes, mas hartas cosas.

13. Estaría allí tres meses, adonde se pasaron hartos trabajos por pedirme algunas cosas la princesa que no convenían a nuestra religión, y así me determiné a venir de allí sin fundar antes que hacerlo. El príncipe Ruy Gómez, con su cordura, que lo era mucho y llegado a razón, hizo a su mujer que se allanase, y yo llevaba algunas cosas, porque tenía más deseo de que se hiciese el monasterio de los frailes que el de las monjas, por entender lo mucho que importaba, como después se ha visto.

14. En este tiempo vino Mariano y su compañero —los ermitaños que quedan dichos—, y, traída la licencia, aquellos señores tuvieron por bien que se hiciese la ermita que le había dado para ermitaños de frailes Descalzos, enviando yo a llamar al padre fray Antonio de Jesús, que fue el primero, que estaba en Mancera, para que comenzase a fundar el monasterio. Yo les aderecé hábitos y capas, y hacía todo lo que podía para que ellos tomasen luego el hábito.

15. En esta sazón había yo enviado por más monjas al monasterio de Medina del Campo —que no llevaba más de dos conmigo—, y estaba allí un padre ya de días, que, aunque no era muy viejo, no era mozo, muy predicador, llamado fray Baltasar de Jesús. Como supo que se hacía aquel monasterio, vínose con las monjas con intento de tornarse Descalzo, y así lo hizo cuando vino, que, como me lo dijo, yo alabé a Dios. Él dio el hábito al padre Mariano y a su compañero, para legos entrambos, que tampoco el padre Mariano quiso ser de misa, sino entrar para ser el menor de todos, ni yo lo pude acabar con él. Después, por mandato de nuestro reverendísimo padre General, se ordenó de misa. Pues, fundados entrambos monasterios y venido el padre fray Antonio de Jesús, comenzaron a entrar novicios tales cuales adelante se dirá de algunos, y a

servir a Nuestro Señor tan de veras como, si Él es servido, escribirá quien lo sepa mejor decir que yo, que en este caso cierto quedo corta.

16. En lo que toca a las monjas, estuvo el monasterio allí de ellas en mucha gracia de estos señores, y con gran cuidado de la princesa en regalarlas y tratarlas bien. Hasta que murió el príncipe Ruy Gómez, que el demonio, o por ventura porque el Señor lo permitió —Su Majestad sabe por qué—, con la acelerada pasión de su muerte, entró la princesa allí monja. Con la pena que tenía, no le podían caer en mucho gusto las cosas a que no estaba usada de encerramiento, y por el Santo Concilio la priora no podía dar las libertades que quería.

17. Vínose a disgustar con ella y con todas de tal manera, que aun después que dejó el hábito, estando ya en su casa, le daban enojo, y las pobres monjas andaban con tanta inquietud, que yo procuré con cuantas vías pude, suplicándolo a los prelados, que quitasen de allí el monasterio, fundándose uno en Segovia, como adelante se dirá, adonde se pasaron, dejando cuanto les había dado la princesa, y llevando consigo algunas monjas que ella había mandado tomar sin ninguna cosa. Las camas y cosillas que las mismas monjas habían traído, llevaron consigo, dejando bien lastimados a los del lugar. Yo, con el mayor contento del mundo de verlas en quietud, porque estaba muy bien informada que ellas ninguna culpa habían tenido en el disgusto de la princesa, antes lo que estuvo con hábito, la servían como antes que le tuviese. Sólo en lo que tengo dicho fue la ocasión, y la misma pena que esta señora tenía, y una criada que llevó consigo, que —a lo que se entiende— tuvo toda la culpa. En fin, el Señor que lo permitió. Debía ver que no convenía allí aquel monasterio, que sus juicios son grandes y contra todos nuestros entendimientos. Yo por sólo el mío no me atreviera, sino por el parecer de personas de letras y santidad.

CAPÍTULO 18

Trata de la fundación del monasterio de San José de Salamanca, que fue año de 1570. Trata de algunos avisos para las prioras, importantes

1. Acabadas estas dos fundaciones, torné a la ciudad de Toledo adonde estuve algunos meses, hasta comprar la casa que queda dicha y dejarlo todo en orden. Estando entendiendo en esto, me escribió un rector de la Compañía de Jesús de Salamanca diciéndome que estaría allí muy bien un monasterio de éstos, dándome de ello razones; aunque por ser muy pobre el lugar, me había detenido a hacer allí fundación de pobreza. Mas considerando que lo es tanto Ávila y nunca le falta —ni creo faltará Dios a quien le sirviere, puestas las cosas tan en razón como se pone, siendo tan pocas y ayudándose del trabajo de sus manos—, me determiné a hacerlo. Y yéndome desde Toledo a Ávila, procuré desde allí la licencia del obispo, que era entonces... [1], el cual lo hizo tan bien, que como el padre rector le informó de esta Orden y que sería servicio de Dios, la dio luego.

2. Parecíame a mí, que en teniendo la licencia del

---

[1] Don Pedro González de Mendoza.

Ordinario, tenía hecho el monasterio, según se me hacía fácil; y, así, luego procuré alquilar una casa que me hizo haber una señora que yo conocía; y era dificultoso, por no ser tiempo en que se alquilan y tenerla unos estudiantes, con los cuales acabaron de darla cuando estuviese allí quien había de entrar en ella. Ellos no sabían para lo que era —que de esto traía yo grandísimo cuidado que hasta tomar la posesión no se entendiese nada; porque ya tengo experiencia lo que el demonio pone por estorbar uno de estos monasterios—. Y, aunque en éste no le dio Dios licencia para ponerlo en los principios, porque quiso que se fundase, después han sido tantos los trabajos y contradicciones que se han pasado, que aún no está acabado del todo de allanar, con haber algunos que está fundado cuando esto escribo; y así creo se sirve Dios en él mucho, pues el demonio no le puede sufrir.

3. Pues habida la licencia y teniendo cierta la casa, confiada de la misericordia de Dios —porque allí ninguna persona había que me pudiese ayudar con nada para lo mucho que era menester para acomodar la casa—, me partí para allá, llevando sola una compañera por ir más secreta, que hallaba por mejor esto y no llevar las monjas hasta tomar la posesión —que estaba escarmentada de lo que me había acaecido en Medina del Campo, que me vi allí en mucho trabajo—, porque, si hubiese estorbo, le pasase yo sola el trabajo, con no más de la que no podía excusar. Llegamos víspera de Todos Santos, habiendo andado harto del camino la noche antes con harto frío y dormido en un lugar estando yo bien mala.

4. No pongo en estas fundaciones los grandes trabajos de los caminos, con fríos, con soles, con nieves: que venía vez no cesarnos en todo el día de nevar, otras perder el camino, otras con hartos males y calenturas; porque, gloria a Dios, de ordinario es tener yo poca salud, sino que veía claro que Nuestro Señor me daba esfuerzo; porque me acaecía algunas veces

que se trataba de fundación, hallarme con tantos males y dolores, que yo me congojaba mucho, porque me parecía que aun para estar en la celda sin acostarme no estaba, y tornarme a Nuestro Señor, quejándome a Su Majestad, y diciéndole que cómo quería hiciese lo que no podía, y después, aunque con trabajo, Su Majestad daba fuerzas, y con el hervor que me ponía y el cuidado, parece que me olvidaba de mí.

5. A lo que ahora me acuerdo, nunca dejé fundación por miedo del trabajo, aunque de los caminos, en especial largos, sentía gran contradicción. Mas, en comenzándolos a andar, me parecía poco, viendo en servicio de quién se hacía y considerando que en aquella casa se había de alabar el Señor y haber Santísimo Sacramento. Esto es particular consuelo para mí, ver una iglesia más, cuando me acuerdo de las muchas que quitan los luteranos. No sé que trabajos, por grandes que fuesen, se habían de tener a trueco de tan gran bien para la cristiandad; que, aunque muchos no lo advertimos, estar Jesucristo, verdadero Dios y verdadero hombre, como está en el Santísimo Sacramento, en muchas partes, gran consuelo nos había de ser. Por cierto, así me le da a mí muchas veces en el coro, cuando veo estas almas tan limpias en alabanzas de Dios, que esto no se deja de entender en muchas cosas, asi de obediencia, como de ver el contento que les da tanto encerramiento y soledad, y el alegría cuando se ofrecen algunas cosas de mortificación. Adonde el Señor da más gracia a las prioras para ejercitarlas en esto, veo mayor contento; y es así, que las prioras no se cansan más de ejercitarlas que ellas de obedecer, que nunca en este caso acaban de tener deseos.

6. Aunque vaya fuera de la fundación que se ha comenzado a tratar, se me ofrecen aquí ahora algunas cosas sobre esto de la mortificación y, quizá, hijas, hará al caso a las prioras, y porque no se me olvide lo diré ahora. Porque como hay diferentes talentos y virtudes en las preladas, por aquel camino quieren llevar a sus

monjas. La que está muy mortificada, parécele fácil cualquier cosa que mande para doblar la voluntad, como lo sería para ella, y aun por ventura se le haría muy de mal. Esto hemos de mirar mucho, que lo que a nosotras se nos haría áspero, no lo hemos de mandar. La discreción es gran cosa para el gobierno, y en estas cosas muy necesaria, estoy por decir mucho más que en otras, porque es mayor la cuenta que se tiene con las súbditas, así de lo interior como de lo exterior. Otras prioras que tienen mucho espíritu, todo gustarían que fuese rezar. En fin, lleva el Señor por diferentes caminos. Mas las preladas han de mirar que no las ponen allí para que escojan el camino a su gusto, sino para que lleven a las súbditas por el camino de su Regla y Constitución, aunque ellas se fuercen y querrían hacer otra cosa.

7. Estuve una vez en una de estas casas con una priora que era amiga de penitencia. Por aquí llevaba a todas. Acaecíales darse [disciplina] de una vez todo el convento siete salmos penitenciales, con oraciones y cosas de esta manera. Así les acaece si la priora se embebe en oración, aunque no sea en la hora de la oración, sino después de Maitines; allí tiene todo el convento, cuando sería mejor que se fuesen a dormír. Si, como digo, es amiga de mortificación, todo ha de ser bullir, y estas ovejitas de la Virgen callando, como unos corderitos; que a mí, cierto, me hace gran devoción y confusión, y a las veces harta tentación, porque las hermanas no lo entienden, como andan todas embebidas en Dios; mas yo temo su salud y querría cumpliesen la Regla, que hay harto que hacer, y lo demás fuese con suavidad. En especial esto de la mortificación importa muy mucho, y por amor de Nuestro Señor, que advierten en ello las preladas, que es cosa muy importante la discreción en estas cosas y conocer los talentos. Y si en esto no van muy advertidas, en lugar de aprovecharlas, las harán gran daño y traerán en desasosiego.

8. Han de considerar que esto de mortificación no es de obligación; esto es lo primero que han de mirar. Aunque es muy necesario para ganar el alma libertad y subida perfección, no se hace esto en breve tiempo, sino que poco a poco vayan ayudando a cada una, según el talento les da Dios de entendimiento y el espíritu. Parecerles ha que para esto no es menester entendimiento, y engáñanse; que los habrá que primero que vengan a entender la perfección y aun el espíritu de nuestra Regla, pase harto, y quizá serán éstas después las más santas; porque ni sabrán cuándo es bien disculparse ni cuándo no, ni otras menudencias que, entendidas, quizá las harían con facilidad, y no las acaban de entender ni aun les parece que son perfección, que es lo peor.

9. Una está en estas cosas, que es de las más siervas de Dios que hay en ellas, a cuanto yo puedo alcanzar, de gran espíritu y mercedes que le hace Su Majestad, y penitencia y humildad, y no acaba de entender algunas cosas de las Constituciones. El acusar las culpas en capítulo le parece poca caridad, y dice que cómo han de decir nada de las hermanas, y cosas semejantes a éstas, que podría decir algunas de algunas hermanas harto siervas de Dios, y que en otras cosas veo yo que hacen ventaja a las que mucho lo entienden. No ha de pensar la priora que conoce luego las almas. Deje esto para Dios, que es sólo quien puede entenderlo; sino procure llevar a cada una por donde Su Majestad la lleva, presupuesto que no falta en la obediencia ni en las cosas de la Regla y Constitución más esenciales. No dejó de ser santa y mártir aquella virgen que se escondió de las once mil, antes por ventura padeció más que las demás vírgenes en venirse después sola al martirio.

10. Ahora pues, tomando a la mortificación, manda la priora una cosa a una monja, que, aunque sea pequeña para ella, grave para mortificarla; y puesto que lo hace, queda tan inquieta y tentada que sería mejor

que no se lo mandaran. Luego se entiende esté advertida la priora a no la perfeccionar a fuerza de brazos sino disimule y vaya poco a poco hasta que obre en ella el Señor, porque lo que se hace por aprovecharla —que sin aquella perfección sería muy buena monja— no sea causa de inquietarla y traerle afligido el espíritu, que es muy terrible cosa. Viendo a las otras, poco a poco hará lo que ellas, como lo hemos visto; y cuando no, sin esta virtud se salvará: que yo conozco una de ellas que toda la vida la ha tenido grande, y ha ya hartos años y de muchas maneras servido a Nuestro Señor, y tiene unas imperfecciones y sentimientos muchas veces que no puede más consigo, y ella se aflige conmigo y lo conoce. Yo pienso que Dios la deja caer en estas faltas sin pecado, que en ella no le hay, para que se humille y tenga por donde ver que no está del todo perfecta. Así que unas sufrirán grandes mortificaciones, y mientras mayores se las mandaren, gustarán más, porque ya les ha dado el Señor fuerza en el alma para rendir su voluntad; otras no las sufrirán aun pequeñas, y será como si a un niño cargan dos hanegas de trigo; no sólo no las llevará, mas quebrantarse ha y cairáse en el suelo. Así que, hijas mías —con las prioras hablo—, perdonadme, que las cosas que he visto en algunas, me hace alargarme tanto en esto.

11. Otra cosa os aviso, y es muy importante: que, aunque sea por probar la obediencia, no mandéis cosa que pueda ser, haciéndola, pecado ni venial; que algunas he sabido que fuera mortal, si las hicieran. Al menos ellas quizá se salvarán con inocencia, mas no la priora, porque ninguna les dice, que no la ponen luego por obra; que, como oyen y leen de los santos del yermo las cosas que hacían, todo les parece bien hecho cuando les mandan al menos hacerlo ellas. Y también estén avisadas las súbditas, que cosa que sería pecado mortal hacerla sin mandársela, que no la pueden hacer mandándosela, salvo si no fuese dejar misa

o ayunos de la Iglesia o cosas así, que podría la priora tener causas; mas como echarse en el pozo y cosas de esta suerte, es mal hecho, porque no ha de pensar ninguna que ha de hacer Dios milagro, como le hacía con los santos. Hartas cosas hay en que ejercite la perfecta obediencia.

12. Todo lo que no fuere con estos peligros, yo lo alabo. Como una vez una hermana en Malagón pidió licencia para tomar una disciplina, y la priora —debía haberle pedido otras— y dijo: «Déjeme.» Como la importunó, dijo: «Váyase a pasear, déjeme.» La otra, con gran sencillez, se anduvo paseando algunas horas, hasta que una hermana le dijo que cómo se paseaba tanto, o así una palabra, y ella le dijo que se lo habían mandado. En esto, tañeron a Maitines y como preguntase la priora cómo no iba allá, díjole la otra lo que pasaba.

13. Así que es menester, como otra vez he dicho, estar avisadas las prioras con almas que ya tienen visto ser tan obedientes, a mirar lo que hacen. Que otra fuele a mos*tr*ar una monja uno de esos gusanos muy grandes, diciéndole que mirase cuán lindo era. Díjole la priora burlando: «pues cómasele ella». Fue y friole muy bien. La cocinera díjole que para qué le freía. Ella le dijo que para comerle, y así lo quería hacer, y la priora muy descuidada, y pudiérale hacer mucho daño. Yo más me huelgo que tengan en esto de obediencia demasía, porque tengo particular devoción a esta virtud, y así he puesto todo lo que he po*dido* para que la tengan; mas poco me aprovechara, si el Señor no hubiera por su grandísima misericordia dado gracia para que todas, en general, se inclinasen a esto. Plega a Su Majestad lo lleve muy adelante. Amén.

CAPÍTULO 19

Prosigue en la fundación del monasterio de San José de Salamanca

1. Mucho me he divertido. Cuando se me ofrece alguna cosa que con la experiencia quiere el Señor que haya entendido, háceseme de mal no lo advertir. Podrá ser que lo que yo pienso lo es, sea bueno. Siempre os informa*d*, hijas, de quien tenga letras, que en éstas hallaréis el camino de la perfección con discreción y verdad. Esto han menester mucho las preladas, si quieren hacer bien su oficio: confesarse con letrado —y si no, hará hartos borrones, pensando que es santidad—, y aún procurar que sus monjas se confiesen con quien tenga letras.

2. Pues, en víspera de Todos Santos, el año que queda dicho, a mediodía, llegamos a la ciudad de Salamanca. Desde una posada procuré saber de un hombre de allí a quien tenía encomendado me tuviese desembarazada la casa, llamado Niculás Gutiérrez, harto siervo de Dios. Había ganado de Su Majestad con su buena vida una paz y contento en los trabajos grande, que había tenido muchos y vístose en gran prosperidad, y había quedado muy pobre, y llevábalo con tanta alegría como la riqueza. Éste trabajó mucho en aquella fundación con harta devoción y voluntad. Como vino, díjome que la casa no estaba desembara-

zada, que no había podido acabar con los estudiantes que saliesen de ella. Yo le dije lo que importaba que luego nos la diesen, antes que se entendiese que yo estaba en el lugar; que siempre andaba con miedo no hubiese algún estorbo, como tengo dicho. Él fue a cuya era la casa y tanto trabajó, que se la desembarazaron aquella tarde. Ya casi noche entramos en ella.

3. Fue la primera que fundé sin poner el Santísimo Sacramento, porque yo no pensaba era tomar la posesión si no se ponía y había ya sabido que no importaba, que fue harto consuelo para mí, según había mal aparejo de los estudiantes. Como no deben tener esa curiosidad, estaba de suerte toda la casa, que no se trabajó poco aquella noche. Otro día por la mañana se dijo la primera misa, y procuré que fuesen por más monjas que habían de venir de Medina del Campo. Quedamos la noche de Todos Santos mi compañera y yo solas. Yo os digo, hermanas, que cuando se me acuerda el miedo de mi compañera, que era María del Sacramento —una monja de más edad que yo y harto sierva de Dios—, que me da gana de reír.

4. La casa era muy grande y desbaratada y con muchos desvanes, y mi compañera no había quitársele del pensamiento los estudiantes, pareciéndole, que como se habían enojado tanto de que salieron de la casa, que alguno se había escondido en ella. Ellos lo pudieron muy bien hacer, según había adonde. Encerrámonos en una pieza adonde estaba paja, que era lo primero que yo proveía para fundar la casa, porque teniéndola, no nos faltaba cama; en ella dormimos esa noche con unas dos mantas que nos prestaron. Otro día, unas monjas que estaban junto, que pensamos les pesara mucho, nos prestaron ropa para las compañeras que habían de venir y nos enviaron limosna. Llamábase Santa Isabel, y todo el tiempo que estuvimos en aquélla nos hicieron harto buenas obras y limosnas.

5. Como mi compañera se vio cerrada en aquella pieza, parece sosegó algo cuanto a lo de los estudian-

tes, aunque no hacía sino mirar a una parte y a otra todavía con temores, y el demonio que la debía ayudar con representarla pensamientos de peligro para turbarme a mí, que con la flaqueza de corazón que tengo, poco me solía bastar. Yo la dije que qué miraba, que cómo allí no podía entrar nadie. Díjome: «Madre, estoy pensando, si ahora me muriese yo aquí, qué haríades vos sola.» Aquello, si fuera, me parecía recia cosa. Y comencé a pensar un poco en ello, y aun haber miedo; porque siempre los cuerpos muertos, aunque yo no le he, me enflaquecen el corazón, aunque no esté sola. Y como el doblar de las campanas ayudaba, que, como he dicho, era noche de las Ánimas, buen principio llevaba el demonio para hacernos perder el pensamiento con niñerías. Cuando entiende que de él no se ha miedo, busca otros rodeos. Yo le dije: «Hermana, de que eso sea, pensaré lo que he de hacer; ahora déjeme dormir.» Como habíamos tenido dos noches malas, presto quitó el sueño los miedos. Otro día vinieron más monjas, con que se nos quitaron.

6. Estuvo el monasterio en esta casa cerca de tres años, y aun no me acuerdo si cuatro, que había poca memoria de él, porque me mandaron ir a la Encarnación de Ávila; que nunca, hasta dejar casa propia y recogida y acomodada, a mi querer dejara ningún monasterio ni le he dejado. Que en esto me hacía Dios mucha merced, que en el trabajo gustaba ser la primera, y todas las cosas para su descanso y acomodamiento procuraba hasta las muy menudas, como si toda mi vida hubiera de vivir en aquella casa; y así me daba gran alegría cuando quedaban muy bien. Sentí harto ver lo que estas hermanas padecieron aquí, aunque no de falta de mantenimiento —que de esto yo tenía cuidado desde donde estaba, porque estaba muy desviada la casa para las limosnas—, sino de poca salud, porque era húmeda y muy fría, que, como era tan grande, no se podía reparar; y lo peor, que no tenían Santísimo Sacramento, que para tanto encerramiento

es harto desconsuelo. Éste no tuvieron ellas, sino todo lo llevaban con un contento, que era para alabar al Señor; y me decían algunas que les parecía imperfección desear casa, que ellas estaban allí muy contentas como tuvieran Santísimo Sacramento.

7. Pues, visto el prelado su perfección y el trabajo que pasaban, movido de lástima, me mandó venir de la Encarnación. Ellas se habían ya concertado con un caballero de allí que les diese una, sino que era tal, que fue menester gastar más de mil ducados para entrar en ella. Era de mayorazgo, y él quedó que nos dejaría pasar a ella, aunque no fuese traída la licencia del Rey, y que bien podíamos subir paredes. Yo procuré que el padre Julián de Ávila, que es el que he dicho andaba conmigo en estas fundaciones y había ido conmigo y vimos la casa para decir lo que había de hacer, que la experiencia hacía que entendiese yo bien de estas cosas.

8. Fuimos por agosto y, con darse toda la prisa posible, se estuvieron hasta San Miguel —que es cuando allí se alquilan las casas—, y aún no estaba bien acabada con mucho; mas, como no habíamos alquilado en la que estábamos para otro año, teníala ya otro morador: dábannos con gran priesa. La iglesia estaba casi acabada de enlucir. Aquel caballero que nos la había vendido, no estaba allí. Algunas personas que nos querían bien decían que hacíamos mal en irnos tan presto; mas adonde hay necesidad, puédense mal tomar los consejos si no dan remedio.

9. Pasámonos víspera de San Miguel, un poco antes que amaneciese. Ya estaba publicado que había de ser el día de San Miguel el que se pusiese el Santísimo Sacramento, y el sermón que había de haber. Fue Nuestro Señor servido, que el día que nos pasamos, por la tarde, hizo una agua tan recia, que para traer las cosas que eran menester, se hacía con dificultad. La capilla habíase hecho nueva, y estaba tan mal tejada, que lo más de ella se llovía. Yo os digo, hijas,

que me vi harto imperfecta aquel día. Por estar ya divulgado, yo no sabía qué hacer, sino que me estaba deshaciendo, y dije a Nuestro Señor, casi quejándome, que o no me mandase entender en estas obras o remediase aquella necesidad. El buen hombre de Niculás Gutiérrez, con su igualdad, como si no hubiera nada, me decía muy mansamente que no tuviese pena, que Dios lo remediaría. Y así fue, que el día de San Miguel, al tiempo de venir la gente comenzó a hacer sol, que me hizo harta devoción, y vi cuán mejor había hecho aquel bendito en confiar de Nuestro Señor que no yo con mi pena.

10. Hubo mucha gente y música, y púsose el Santísimo Sacramento con gran solemnidad. Y como esta casa está en buen puesto, comenzaron a conocerla y tener devoción. En especial, nos favorecía mucho la condesa de Monterrey, doña María Pimentel, y una señora, cuyo marido era el Corregidor de allí, llamada doña Mariana. Luego otro día, porque se nos templase el contento de tener el Santísimo Sacramento, viene el caballero, cuya era la casa, tan bravo, que yo no sabía qué hacer con él, y el demonio hacía que no se llegase a razón, porque todo lo que estaba concertado con él cumplimos. Hacía poco al caso querérselo decir. Hablándole algunas personas, se aplacó un poco, mas después tornaba a mudar de parecer. Yo ya me determinaba a dejarle la casa. Tampoco quería esto, porque él quería que se le diese luego el dinero. Su mujer —que era suya la casa— habíala querido vender para remediar dos hijas, y con este título se pedía la licencia, y estaba depositado el dinero en quien él quiso.

11. El caso es que, con haber esto más de tres años, no está acabada la compra, ni sé si quedará allí el monasterio —que a este fin he dicho esto—, digo en aquella casa, o en qué parará.

12. Lo que sé es que en ningún monasterio de los que el Señor ahora ha fundado de esta Primera Regla, no han pasado las monjas, con mucha parte, tan gran-

des trabajos. Haylas allí tan buenas, por la misericordia de Dios, que todo lo llevan con alegría. Plega a Su Majestad esto les lleve adelante; que en tener buena casa o no la tener, va poco, antes es gran placer cuando nos vemos en casa que nos pueden echar de ella, acordándonos cómo el Señor del mundo no tuvo ninguna. Esto de estar en casa no propia, como en estas fundaciones se ve, nos ha acaecido algunas veces; y es verdad que jamás he visto a monja con pena de ello. Plega a la Divina Majestad que no nos falten las moradas eternas, por su infinita bondad y misericordia. Amén, amén.

CAPÍTULO 20

En que se trata la fundación del monasterio de Nuestra Señora de la Anunciación, que está en Alba de Tormes. Fue año de 1571

1. No había dos meses que se había tomado la posesión el día de Todos Santos en la casa de Salamanca, cuando de parte del contador del duque de Alba y de su mujer fui importunada que en aquella villa hiciese una fundación y monasterio. Yo no lo había mucha gana, a causa que, por ser lugar pequeño, era menester que tuviese renta, que mi inclinación era a que ninguna tuviese. El padre maestro fray Domingo Báñez —que era mi confesor, de quien traté al principio de las fundaciones—, que acertó a estar en Salamanca, me riñó y dijo, que, pues el Concilio daba licencia para tener renta, que no sería bien dejase de hacer un monasterio por eso; que yo no lo entendía, que ninguna cosa hacía para ser las monjas pobres y muy perfectas. Antes que más diga, diré quién era la fundadora y como el Señor la hizo fundarle. Fue hija Teresa de Layz, la fundadora del monasterio de la Anunciación de Nuestra Señora de Alba de Tormes, de padres nobles, muy hijos de algo y de limpia sangre. Tenían su asiento, por no ser tan ricos como pedía la nobleza de sus padres, en un lugar llamado Tordillos, que es dos leguas de la dicha villa de Alba. Es harta

lástima que, por estar las cosas del mundo puestas en tanta vanidad, quieren más pasar la soledad que hay en estos lugares pequeños, de doctrina y otras muchas cosas, que son medios para dar luz a las almas, que caer un punto de los puntos que esto que ellos llaman honra traen consigo.

3. Pues, habiendo ya tenido cuatro hijas, cuando vino a nacer Teresa de Layz, dio mucha pena a sus padres de ver que también era hija. Cosa cierto mucho para llorar, que, sin entender los mortales lo que les está mejor, como los que del todo ignoran los juicios de Dios, no sabiendo los grandes bienes que puede venir de las hijas ni los grandes males de los hijos, no parece que quieren dejar al que todo lo entiende y los cría, sino que se mata por lo que se habían de alegrar. Como gente que tiene dormida la fe, no van adelante con la consideración, ni se acuerdan que es Dios el que así lo ordena para dejarlo todo en sus manos. Y ya que están tan ciegos que no hagan esto, es gran ignorancia no entender lo poco que les aprovecha estas penas. ¡Oh, válgame Dios! ¡Cuán diferente entenderemos estas ignorancias en el día adonde se entenderá la verdad de todas las cosas, y cuántos padres se verán ir al infierno por haber tenido hijos, y cuántas madres, y también se verán en el cielo por medio de sus hijas!

4. Pues, tornando a lo que decía, vienen las cosas a términos, que, como cosa que les importaba poco la vida de la niña, a tercer día de su nacimiento se la dejaron sola, y sin acordarse nadie de ella desde la mañana hasta la noche. Una cosa habían hecho bien: que la habían hecho bautizar a un clérigo luego en naciendo. Cuando a la noche vino una mujer que tenía cuenta con ella, y supo lo que pasaba, fue corriendo a ver si era muerta, y con ella otras algunas personas que habían ido a visitar a la madre, que fueron testigos de lo que ahora diré. La mujer la tomó llorando en brazos, y le dijo: «¿Cómo, mi hija? Vos, ¿no sois cristiana?», a manera de que había sido crueldad. Alzó la

cabeza la niña, y dijo: «Sí soy.» Y no habló más hasta la edad que suelen hablar todos. Los que la oyeron quedaron espantados y su madre la comenzó a querer y regalar desde entonces, y así decía muchas veces que quisiera vivir hasta ver lo que Dios hacía de esta niña. Criábalas muy honestamente, enseñándolas todas las cosas de virtud.

5. Venido el tiempo que la querían casar, ella no quería ni lo tenía deseo. Acertó a saber cómo le pedía Francisco Velázquez, que es el fundador también de esta casa, marido suyo. Y, en nombrándosele, se determinó a casarse, si la casaban con él, no le habiendo visto en su vida. Mas veía el Señor que convenía esto, para que se hiciese la buena obra que entrambos han hecho para servir a Su Majestad. Porque, dejado de ser hombre virtuoso y rico, quiere tanto a su mujer, que la hace placer en todo, y con mucha razón; porque todo lo que se puede pedir en una mujer casada, se lo dio el Señor muy cumplidamente; que junto con el gran cuidado que tiene de su casa, es tanta su bondad, que como su marido la llevase a Alba, de donde era natural, y acertasen a aposentar en su casa los aposentadores del duque un caballero mancebo, sintió tanto, que comenzó a aborrecer el pueblo; porque ella, siendo moza y de muy buen parecer, a no ser tan buena, según el demonio comenzó a poner en él malos pensamientos, pudiera suceder algún mal.

6. Ella, en entendiéndolo, sin decir nada a su marido, le rogó la sacase de allí; y él hízolo así y llevóla a Salamanca, adonde estaba con gran contento y muchos bienes del mundo, por tener un cargo, que todos los deseaban mucho contentar y regalaban. Sólo tenían una pena, que era no les dar Nuestro Señor hijos, y para que se los diese eran grandes las devociones y oraciones que ella hacía, y nunca suplicaba al Señor otra cosa, sino que le diese generación, para que, acabada ella, alabasen a Su Majestad, que le parecía recia cosa que se acabase en ella, y no tuviese quien después

de sus días alabase a Su Majestad. Y decíame ella a mí que jamás otra cosa se le ponía delante para desearlo, y es mujer de gran verdad y tanta cristiandad y virtud como tengo dicho, que muchas veces me hace alabar a Nuestro Señor ver sus obras, y alma tan deseosa de siempre contentarle y nunca dejar de emplear bien el tiempo.

7. Pues andando muchos años con este deseo, y encomendándolo a San Andrés, que le dijeron era abogado para esto, después de otras muchas devociones que había hecho, dijéronle una noche estando acostada: «No quieras tener hijos, que te condenarás.» Ella quedó muy espantada y temerosa, mas no por eso se le quitó el deseo, pareciéndole que, pues su fin era tan bueno, que por qué se había de condenar. Y, así, iba adelante con pedirlo a Nuestro Señor. En especial hacía particular devoción a San Andrés. Una vez, estando con este mismo deseo, ni sabe si despierta o dormida —de cualquier manera que sea, se ve que fue visión buena, por lo que sucedió—, parecióle que se hallaba en una casa, adonde en el patio, debajo del corredor, estaba un pozo. Y vio en aquel lugar un prado y verdura con unas flores blancas por él de tanta hermosura, que no sabe ella encarecer de la manera que lo vio. Cerca del pozo se le apareció San Andrés de forma de una persona muy venerable y hermosa, que le dio gran recreación mirarle, y díjole: «Otros hijos son éstos que los que tú quieres.» Ella no quisiera que se acabara el consuelo grande que tenía en aquel lugar; mas no duró más. Y ella entendió claro que era aquel santo San Andrés, sin decírselo nadie, y también que era la voluntad de Nuestro Señor que hiciese monasterio. Por donde se da entender que también fue visión intelectual como imaginaria y que ni pudo ser antojo ni ilusión del demonio.

8. Lo primero, no fue antojo por el gran efecto que hizo, que desde aquel punto nunca más deseó hijos, sino que quedó tan asentado en su corazón que

era aquélla la voluntad de Dios, que ni se los pidió más ni los deseó. Así comenzó a pensar qué modo tendría para hacer lo que el Señor quería. No ser demonio también se entiende, así por el efecto que hizo —porque cosa suya no puede hacer bien—, como por estar hecho ya el monasterio, adonde se sirve mucho Nuestro Señor, y también porque era esto más de seis años antes que se fundase el monasterio, y él no puede saber lo por venir.

9. Quedando ella muy espantada de esta visión, dijo a su marido, que, pues Dios no era servido de darles hijos, que hiciesen un monasterio de monjas. Él, como es tan bueno y la quería tanto, holgó de ello y comenzaron a tratar adónde le harían. Ella quería en el lugar que había nacido; él le puso justos impedimentos para que entendiese no estaba bien allí.

10. Andando tratando esto, envió la duquesa de Alba a llamarle; y como fue, mandóle se tornase a Alba a tener un cargo y oficio que le dio en su casa. Él, como fue a ver lo que le mandaba, y se lo dijo, aceptólo, aunque era de muy menos interés que el que tenía en Salamanca. Su mujer, de que lo supo, afligióse mucho, porque, como he dicho, tenía aborrecido aquel lugar. Con asegurarle él que no le darían más huésped, se aplacó algo, aunque todavía estaba muy fatigada, por estar más a su gusto en Salamanca. Él compró una casa y envió por ella. Vino con gran fatiga, y más la hubo cuando vio la casa, porque, aunque era en muy buen puesto y de anchura, no tenía edificios, y así estuvo aquella noche muy fatigada. Otro día en la mañana, como entró en el patio, vio al mismo lado el pozo adonde había visto a San Andrés, y todo ni más ni menos que lo había visto se le representó —digo el lugar, que no el santo ni el prado ni flores, aunque ella lo tenía y tiene bien en la imaginación.

11. Ella, como vio aquello, quedó turbada y determinada a hacer allí el monasterio, y con gran consuelo y sosiego ya para no querer ir a otra parte; y comen-

zaron a comprar más casas juntas; hasta que tuvieron sitio muy bastante. Ella andaba cuidadosa de qué Orden le haría, porque quería fuesen pocas y muy encerradas, y, tratándolo con dos religiosos de diferentes órdenes, muy buenos y letrados entrambos le dijeron sería mejor hacer otras obras; porque las monjas, las más estaban descontentas, y otras cosas hartas; que, como al demonio le pesaba, queríalo estorbar, y así les hacía parecer era gran razón las razones que le decían. Y como pusieron tanto en que no era bien, y el demonio que ponía más en estorbarlo, hízola temer y turbar y determinar de no hacerlo. Y así lo dijo a su marido, pareciéndoles que pues personas tales les decían que no era bien y su intento era servir a Nuestro Señor, de dejarlo. Y así concertaron de casar un sobrino que ella tenía, hijo de una hermana suya, que quería mucho, con una sobrina de su marido, y darles mucha parte de su hacienda, y lo demás hacer bien por sus almas; porque el sobrino era muy virtuoso, y mancebo de poca edad. En este parecer quedaron entrambos resueltos y ya muy asentado.

12. Mas como Nuestro Señor tenía ordenada otra cosa, aprovechó poco su concierto, que, antes de quince días le dio un mal tan recio, que en muy pocos días le llevó consigo Nuestro Señor. A ella se le asentó en tanto extremo que había sido la causa de su muerte la determinación que tenían de dejar lo que Dios quería que hiciese por dejárselo a él, que hubo gran temor. Acordábasele querer obedecer a Dios, y aun le parecía la había castigado a ella, quitándole aquel sobrino que tanto quería. Desde este día se determinó de no dejar por ninguna cosa de hacer el monasterio, y su marido lo mismo, aunque no sabía cómo ponerlo por obra. Porque a ella parece la ponía Dios en el corazón lo que ahora está hecho, y a los que ella lo decía y les figuraba cómo quería el monasterio, reíanse de ello, pareciéndoles no hallaría las cosas que ella pedía; en especial un confesor que tenía, fraile de San

Francisco, hombre de letras y calidad. Ella se desconsolaba mucho.

13. En este tiempo, acertó a ir este fraile a cierto lugar, adonde le dieron noticia de estos monasterios de Nuestra Señora del Carmen que ahora se fundaban. Él, informado muy bien, tornó a ella, y díjole que ya había hallado que podía hacer el monasterio que quería. Díjole lo que pasaba, y que procurase tratarlo conmigo. Así se hizo. Harto trabajo se pasó en concertarnos; porque yo siempre he pretendido que los monasterios que fundaba con renta, la tuviesen tan bastante, que no hayan menester las monjas a sus deudos ni a ninguno, sino que de comer y vestir les den todo lo necesario en la casa, y las enfermas muy bien curadas; porque de faltarles lo necesario vienen muchos inconvenientes. Y para hacer muchos monasterios de pobreza sin renta, nunca me falta corazón y confianza, con certidumbre de que no les ha Dios de faltar; y para hacerlos de renta y con poca, todo me falta; por mejor tengo que no se funden.

14. En fin, vinieron a ponerse en razón y dar bastante renta para el número; y lo que les tuve en mucho: que dejaron su propia casa para darnos, y se fueron a otra harto ruin. Púsose el Santísimo Sacramento e hízose la fundación día de la conversión de San Pablo, año de 1571, para gloria y honra de Dios, adonde, a mi parecer, es Su Majestad muy servido. Plega a Él lo lleve siempre adelante.

15. Comencé a decir algunas cosas particulares de algunas hermanas de estos monasterios, pareciéndome cuando esto viniesen a leer no estarían vivas las que ahora son, y para que las que vinieren se animen a llevar adelante tan buenos principios. Después me ha parecido que habrá quien lo diga mejor y más por menudo, y sin ir con el miedo que yo he llevado, pareciéndome les parecerá ser parte. Y así he dejado hartas cosas, que quien las ha visto y sabido no las pueden dejar de tener por milagrosas, porque son so-

brenaturales. De éstas no he querido decir ningunas, y de las que conocidamente se ha visto hacerlas Nuestro Señor por sus oraciones.

En la cuenta de los años en que se fundaron, tengo alguna sospecha si yerro alguno, aunque pongo la diligencia que puedo porque se me acuerde. Como no importa mucho, que se puede enmendar después, dígolos conforme a lo que puedo advertir con la memoria; poco será la diferencia, si hay algún yerro.

CAPÍTULO 21

En que se trata de la fundación del glorioso San José del Carmen de Segovia. Fundóse el mismo día de San José, año de 1574

1. Ya he dicho cómo después de haber fundado el monasterio de Salamanca y el de Alba y antes que quedase con casa propia el de Salamanca, me mandó el padre maestro fray Pedro Fernández, que era Comisario Apostólico entonces, ir por tres años a la Encarnación de Ávila, y cómo viendo la necesidad de la casa de Salamanca, me mandó ir allá para que pasesen a casa propia. Estando allí un día en oración, me fue dicho de Nuestro Señor que fuese a fundar a Segovia. A mí me pareció cosa imposible, porque yo no había de ir sin que me lo mandasen y tenía entendido del padre Comisario Apostólico, el maestro fray Pedro Fernández, que no había gana que fundase más. Y también veía que, no siendo acabados los tres años que había de estar en la Encarnación, que tenía gran razón de no lo querer. Estando pensando esto, díjome el Señor que se lo dijese, que Él lo haría.

2. A la sazón estaba en Salamanca, y escribíle que ya sabía cómo yo tenía precepto de nuestro reverendísimo general de que, cuando viese un acomodo en alguna parte para fundar, que no lo dejase; que en Segovia estaba admitido un monasterio de estos de la

ciudad y del obispo, que, si mandaba Su Paternidad, que le fundaría; que se lo significaba por cumplir con mi conciencia, y con lo que mandase quedaría segura o contenta —creo que éstas eran las palabras, poco más o menos—, y que me parecía sería servicio de Dios. Bien parece que lo quería Su Majestad, porque luego dijo que le fundase, y me dio licencia; que yo me espanté harto, según lo que había entendido de él en este caso. Y desde Salamanca procuré me alquilasen una casa, porque, después de la de Toledo y Valladolid, había entendido era mejor buscársela propia, después de haber tomado la posesión, por muchas causas; la principal, porque yo no tenía blanca para comprarla, y estando ya hecho el monasterio, luego lo preveía el Señor; y también, escogíase sitio más a propósito.

3. Estaba allí una señora, mujer que había sido de un mayorazgo, llamada doña Ana de Jimena. Ésta me había ido una vez a ver a Ávila, y era muy sierva de Dios y siempre su llamamiento había sido para monja. Así, en haciéndose el monasterio, entró ella y una hija suya de harto buena vida; y el descontento que había tenido casada y viuda, le dio el Señor de doblado contento en viéndose en religión. Siempre habían sido madre e hija muy recogidas y siervas de Dios.

4. Esta bendita señora tomó la casa, y de todo lo que vio habíamos menester, así para la iglesia como para nosotras, la proveyó, que para eso tuve poco trabajo. Mas, porque no hubiese fundación sin alguno, dejado el ir yo por allí con harta calentura y hastío y males interiores de sequedad y oscuridad en el alma grandísima, y males de muchas maneras corporales, que lo recio me duraría tres meses, y medio año que estuve allí siempre fue mala [...].

5. El día de San José, que pusimos el Santísimo Sacramento, que aunque había del obispo licencia y de la ciudad, no quise sino entrar la víspera secretamente de noche. Había mucho tiempo que estaba dada

la licencia, y como estaba en la Encarnación, y había otro prelado que el Generalísimo nuestro padre, no había podido fundarla, y tenía la licencia del obispo —que estaba entonces cuando lo quiso el lugar— de palabra, que lo dijo a un caballero que lo procuraba por nosotras, llamado Andrés de Jimena, y no se lo dio nada tenerla por escrito ni a mí me pareció que importaba. Y engañéme, que, como vino a noticia del provisor que estaba hecho el monasterio, vino luego muy enojado y no consintió decir más misa y quería llevar preso a quien la había dicho, que,era un fraile Descalzo que iba con el padre Julián de Ávila, y otro siervo de Dios que andaba conmigo, llamado Antonio Gaitán.

6. Éste era un caballero de Alba, y habíale llamado Nuestro Señor, andando muy metido en el mundo, algunos años había. Teníale tan debajo de los pies, que sólo entendía en cómo le hacer más servicio. Porque en las fundaciones de adelante se ha de hacer mención de él, que me ha ayudado mucho y trabajado mucho, he dicho quién es, y si hubiese de decir sus virtudes, no acabara tan presto. La que más nos hacía al caso es estar tan mortificado, que no había criado de los que iban con nosotras que así hiciese cuanto era menester. Tiene gran oración y hale hecho Dios tantas mercedes, que todo lo que a otros sería contradicción le daba contento y se le hacía fácil; y así lo es todo lo que trabajaba en estas fundaciones; que parece bien que a él y al padre Julián de Ávila los llamaba Dios para esto, aunque el padre Julián de Ávila fue desde el primer monasterio. Por tal compañía debía Nuestro Señor querer que me sucediese todo bien. Su trato por los caminos era tratar de Dios y enseñar a los que iban con nosotras y encontraban, y así de todas maneras iban sirviendo a Su Majestad.

7. Bien es, hijas mías, las que leyerdes estas fundaciones, sepáis lo que se les debe, para que, pues sin ningún interés trabajaban tanto en este bien que vo-

sotras gozáis de estar en estos monasterios, los encomendéis a Nuestro Señor, y tengan algún provecho de vuestras oraciones. Que si entendiésedes las malas noches y días que pasaron y los trabajos en los caminos, lo haríades de muy buena gana.

8. No quiso ir el Provisor de nuestra iglesia sin dejar un alguacil a la puerta, yo no sé para qué. Sirvió de espantar un poco a los que allí estaban. A mí nunca se me daba mucho de cosa que acaeciese después de tomada la posesión; antes eran todos mis miedos. Envié a llamar a algunas personas, deudos de una compañera que llevaba de mis hermanas, que eran principales del lugar, para que hablasen al Provisor y le dijesen cómo tenía licencia del obispo. Él lo sabía muy bien, según dijo después, sino que quisiera le diéramos parte, y creo yo que fuera muy peor. En fin, acabaron con él que nos dejase el monasterio, y quitó el Santísimo Sacramento. De esto no se nos dio nada. Estuvimos así algunos meses, hasta que se compró una casa y con ella hartos pleitos. Harto le habíamos tenido con los frailes Franciscos por otra que se compraba cerca; con estotra le hubo con los de la Merced y con el Cabildo, porque tenía un censo la casa suya.

9. ¡Oh, Jesús, qué trabajo es contender con muchos pareceres! Cuando ya parecía que estaba acabado, comenzaba de nuevo; porque no bastaba darles lo que pedían, que luego había otro inconveniente. Dicho así no parece nada, y el pasarlo fue mucho.

10. Un sobrino del obispo hacía todo lo que podía por nosotras, que era prior y canónigo del aquella iglesia, y un licenciado Herrera, muy gran siervo de Dios. En fin, con dar hartos dineros se vino a acabar aquello. Quedamos con el pleito de los Mercedarios, que para pasarnos a la casa nueva fue menester harto secreto. En viéndonos allá, que nos pasamos uno o dos días antes de San Miguel, tuvieron por bien de concertarse con nosotras por dineros. La mayor pena que estos embarazos me daban era que no faltaban ya

sino siete u ocho días para acabarse los tres años de la Encarnación, y había de estar allí por fuerza al fin de ellos.

11. Fue Nuestro Señor servido que se acabó todo tan a bien, que no quedó ninguna contienda, y desde a dos o tres días me fui a la Encarnación. Sea su nombre por siempre bendito, que tantas mercedes me ha hecho siempre, y alábenle todas sus criaturas. Amén.

CAPÍTULO 22

En que se trata de la fundación del glorioso San José del Salvador, en el lugar de Beas, año de 1575, día de Santo Matía

1. En el tiempo que tengo dicho, que me mandaron ir a Salamanca desde la Encarnación, estando allí, vino un mensajero de la villa de Beas con cartas para mí de una señora de aquel lugar y del beneficiado de él y de otras personas, pidiéndome fuese a fundar un monasterio, porque ya tenían casa para él; que no faltaba sino irle a fundar.

2. Yo me informé del hombre. Díjome grandes bienes de la tierra —y con razón, que es muy deleitosa y de buen temple—; mas mirando las muchas leguas que había desde allí allá, parecióme desatino, en especial habiendo de ser con mandado del Comisario Apostólico, que, como he dicho, era enemigo, o al menos no amigo, de que se fundase; y así quise responder que no podía, sin decirle nada. Después me pareció que, pues estaba a la sazón en Salamanca, que no era bien hacerlo sin su parecer, por el precepto que me tenía puesto nuestro reverendísimo padre General de que no dejase fundación.

3. Como él vio las cartas, envióme a decir que no le parecía cosa desconsolarlas, que se había edificado de su devoción; que les escribiese que, como tuviesen

la licencia de su Orden, que se proveería para fundar; que estuviese segura que no se la darían; que él sabía de otras partes de los Comendadores, que en muchos años no la habían podido alcanzar, y que no las respondiese mal. Algunas veces pienso en esto y cómo lo que Nuestro Señor quiere, aunque nosotros no queramos, se viene a que sin entenderlo seamos el instrumento, como aquí fue el padre maestro fray Pedro Fernández, que era el Comisario. Y así, cuando tuvieron la licencia, no la pudo él negar, sino que se fundó de esta suerte.

4. Fundóse este monasterio del bienaventurado San José de la villa de Beas, día de Santo Matía, año de 1575. Fue su principio de la manera que se sigue, para honra y gloria de Dios. Había en esta villa un caballero, que se llamaba Sancho Rodríguez de Sandoval, de noble linaje, con hartos bienes temporales. Fue casado con una señora, llamada doña Catalina Godínez. Entre otros hijos que Nuestro Señor le dio, fueron dos hijas, que son las que han fundado el dicho monasterio, llamadas la mayor doña Catalina Godínez y la menor doña María de Sandoval. Habría la mayor catorce años, cuando Nuestro Señor la llamó para sí. Hasta esta edad estaba muy fuera de dejar el mundo; antes tenía una estima de sí, de manera que le parecía todo era poco lo que su padre pretendía en casamientos que la traían.

5. Estando un día en una pieza que estaba después de la que su padre estaba, aún no siendo levantado, acaso llegó a leer en un crucifijo que allí estaba el título que se pone sobre la cruz, y, súbitamente, en leyéndole, la mudó toda el Señor. Porque ella había estado pensando en un casamiento que la traían, que le estaba demasiado de bien, y diciendo entre sí: «Con qué poco se contenta mi padre, con que tenga un mayorazgo, y pienso yo que ha de comenzar mi linaje en mí.» No era inclinada a casarse, que le parecía cosa

baja estar sujeta a nadie, ni entendía por dónde le venía esta soberbia. Entendió el Señor por donde la había de remediar. Bendita sea su misericordia.

6. Así como leyó el título, le pareció había venido una luz a su alma para entender la verdad, como si en una pieza oscura entrara el sol. Y con esta luz puso los ojos en el Señor que estaba en la cruz corriendo sangre, y pensó cuán maltratado estaba y en su gran humildad y cuán diferente camino llevaba ella yendo por soberbia. En esto debía estar algún espacio, que la suspendió el Señor. Allí le dio Su Majestad un propio conocimiento grande de su miseria y quisiera que todos lo entendieran. Diole un deseo de padecer por Dios tan grande, que todo lo que pasaron los mártires quisiera ella padecer; junto a una humillación tan profunda de humildad y aborrecimiento de sí, que, si no fuera por no haber ofendido a Dios, quisiera ser una mujer muy perdida, para que todos la aborrecieran. Y, así, comenzó a aborrecer con grandes deseos de penitencia que después puso por obra. Luego prometió allí castidad y pobreza, y quisiera verse tan sujeta, que a tierra de moros se holgara entonces la llevaran por estarlo. Todas estas virtudes le han durado de manera que se vio bien ser merced sobrenatural de Nuestro Señor, como adelante se dirá para que todos le alaben.

7. Seáis Vos bendito, mi Dios, por siempre jamás, que en un memento deshacéis un alma y la tornáis a hacer. ¿Qué es esto, Señor? Querría yo preguntar aquí lo que los apóstoles cuando sanaste el ciego os preguntaron, diciendo si lo habían pecado sus padres. Yo digo que quién había merecido tan soberana merced. Ella, no, porque ya está dicho de los pensamientos que la sacaste cuando se la hicistes. ¡Oh, grandes son vuestros juicios, Señor! Vos sabéis lo que hacéis, y yo no sé lo que me digo, pues son incomprensibles vuestras obras y juicios. Seáis por siempre glorificado, que tenéis poder para más. ¿Qué fuera de mí si esto no

fuera? Mas sí fue alguna parte su madre, que era tanta su cristiandad, que sería posible quisiese vuestra bondad, como piadoso, que viese en su vida tan gran virtud en las hijas. Algunas veces pienso hacéis semejantes mercedes a los que os aman, y Vos les hacéis tanto bien como es darles con que os sirvan.

8. Estando en esto, vino un ruido tan grande encima en la pieza, que parecía todo se venía abajo. Pareció que por un rincón bajaba todo aquel ruido adonde ella estaba, y oyó unos grandes bramidos, que duraron algún espacio, de manera que a su padre —que aún, como he dicho, no era levantado— le dio tan gran temor que comenzó a temblar y, como desatinado, tomó una ropa y su espada y entró allá y muy demudado le preguntó qué era aquello. Ella le dijo que no había visto nada. Él miró otra pieza más adentro y como no vio nada, díjola que se fuese con su madre y a ella le dijo que no la dejase sola y le contó lo que había oído.

9. Bien se da a entender de aquí lo que el demonio debe sentir cuando ve perder un alma de su poder que él tiene ya por ganada. Como es tan enemigo de nuestro bien, no me espanto que, viendo hacer al piadoso Señor tantas mercedes juntas, se espantase él e hiciese tan gran muestra de su sentimiento. En especial, que entendería que con la riqueza que quedaba en aquel alma había de quedar él sin algunas otras que tenía por suyas. Porque tengo para mí que nunca Nuestro Señor hace merced tan grande sin que alcance parte a más que la misma persona. Ella nunca dijo de esto nada; mas que quedó con grandísima gana de religión, y lo pidió mucho a sus padres. Ellos nunca se lo consintieron.

10. A cabo de tres años que mucho lo había pedido, como vio que esto no querían, se puso en hábito honesto, día de San José. Díjolo a sola su madre, con la cual fuera fácil de acabar que la dejara ser monja. Por su padre no osaba, y fuese así a la iglesia, porque

como la hubiesen visto en el pueblo, no se lo quitasen; y así fue que pasó por ello. En estos tres años tenía horas de oración, y mortificarse en todo lo que podía, que el Señor la enseñaba. No hacía sino entrarse en un corral y mojarse el rostro y ponerse al sol, para que, por parecer mal, la dejasen los casamientos que todavía la importunaban.

11. Quedó de manera en no querer mandar a nadie, que, como tenía cuenta con la casa de su padre, le acaecía de ver que había mandado a las mujeres, que no podía menos, aguardar a que estuviesen dormidas y besarlas los pies, fatigándose, porque, siendo mejores que ella, la servían. Como de día andaba ocupada con sus padres, cuando había de dormir, era toda la noche gastarla en oración tanto, que mucho tiempo se pasaba con tan poco sueño, que parecía imposible si no fuera sobrenatural. Las penitencias y disciplinas eran muchas, porque no tenía quien la gobernase, ni lo trataba con nadie. Entre otras, le duró una cuaresma traer una cota de malla de su padre a raíz de las carnes. Iba a una parte a rezar desviada, adonde le hacía el demonio notables burlas. Muchas veces comenzaba a las diez de la noche la oración, y no se sentía hasta que era de día.

12. En estos ejercicios pasó cerca de cuatro años, que comenzó el Señor a que le sirviese en otros mayores, dándole grandísimas enfermedades y muy penosas, así de estar con calentura continua y con hidropesía y mal de corazón, un zaratán [1] que le sacaron. En fin, duraron estas enfermedades casi diecisiete años, que pocos días estaba buena. Después de cinco años que Dios le hizo esta merced murió su padre. Y su hermana, en habiendo catorce años —que fue uno después que su hermana hizo esta mudanza—, se puso también hábito honesto, con ser muy amiga de galas,

---

[1] Cáncer de mama.

y comenzó también a tener oración. Y su madre ayudaba a todos sus buenos ejercicios y deseos; y así tuvo por bien que ellas se ocupasen en uno harto virtuoso y bien fuera de quien eran: fue en enseñar niñas a labrar y a leer, sin llevarles nada, sino sólo por enseñarlas a rezar y la doctrina. Hacíase mucho provecho, porque acudían muchas, que aún ahora se ve en ellas las buenas costumbres que deprendieron cuando pequeñas. No duró mucho, porque el demonio, como le pesaba de la buena obra, hizo que sus padres tuviesen por poquedad que les enseñasen las hijas de balde. Esto, junto con que la comenzaron a apretar las enfermedades, hizo que cesase.

13. Cinco años después que murió su padre de estas señoras, murió su madre; y como el llamamiento de la doña Catalina había sido siempre para monja, sino que no lo había podido acabar con ellos, y luego se quiso ir a ser monja, porque allí no había monasterio en Beas. Sus parientes la aconsejaron, que pues ellas tenían para fundar monasterio razonablemente, que procurasen fundarle en su pueblo, que sería más servicio de Nuestro Señor. Como es lugar de la Encomienda de Santiago, era menester licencia del Consejo de las Órdenes, y así comenzó a poner diligencia en pedirla.

14. Fue tan dificultoso de alcanzar, que pasaron cuatro años, adonde pasaron hartos trabajos y gastos; y hasta que se dio una petición, suplicándolo al mismo Rey, ninguna cosa les había aprovechado. Y fue de esta manera, que como era desatino, que se dejase de ello; y como estaba casi siempre en la cama con tan grandes enfermedades, como está dicho, decían que ningún monasterio la admitirían para monja. Ella dijo que si en un mes la daba Nuestro Señor salud, que entendería era servido de ello y que ella misma iría a la Corte a procurarlo. Cuando esto dijo, había más de medio año que no se levantaba de la cama y había casi ocho que casi no se podía menear de ella. En

este tiempo tenía calentura continua ocho años había, ética y tísica, hidrópica, con un fuego en el hígado que se abrasaba, de suerte que aún sobre la ropa era el fuego de suerte que se sentía y le quemaba la camisa, cosa que parece no creedera, y yo misma me informé del médico de estas enfermedades que a la sazón tenía, que estaba harto espantado. Tenía también gota artética y ceática.

15. Una víspera de San Sebastián, que era sábado, la dio Nuestro Señor tan entera salud, que ella no sabía cómo encubrirlo para que no se entendiese el milagro. Dice que cuando Nuestro Señor la quiso sanar, le dio un temblor interior, que pensó iba ya a acabar la vida. Su hermana y ella vio en sí grandísima mudanza, y en el alma dice que se sintió otra, según quedó aprovechada. Y mucho más contento le daba la salud por poder procurar el negocio del monasterio, que de padecer ninguna cosa se le daba. Porque desde el principio que Dios la llamó le dio un aborrecimiento consigo, que todo se le hacía poco. Dice que le quedó un deseo de padecer tan poderoso, que suplicaba a Dios muy de corazón que de todas maneras la ejercitase en esto.

16. No dejó Su Majestad de cumplirle este deseo, que en ocho años la sangraron más de quinientas veces, sin tantas ventosas sajadas, que tiene el cuerpo de suerte que lo da entender. Algunas le echaban sal en ellas, que dijo un médico era bueno para sacar la ponzoña de un dolor de costado, que éstos tuvo más de veinte veces. Lo que es más de maravillar, que así como le decían un remedio de estos el médico, estaba con gran deseo de que viniese la hora en que le habían de ejecutar, sin ningún temor, y ella animaba los médicos para los cauterios, que fueron muchos por el zaratán y otras ocasiones que hubo para darselos. Dice que lo que la hacía desearlo era para probar si los deseos que tenía de ser mártir eran ciertos.

17. Como ella se vio súbitamente buena, trató con

su confesor y con el médico que la llevasen a otro pueblo, para que pudiesen decir que la mudanza de la tierra lo había hecho. Ellos no quisieron, antes los médicos lo publicaron, porque ya la tenían por incurable, a causa que echaba sangre por la boca, tan podrida, que decían era ya los pulmones. Ella se estuvo tres días en la cama, que no osaba levantar, porque no se entendiese su salud. Mas como tan poco se puede encubrir como la enfermedad, aprovechó poco.

18. Díjome que el agosto antes, suplicando un día a Nuestro Señor que o le quitase aquel deseo tan grande que tenía de ser monja y hacer el monasterio, o le diese medios para hacerle, con mucha certidumbre le fue asegurado que estaría buena a tiempo que pudiese ir a la cuaresma para procurar la licencia. Y así dice que en aquel tiempo, aunque las enfermedades cargaron mucho más, nunca perdió la esperanza que le había el Señor de hacer esta merced. Y aunque la olearon dos veces —tan al cabo la una, que decía el médico que no había para qué ir por el óleo, que antes moriría—, nunca dejaba de confiar del Señor que había de morir monja. No digo que en este tiempo la olearon las dos veces que hay de agosto a San Sebastián, sino antes. Sus hermanos y deudos, como vieron la merced y el milagro que el Señor había hecho en darle tan súbita salud, no osaron estorbarle la idea, aunque parecía desatino. Estuvo tres meses en la Corte, y al fin no se la daban. Como dio esta petición al Rey y supo que era de Descalzas del Carmen, mandóla luego dar.

19. Al venir a fundar el monasterio, se pareció bien que lo tenía negociado con Dios en quererlo aceptar los prelados, siendo tan lejos y la renta muy poca. Lo que Su Majestad quiere, no se puede dejar de hacer. Así vinieron las monjas al principio de cuaresma año de 1575. Recibiólas el pueblo con gran solemnidad y alegría y procesión. En lo general, fue grande el con-

tento; hasta los niños mostraban ser obra de que se servía Nuestro Señor. Fundóse el monasterio llamado San José del Salvador esta misma cuaresma, día de Santo Matía.

20. En el mismo tomaron hábito las dos hermanas con gran contento. Iba adelante la salud de doña Catalina. Su humildad y obediencia y deseo de que la desprecien, da bien a entender haber sido sus deseos verdaderos para servicio de Nuestro Señor. Sea glorificado por siempre jamás. Amén.

21. Díjome esta hermana, entre otras cosas, que habrá casi veinte años que se acostó una noche deseando hallar la más perfecta religión que hubiese en la tierra para ser en ella monja y que comenzó a soñar, a su parecer, que iba por un camino muy estrecho y angosto y muy peligroso, para caer en unos grandes barrancos que parecían, y vio un fraile Descalzo, que, en viendo a fray Juan de la Miseria —un frailecico lego de la Orden, que fue a Beas estando yo allí—, dice que le pareció el mismo que había visto; le dijo: «Ven conmigo, hermana», y la llevó a una casa de gran número de monjas, y no había en ella otra luz, sino de unas velas encendidas que traían en las manos. Ella preguntó qué Orden era, y todas callaron, y alzaron los velos, y los rostros alegres y riendo. Y certifica que vio los rostros de las hermanas mismas que ahora ha visto, y que la priora la tomó de la mano y la dijo: «Hija, para aquí os quiero yo»; y mostróle las Constituciones y la Regla. Y cuando despertó de este sueño, fue con un contento, que le parecía haber estado en el cielo, y escribió lo que se le acordó de la Regla; y pasó mucho tiempo que no lo dijo a confesor ni a ninguna persona y nadie no le sabía decir de esta Religión.

22. Vino allí un padre de la Compañía que sabía sus deseos, y mostróle el papel; y díjole que si ella hallase aquella religión que estaría contenta, porque entraría luego en ella. Él tenía noticia de estos mo-

nasterios, y díjole cómo era aquella Regla de la Orden de Nuestra Señora del Carmen, aunque no dio para dársela a entender esta claridad, sino de los monasterios que fundaba yo; y así procuró hacerme mensajero, como está dicho.

23. Cuando trajeron la respuesta, estaba ya tan mala, que le dijo su confesor que se sosegase, que, aunque estuviera en el monasterio, la echaran; cuánto más tomarla ahora. Ella se afligió mucho y volvióse a Nuestro Señor con grandes ansias y díjole: «Señor mío y Dios mío; yo sé por la fe que Vos sois el que todo lo podéis; pues, vida de mi alma, o haced que se me quiten estos deseos o me dad medios para cumplirlos.» Esto decía con una confianza muy grande, suplicando a Nuestra Señora, por el dolor que tuvo cuando a su Hijo vio muerto en sus brazos, le fuese intercesora. Oyó una voz en lo interior que le dijo: «Cree y espera; que yo soy el que todo lo puede. Tú tendrás salud, porque el que tuvo poder para que de tantas enfermedades, todas mortales de suyo, y les mandó que no hiciesen su efecto, más fácil le será quitarlas.» Dice que fueron con tanta fuerza y certidumbre estas palabras, que no podía dudar de que no se había de cumplir su deseo, aunque cargaron muchas más enfermedades, hasta que el Señor le dio la salud que hemos dicho. Cierto, parece cosa increíble lo que ha pasado. A no me informar yo del médico y de las que estaban en su casa y de otras personas, según soy ruin, no fuera mucho pensar que era alguna cosa encarecimiento.

24. Aunque está flaca, tiene ya salud para guardar la Regla, y buen sujeto; una alegría grande, y en todo, como tengo dicho, una humildad que a todas nos hacía alabar a Nuestro Señor. Dieron lo que tenían de hacienda entrambas, sin ninguna condición, a la Orden; que si no las quisieran recibir por monjas, no pusieron ningún apremio. Es un desasimiento grande el que tiene de sus deudos y tierra, y siempre gran deseo de

irse lejos de allí, y así importuna harto a los prelados, aunque la obediencia que tiene es tan grande que así está allí con algún contento. Y por lo mismo tomó velo, que no había remedio con ella que fuese del coro, sino freila, hasta que yo la escribí diciéndola muchas cosas, y riñéndola porque quería otra cosa de lo que era voluntad del padre provincial; que aquello no era merecer más; y otras cosas, tratándola ásperamente. Con esto se pudo acabar con ella, harto contra su voluntad. Ninguna cosa entiendo de esta alma que no sea para ser agradable a Dios, y así lo es con todas. Plega a Su Majestad la tenga de su mano, y la aumente las virtudes y gracia que le ha dado para mayor servicio y honra suya. Amén.

CAPÍTULO 23

En que trata de la fundación del monasterio del glorioso San José del Carmen en la ciudad de Sevilla. Díjole la primera misa día de la Santísima Trinidad, en el año de 1575

1. Pues estando en esta villa de Beas, esperando licencia del Consejo de las Órdenes para la fundación de Caravaca, vino a verme allí un padre de nuestra Orden de los Descalzos, llamado el maestro fray Jerónimo de la Madre de Dios Gracián, que había pocos años que tomó nuestro hábito estando en Alcalá, hombre de muchas letras y entendimiento y modestia, acompañado de grandes virtudes toda su vida, que parece Nuestra Señora le escogió para bien de esta Orden Primitiva estando él en Alcalá, muy fuera de tomar nuestro hábito, aunque no de ser religioso. Porque, aunque sus padres tenían otros intentos, por tener mucho favor con el Rey y su gran habilidad, él estaba muy fuera de eso. Desde que comenzó a estudiar, le quería su padre poner a que estudiase leyes. Él, con ser de harta poca edad, sentía tanto, que a poder de lágrimas acabó con él que le dejase oír teología.

2. Ya que estaba graduado de maestro, trató de entrar en la Compañía de Jesús, y ellos le tenían recibido, y por cierta ocasión dijeron que se esperase unos días.

Díceme él a mí que todo el regalo que tenía le daba tormento, pareciéndole que no era aquel buen camino para el cielo. Siempre tenía horas de oración, y su recogimiento y honestidad en gran extremo.

3. En este tiempo entróse un gran amigo suyo por fraile de nuestra Orden en el monasterio de Pastrana, llamado fray Juan de Jesús, también maestro. No sé si por esta ocasión de una carta que le escribió de la grandeza y antigüedad de nuestra Orden, o que fue el principio, que le daba tan gran gusto leer todas las cosas de ella y probarlo con grandes autores, que dice que muchas veces tenía escrúpulo de dejar de estudiar otras cosas, por no poder salir de éstas, y las horas que tenía recreación era ocuparse en esto. ¡Oh, sabiduría de Dios y poder, cómo no podemos nosotros huir de lo que es su voluntad! Bien veía Nuestro Señor la gran necesidad que había en esta obra que Su Majestad había comenzado de persona semejante. Yo le alabo muchas veces por la merced que en esto nos hizo; que si yo mucho quisiera pedir a Su Majestad una persona para que pusiera en orden todas las cosas de la Orden en estos principios, no acertara a pedir tanto como Su Majestad en esto nos dio. Sea bendito por siempre.

4. Pues teniendo él bien apartado de su pensamiento tomar este hábito, rogáronle que fuese a tratar a Pastrana con la priora del monasterio de nuestra Orden —que aún no era quitado de allí— para que recibiese una monja. ¡Qué medios toma la Divina Majestad!, que para determinarse a ir de allí a tomar el hábito tuviera por ventura tantas personas que se lo contradijeran, que nunca lo hiciera. Mas la Virgen Nuestra Señora, cuyo devoto es en gran extremo, le quiso pagar con darle su hábito, y así pienso que fue la medianera para que Dios le hiciese esta merced; y aun la causa de tomarle él y haberse aficionado tanto a la Orden era esta gloriosa Virgen: no quiso

que a quien tanto la deseaba servir le faltase ocasión para ponerlo por obra; porque es su costumbre favorecer a los que de ella se quieren amparar.

5. Estando muchacho en Madrid, iba muchas veces a una imagen de Nuestra Señora que él tenía gran devoción —no me acuerdo adónde era—, llamábala su enamorada, y era muy ordinario lo que la visitaba. Ella le debía alcanzar de su Hijo la limpieza con que siempre ha vivido. Dice que algunas veces le parecía que tenía hinchados los ojos de llorar por las muchas ofensas que se hacían a su Hijo. De aquí le nacía un ímpetu grande y deseo del remedio de las almas, y un sentimiento, cuando veía ofensas de Dios, muy grande. A este deseo del bien de las almas tiene tan gran inclinación, que cualquier trabajo se le hace pequeño si piensa hacer con él algún fruto. Esto he visto ya por experiencia en hartos que ha pasado.

6. Pues llevándole la Virgen a Pastrana, como engañado, pensando él que iba a procurar el hábito de la monja, y llevábale Dios para dársele a él. ¡Oh secretos de Dios! Y cómo, sin que lo queramos, nos va disponiendo para hacernos mercedes y para pagar a esta alma las buenas obras que había hecho, y el buen ejemplo que siempre había dado, y lo mucho que deseaba servir a su gloriosa Madre; que siempre debe Su Majestad de pagar esto con grandes premios.

7. Pues, llegado a Pastrana, fue a hablar a la priora, para que tomase aquella monja, y parece que la habló para que procurase con Nuestro Señor que entrase él. Como ella le vio, que es agradable su trato, de manera que por la mayor parte los que le tratan le aman —es gracia que da Nuestro Señor; y así de todos sus súbditos y súbditas es en extremo amado; porque, aunque no perdona ninguna falta —que en esto tiene extremo en mirar el aumento de la religión—, es con una suavidad tan agradable, que parece no se le ha de poder quejar ninguno de él—, pues

acaeciéndole a esta priora lo que a los demás, diole grandísima gana de que entrase en la Orden, y díjolo a las hermanas, que mirasen lo que les importaba, porque entonces había muy pocos, y que todas pidiesen a Nuestro Señor que no le dejase ir, sino que tomase el hábito.

8. Es esta priora grandísima sierva de Dios, que aún su oración sola pienso sería oída de Su Majestad, cuánto más las de almas tan buenas como allí estaban. Todas lo tomaron muy a su cargo y con ayunos, disciplinas y oraciones lo pedían continuo a Su Majestad, y así fue servido de hacernos esta merced. Que como el padre Gracián fue al monasterio de los frailes y vio tanta religión y aparejo para servir a Nuestro Señor, y, sobre todo, ser Orden de su gloriosa Madre, que él tanto deseaba servir, comenzó a moverse su corazón para no tornar al mundo. Aunque el demonio le ponía hartas dificultades, en especial de la pena que había de ser para sus padres, que le amaban mucho y tenían gran confianza había de ayudar a remediar sus hijos, que tenían hartas hijas e hijos, él, dejando este cuidado a Dios, por quien lo dejaba todo, se determinó a ser súbdito de la Virgen y tomar su hábito. Y así se le dieron con gran alegría de todos, en especial de las monjas y priora, que daban grandes alabanzas a Nuestro Señor, pareciéndole que las había hecho Su Majestad esta merced por sus oraciones.

9. Estuvo el año de probación con la humildad que uno de los más pequeños novicios. En especial se probó su virtud en un tiempo, que, faltando de allí el prior, quedó por mayor un fraile harto mozo y sin letras y de poquísimo talento ni prudencia para gobernar, experiencia no la tenía, porque había poco que había entrado. Era cosa excesiva de la manera que los llevaba y las mortificaciones que les hacía hacer; que cada vez me espanto cómo lo podían sufrir, en especial semejantes personas, que era menester el espíritu que

le daba Dios para sufrirlo. Y hase bien visto después que tenía mucha melancolía, y en ninguna parte, aun por súbdito hay trabajo con él, cuánto más para gobernar; porque le sujeta mucho el humor —que él buen religioso es—, y Dios permite algunas veces que se haga este yerro de poner personas semejantes, para perfeccionar la virtud de la obediencia en los que ama[1].

10. Así debió ser aquí, que en mérito de esto ha dado Dios al padre fray Jerónimo de la Madre de Dios grandísima luz en las cosas de obediencia para enseñar a sus súbditos, como quien tan buen principio tuvo en ejercitarse en ella. Y para que no le faltase experiencia en todo lo que hemos menester, tuvo tres meses antes de la profesión grandísimas tentaciones. Mas él, como buen capitán que había de ser de los hijos de la Virgen, se defendía bien de ellas; que cuando el demonio más le apretaba para que dejase el hábito, con prometer de no le dejar y prometer los votos, se defendía. Diome cierta obra que escribió con aquellas grandes tentaciones, que me puso harta devoción, y se ve bien la fortaleza que le daba el Señor.

11. Parecerá cosa impertinente haberme comunicado él tantas particularidades de su alma. Quizá lo quiso el Señor para que yo lo pusiese aquí, porque sea Él alabado en sus criaturas; que sé yo que con confesor ni con ninguna persona se ha declarado tanto.

---

[1] Entre líneas alude aquí la Fundadora a la doble corriente en que, en sus últimos años de vida, se escindió internamente la Orden: los rigoristas, de los que es tipo el citado Prior, padre Ángel de San Gabriel, que entendían el eremitismo en la línea de realización detallada de los antiguos ermitaños —cuevas, muchas disciplinas, etcétera—, y los humanistas, tipificados en Gracián. Sobre este punto puede leerse con provecho el excelente estudio de Ildefonso Moriones, *Ana de Jesús y la Reforma Teresiana*, Ediciones del Teresianum, Roma.

Algunas veces había ocasión, con parecerle que con los muchos años y lo que oía de mí, tendría yo alguna experiencia. A vueltas de otras cosas que hablábamos, decíame ésta y otras que no son para escribir, que harto más me alargara.

12. Ídome he, cierto, mucho a la mano, porque, si viniese algún tiempo a las suyas, no le dar pena. No he podido más, ni me ha parecido —pues esto, si se hubiese de ver, será a muy largos tiempos—, que se deje de hacer memoria de quien tanto bien ha hecho a esta renovación de la Regla Primera. Porque, aunque no fue él el primero que la comenzó, vino a tiempo, que algunas veces me pesara de que se había comenzado, si no tuviera tan gran confianza de la misericordia de Dios. Digo las casas de los frailes; que las de las monjas, por su bondad, siempre hasta ahora han ido bien. Y las de los frailes no iban mal, mas llevaba principio de caer muy presto; porque, como no tenían provincia por sí, eran gobernados por los Calzados. A los que pudieran gobernar, que era el padre fray Antonio de Jesús, el que lo comenzó, no le daban esa mano; ni tampoco tenían Constituciones dadas por nuestro reverendísimo padre General. En cada casa hacían como les parecía. Hasta que vinieran, o se gobernaran ellos mismos, hubiera harto trabajo, porque a unos les parecía uno y a otros otro. Harto fatigada me tenían algunas veces.

13. Remediólo Nuestro Señor por el padre maestro fray Jerónimo de la Madre de Dios, porque le hicieron Comisario Apostólico, y le dieron autoridad y gobierno sobre los Descalzos y Descalzas. Hizo Constituciones para los frailes —que nosotras ya las teníamos de nuestro reverendísimo padre General, y así no las hizo para nosotras, sino para ellos—, con el poder apostólico que tenía y con las buenas partes que le ha dado el Señor, como tengo dicho. La primera vez que los visitó, lo puso todo en tanta razón y concierto, que se

parecía bien ser ayudado de la divina Majestad, y que Nuestra Señora le había escogido para remedio de su Orden, a quien suplico yo mucho acabe con su Hijo siempre le favorezca y dé gracia para ir muy adelante en su servicio. Amén.

CAPÍTULO 24

Prosigue en la fundación de San José del Carmen en la ciudad de Sevilla

1. Cuando he dicho que el padre maestro fray Jerónimo Gracián me fue a ver a Beas, jamás nos habíamos visto, aunque yo lo deseaba harto; escrito, sí, algunas veces. Holguéme en extremo cuando supe que estaba allí, porque lo deseaba mucho por las buenas nuevas que de él me habían dado. Mas muy mucho más me alegré cuando le comencé a tratar; porque, según me contentó, no me parecía le habían conocido los que me le habían loado.

2. Y como yo estaba con tanta fatiga, en viéndole, parece que me representó el Señor el bien que por él nos había de venir; y así andaba aquellos días con tan excesivo consuelo y contento, que es verdad que yo misma me espantaba de mí. Entonces aún no tenía comisión más que para el Andalucía; que, estando en Beas, le envió a mandar el Nuncio que le viese, y entonces se la dio para Descalzos y Descalzas de la provincia de Castilla. Era tanto el gozo que tenía mi espíritu, que no me hartaba de dar gracias a Nuestro Señor aquellos días, ni quisiera hacer otra cosa.

3. En este tiempo trajeron la licencia para fundar en Caravaca, diferente de lo que era menester para

mi propósito, y así fue menester que tornasen a enviar a la Corte, porque yo escribí a las fundadoras, que en ninguna manera se fundaría si no se pedía cierta particularidad que faltaba, y así fue menester tornar a la Corte. A mí se me hacía mucho esperar allí tanto, y queríame tornar a Castilla; mas, como estaba allí el padre fray Jerónimo, a quien estaba sujeto aquel monasterio por ser Comisario de toda la provincia de Castilla, no podía hacer nada sin su voluntad, y así lo comuniqué con él.

4. Parecióle que, ida una vez, se quedaba la fundación de Caravaca; y también, que sería gran servicio de Dios fundar en Sevilla, que le pareció muy fácil, porque se lo habían pedido algunas personas que podían y tenían muy bien para dar luego casa; y el arzobispo de Sevilla favorecía tanto a la Orden, que tuvo creído se le haría gran servicio. Y así se concertó que la priora y monjas que llevaba para Caravaca, fuese para Sevilla. Yo, aunque siempre había rehusado mucho hacer monasterio de estos en Andalucía por algunas causas, que cuando fui a Beas, si entendiera que era provincia de Andalucía, en ninguna manera fuera —y fue el engaño, que la tierra aún no es del Andalucía de creo cuatro o cinco leguas adelante comienza, mas la provincia, sí—, como vi ser aquella la determinación del prelado, luego me rendí —que esta merced me hace Nuestro Señor: de parecerme que en todo aciertan—, aunque yo estaba determinada a otra fundación, y aún tenía algunas causas que tenía, bien graves, para no ir a Sevilla.

5. Luego se comenzó a aparejar para el camino, porque la calor entraba mucha, y el Padre Comisario Apostólico, Gracián, se fue al llamado del Nuncio; y nosotras a Sevilla, con mis buenos compañeros, el padre Julián de Ávila y Antonio Gaitán y un fraile Descalzo. Íbamos en carros, muy cubiertas, que siempre era esta nuestra manera de caminar; y, entradas en la posada, tomábamos un aposento bueno o malo, como

le había, y a la puerta tomaba una hermana lo que habíamos menester, que aun los que iban con nosotras no entraban allá.

6. Por prisa que nos dimos, llegamos a Sevilla el jueves antes de la Santísima Trinidad, habiendo pasado grandísimo calor en el camino; porque, aunque no se caminaba las siestas, yo os digo, hermanas, que como había dado todo el sol a los carros, que era entrar en ellos como en un purgatorio. Unas veces con pensar en el infierno, otras pareciendo se hacía algo y padecía por Dios, iban aquellas hermanas con gran contento y alegría. Porque seis que iban conmigo, eran tales almas, que me parece me atreviera a ir con ellas a tierra de turcos, y que tuvieran fortaleza, o, por mejor decir, se la diera Nuestro Señor para padecer por Él, porque estos eran sus deseos y pláticas, muy ejercitadas en oración y mortificación; que, como habían de quedar tan lejos, procuré que fuesen de las que me parecían más a propósito. Y todo fue menester, según se pasó de trabajos; que algunos, y los mayores, no los diré, porque podrían tocar en alguna persona.

7. Un día antes de Pascua de Espíritu Santo les dio Dios un trabajo harto grande, que fue darme a mí una muy recia calentura. Yo creo que sus clamores a Dios fueron bastantes para que no fuese adelante el mal, que jamás de tal manera en mi vida me ha dado calentura que no pase muy más adelante. Fue de tal suerte, que parecía tenía modorra, según iba enajenada. Ellas a echarme agua en el rostro, tan caliente del sol, que daba poco refrigerio.

8. No os dejaré de decir la mala posada que hubo para esta necesidad. Fue darnos una camarilla a teja vana; ella no tenía ventana, y si se abría la puerta, toda se henchía de sol —habéis de mirar, que no es como el de Castilla por allá, sino muy más importuno—. Hiciéronme echar en una cama, que yo tuviera por mejor echarme en el suelo, porque era de unas partes tan alta y de otras tan baja, que no sabía cómo

poder estar, porque parecía de piedras agudas. ¡Qué cosa es la enfermedad, que con salud todo es fácil de sufrir! En fin, tuve por mejor levantarme y que nos fuésemos, que mejor me parecía sufrir el sol del campo, que no de aquella camarilla.

9. ¡Qué será de los pobres que están en el infierno, que no se han de mudar para siempre!, que, aunque sea de trabajo a trabajo, parece es algún alivio. A mí me ha acaecido tener un dolor en una parte muy recio, y aunque me diese en otra otro tan penoso, me parece era alivio mudarse; así fue aquí. A mí ninguna pena, que me acuerde, me daba verme mala; las hermanas lo padecían harto más que yo. Fue el Señor servido, que no duró más de aquel día lo muy recio.

10. Poco antes, no sé si dos días, nos acaeció otra cosa que nos puso en un poco de aprieto, pasando por un barco a Guadalqueví: que al tiempo de pasar los carros, no era posible por donde estaba la maroma, sino que habían de torcer el río, aunque algo ayudaba la maroma, torciéndola también. Mas acertó a que la dejasen los que la tenían, o no sé cómo fue, que la barca iba sin maroma ni remos con el carro. El barquero me hacía mucha más lástima verle tan fatigado, que no el peligro. Nosotras a rezar. Todos voces grandes.

11. Había un caballero mirándonos en un castillo que estaba cerca, y, movido de lástima, envió quien ayudase, que aun entonces no estaba sin maroma, y tenían de ella nuestros hermanos poniendo todas sus fuerzas. Mas la fuerza del agua los llevaba a todos, de manera que daba con alguno en el suelo. Por cierto, que me puso gran devoción un hijo del barquero, que nunca se me olvida —paréceme debía haber como diez u once años—, que lo que aquel trabajaba de ver a su padre con pena me hacía alabar a Nuestro Señor. Mas, como Su Majestad da siempre los trabajos con piedad, así fue aquí; que acertó a detenerse la barca en un arenal, y estaba hacia una parte el agua poca,

y así pudo haber remedio. Tuviéramosle malo de saber salir al camino, por ser ya noche, si no nos guiaran quien vino del castillo. No pensé tratar de estas cosas, que son de poca importancia, que hubiera dicho hartas de malos sucesos de caminos; he sido importunada para alargarme más en éste.

12. Harto mayor trabajo fue para mí que los dichos, lo que nos acaeció el postrer día de Pascua de Espíritu Santo. Dímonos mucha prisa por llegar de mañana a Córdoba para oír misa sin que nos viese nadie. Guiabannos a una iglesia que está pasada la puente, por más soledad. Ya que íbamos a pasar, no había licencia para pasar por allí carros, que la ha de dar el Corregidor. De aquí a que se trajo pasaron más de dos horas, por no estar levantados, y mucha gente que se llegaba a procurar saber quién iba allí. De esto no se nos daba mucho, porque no podían, que iban muy cubiertos. Cuando ya vino la licencia, no cabían los carros por la puerta de la puente; fue menester aserrarlos, o no sé qué, en que se pasó otro rato. En fin, cuando llegamos a la iglesia, que había de decir misa el padre Julián de Ávila, estaba llena de gente, porque era la vocación del Espíritu Santo —lo que no habíamos sabido—, y había gran fiesta y sermón.

13. Cuando yo esto vi, diome mucha pena, y, a mi parecer, era mejor irnos sin oír misa, que entrar entre tanta baraúnda. Al padre Julián de Ávila no le pareció; y, como era teólogo, hubimonos todas de llegar a su parecer. Apeámonos cerca de la iglesia, que, aunque no nos podía ver nadie los rostros, porque siempre llevábamos delante de ellos velos grandes, bastaba vernos con ellos y capas blancas de sayal, como traemos, y alpargatas, para alterar a todos. Y así lo fue. Aquel sobresalto me debía quitar la calentura del todo, que cierto lo fue grande para mí y para todos.

14. Al principio de entrar por la iglesia, se llegó a mí un hombre de bien a apartar la gente. Yo le

rogué mucho nos llevase a alguna capilla. Hízolo así y cerróla, y no nos dejó hasta tornarnos a sacar de la iglesia. Después de pocos días vino a Sevilla, y dijo a un padre de nuestra Orden que por aquella buena obra que había hecho pensaba que había Dios héchole merced; que le había proveído de una gran hacienda, o dado, de que él estaba descuidado. Yo os digo, hijas, que aunque esto no os parecerá quizá nada, que fue para mí uno de los malos ratos que he pasado; porque el alboroto de la gente era como si entraran toros. Así no vi la hora que salir de allí de aquel lugar. Aunque no le había para pasar la siesta cerca, tuvímosla debajo de una puente.

15. Llegadas a Sevilla a una casa que nos tenía alquilada el padre fray Mariano, que estaba avisado de ello, yo pensé que estaba todo hecho; porque, como digo, era mucho lo que favorecía el arzobispo a los Descalzos, y habíame escrito algunas veces a mí, mostrándome mucho amor. No bastó para dejarme de dar harto trabajo, porque lo quería Dios así. Él es muy enemigo de monasterios de monjas con pobreza, y tiene razón. Fue el daño, o, por mejor decir, el provecho para que se hiciese aquella obra. Porque si antes que yo estuviera en el camino se lo dijeran, tengo por cierto no viniera en ello. Mas, teniendo por certísimo el padre Comisario y el padre Mariano —que también fue mi ida de grandísimo contento para él—, que le hacían grandísimo servicio en mi ida, no se lo dijeron antes, y, como digo, pudiera ser mucho yerro, pensando que acertaban. Porque en los demás monasterios, lo primero que yo procuraba era la licencia del Ordinario, como manda el Santo Concilio. Acá no sólo la teníamos por dada, sino, como digo, porque se le hacía gran servicio —como a la verdad era, y así lo entendió después—, sino que ninguna fundación ha querido el Señor que se haga sin mucho trabajo mío, unos de una manera, otros de otra.

16. Pues, llegadas a la casa, que, como digo, nos

tenían de alquiler, yo pensé luego tomar la posesión, como lo solía hacer, para que dijésemos oficio divino. Y comenzóme a poner dilaciones el padre Mariano, que era el que estaba allí, que, por no me dar pena, no me lo quería decir del todo. Mas, no siendo razones bastantes, yo entendí en qué estaba la dificultad: que era en no dar licencia; y así me dijo que tuviese por bien que fuese el monasterio de renta, u otra cosa así, que no me acuerdo. En fin, me dijo que no gustaba de hacer monasterios de monjas por su licencia, ni desde que era arzobispo jamás la había dado para ninguno —que lo había sido hartos años allí y en Córdoba, y es harto siervo de Dios—, en especial de pobreza; que no la daría.

17. Esto era decir que no se hiciese el monasterio. Lo uno, ser en la ciudad de Sevilla, a mí se me hiciera muy de mal, aunque lo pudiera hacer; porque en las partes que he fundado con renta, es en lugares pequeños, que, o no se ha de hacer, o ha de ser así, porque no hay cómo se pueda sustentar. Lo otro, porque sola una blanca nos había sobrado del gasto del camino, sin traer cosa ninguna con nosotras, sino lo que traíamos vestido y alguna túnica y toca, y lo que venía para venir cubiertos y bien en los carros, que para haberse de tornar los que venían con nosotras se hubo de buscar prestado; un amigo que tenía allí Antonio Gaitán le prestó de ello. Y para acomodar la casa el padre Mariano lo buscó; ni casa propia había. Así que era cosa imposible.

18. Con mucha importunidad debía ser del padre dicho, nos dejó decir misa para el día de la Santísima Trinidad, que fue la primera, y envió a decir que ni se tañese campana, ni se pusiese, decía; sino que estaba ya puesta. Y así estuve más de quince días, que yo sé de mi determinación, que si no fuera por el padre Comisario y el padre Mariano, que yo me tornara con mis monjas, con harta poca pesadumbre, a Beas, para la fundación de Caravaca. Harta más tuve

aquellos días, que como tengo mala memoria no me acuerdo, mas creo fue más de un mes; porque ya sufriese peor la ida que luego luego, por publicarse ya el monasterio. Nunca me dejó el padre Mariano escribirle, sino poco a poco le iba ablandando, y con cartas de Madrid del padre Comisario.

19. A mí una cosa me sosegaba para no tener mucho escrúpulo, y era haberse dicho misa con su licencia; y siempre decíamos en coro el oficio divino. No dejaba de enviarme a visitar y a decir me vería presto, y un criado suyo envió a que dijese la primera misa; por donde veía yo claro, que no parecía servía de más aquello que de tenerme con pena. Aunque la causa de tenerla yo no era por mí ni por mis monjas, sino por la que tenía el padre Comisario; que, como él me había mandado ir, estaba con mucha pena, y diérasela grandísima si hubiera algún desmán, y tenía hartas causas para ello.

20. En este tiempo vinieron también los padres Calzados a saber por dónde se había fundado. Yo les mostré las patentes que tenía de nuestro reverendísimo padre General. Ya con esto sosegaron, que si supieran lo que hacía el arzobispo, no creo bastara. Mas esto no se entendía, sino todos creían que era muy a su gusto y contento.

Ya fue Dios servido, que nos fue a ver. Yo le dije el agravio que nos hacía. En fin, me dijo que fuese lo que quisiese y como lo quisiese. Y desde ahí delante siempre nos hacía merced en todo lo que se nos ofrecía y favor.

CAPÍTULO 25

Prosíguese en la fundación del glorioso San José de Sevilla, y lo que se pasó en tener casa propia

1. Nadie pudiera juzgar que en una ciudad tan caudalosa como Sevilla y de gente tan rica había de haber menos aparejo de fundar que en todas las partes que había estado. Húbole tan menos, que pensé algunas veces que no nos estaba bien tener monasterio en aquel lugar. No sé si la misma clima de la tierra, que he oído siempre decir los demonios tienen más mano allí para tentar, que se la debe dar Dios; y en ésta me apretaron a mi, que nunca me vi más pusilánime y cobarde en mi vida que allí me hallé. Yo, cierto, a mí misma no me conocía, bien que la confianza que suelo tener en Nuestro Señor no se me quitaba; mas el natural estaba tan diferente del que yo suelo tener después que ando en estas cosas, que entendía apartaba en parte el Señor su mano para que él se quedase en su ser, y viese yo que si había tenido ánimo no era mío.

2. Pues habiendo estado allí desde este tiempo que digo hasta poco antes de cuaresma, que ni había memoria de comprar casa ni con qué, ni tampoco quien nos fiase como en otras partes —que las que mucho habían dicho al padre visitador apostólico que entrarían, y rogádole llevase allí monjas, después les debía

parecer mucho el rigor, y que no lo podían llevar; sólo una, que diré adelante, entró—, ya era tiempo de mandarme a mí venir del Andalucía, porque se ofrecían otros negocios por acá. A mí dábame grandísima pena dejar las monjas sin casa, aunque bien veía que yo no hacía nada allí; porque la merced que Dios me hace por acá, de haber quien ayude a estas obras, allí no la tenía.

3. Fue Dios servido que viniese entonces de las Indias un hermano mío que había más de treinta y cuatro años que estaba allá, llamado Lorencio de Cepeda, que aún tomaba peor que yo en que las monjas quedasen sin casa propia. Él nos ayudó mucho, en especial en procurar que se tomase en la que ahora están. Yo ya entonces ponía mucho con Nuestro Señor, suplicándole que no me fuese sin dejarlas casa, y hacía a las hermanas se lo pidiesen, y al glorioso San José, y hacíamos muchas procesiones y oración a Nuestra Señora. Y con esto y con ver a mi hermano determinado a ayudarnos, comencé a tratar de comprar algunas casas. Ya que parecía se iba a concertar, todo se deshacía.

4. Estando un día en oración pidiendo a Dios, pues eran sus esposas y le tenían tanto deseo de contentar, les diese casa, me dijo: «Ya os he dicho; déjame a mí.» Yo quedé muy contenta, pareciéndome la tenía ya. Y así fue; y librónos Su Majestad de comprar una que contentaba a todos por estar en buen puesto, y era tan vieja y malo lo que tenía, que se compraba sólo el sitio en poco menos que la que ahora tienen. Y estando ya concertada, que no faltaba sino hacer las escrituras, yo no estaba nada contenta. Parecíame que no venía esto con la postrera palabra que había entendido en la oración, porque era aquella palabra, a lo que me pareció, señal de darnos buena casa. Y así fue servido que el mismo que la vendía, con ganar mucho en ello, puso inconveniente para hacer las escrituras cuando había quedado. Y pudimos, sin hacer

ninguna falta, salirnos del concierto. Que fue harta merced de Nuestro Señor, porque en toda la vida de las que estaban se acabara de labrar la casa, y tuvieran harto trabajo y poco con qué.

5. Mucha parte fue un siervo de Dios, que casi desde luego que fuimos allí, como supo que no teníamos misa, cada día nos la iba a decir, con tener harto lejos su casa y hacer grandísimos soles. Llamábase Garciálvarez, persona muy de bien y tenida en la ciudad por sus buenas obras —que siempre no entiende en otra cosa—, y, a tener mucho, no nos faltara nada. Él, como sabía bien la casa, parecíale gran desatino dar tanto por ella, y así cada día nos lo decía, y procuró no se hablase en ella más, y fueron él y mi hermano a ver en la que ahora están. Vinieron tan aficionados y con razón —y Nuestro Señor que lo quería—, que en dos o tres días se hicieron las escrituras.

6. No se pasó poco en pasarnos a ella, porque quien la tenía no la quería dejar, y los frailes Franciscos, como estaban junto, vinieron luego a requerirnos que en ninguna manera nos pasásemos a ella; que, a no estar hechas con tanta firmeza las escrituras, alabara yo a Dios que se pudieran hacer. Porque nos vimos a peligro de pagar seis mil ducados que costaba la casa sin poder entrar en ella. Esto no quisiera la priora, sino que alababa a Dios de que no se pudiese deshacer, que le daba Su Majestad mucha más fe y ánimo que a mí en lo que tocaba a aquella casa; y en todo le debe tener, que es harto mejor que yo.

7. Estuvimos más de un mes con esta pena. Ya fue Dios servido que nos pasamos la priora y yo y otras dos monjas una noche, porque no lo entendiesen los frailes, hasta tomar la posesión, con harto miedo. Decían los que iban con nosotras, que cuantas sombras veían les parecían frailes. En amaneciendo, dijo el buen Garciálvarez, que iba con nosotras, la primera misa en ella, y así quedamos sin temor.

8. ¡Oh, Jesús, qué de ellos he pasado al tomar de las posesiones! Considero yo: si yendo a no hacer mal, sino en servicio de Dios, se siente este miedo, ¿qué será de las personas que no le van a hacer, siendo contra Dios y contra el prójimo? No sé qué ganancia pueden tener, ni qué gusto pueden buscar con tal contrapeso.

9. Mi hermano aún no estaba allí, que estaba retraído por cierto yerro que se hizo en la escritura —como fue tan aprisa y era en mucho daño del monasterio— y, como era fiador, queríanle prender. Y como era extranjero, diéranos harto trabajo; y aun así nos le dio, que, hasta que dio hacienda en que tomaron seguridad, hubo trabajo. Después se negoció bien, aunque no faltó algún tiempo de pleito, porque hubiese más trabajo. Estábamos encerradas en unos cuartos bajos, y él estaba allí todo el día con los oficiales, y nos daba de comer, y aun harto tiempo antes; porque aún —como no se entendía de todos ser monasterio, por estar en una casa particular—, había poca limosna, sino era de un santo viejo, prior de las Cuevas, que es de los Cartujos, grandísimo siervo de Dios. Era de Ávila, de los Pantojas. Púsole Dios tan grande amor con nosotras, que desde que fuimos y creo le durará hasta que se le acabe la vida el hacernos bien de todas maneras. Porque es razón, hermanas, que encomendéis a Dios a quien tan bien nos ha ayudado, si leyérades esto, sean vivos o muertos, lo pongo aquí. A este santo debemos mucho.

10. Estúvose más de un mes, a lo que creo —que en esto de los días tengo mala memoria, y así podría errar; siempre entended poco más o menos, pues en ello no va nada—. Este mes trabajó mi hermano harto en hacer la iglesia de algunas piezas y acomodarlo todo, que no teníamos nosotras que hacer.

11. Después de acabado, yo quisiera no hacer ruido en poner el Santísimo Sacramento, porque soy muy enemiga de dar pesadumbre en lo que se puede ex-

cusar, y así lo dije al padre Garciálvarez; y él lo trató con el padre prior de las Cuevas —que si fueran cosas propias suyas, no lo miraran más que las nuestras—, y parecióle que para que fuese conocido el monasterio en Sevilla, no se sufría sino ponerse con solemnidad, y fuéronse al arzobispo. Entre todos concertaron que se trajese de una parroquia el Santísimo Sacramento con mucha solemnidad, y mandó el arzobispo se juntasen los clérigos y algunas cofradías, y se aderezasen las calles.

12. El buen Garciálvarez aderezó nuestra claustra, que, como he dicho, servía entonces de calle, y la iglesia extremadísimamente y con muy buenos altares e invenciones; ente ellas tenía una fuente, que el agua era de azahar, sin procurarlo nosotras, ni aun quererlo, aunque después mucha devoción nos hizo. Y nos consolamos ordenarse nuestra fiesta con tanta solemnidad, y las calles tan aderezadas y con tanta música y ministriles, que me dijo el santo prior de las Cuevas que nunca tal había visto en Sevilla; que conocidamente se vio ser obra de Dios. Fue él en la procesión, que no lo acostumbraba. El arzobispo puso el Santísimo Sacramento. Veis aquí, hijas, las pobres Descalzas honradas de todos, que no parecía, aquel tiempo antes, que había de haber agua para ellas, aunque hay harto en aquel río. La gente que vino fue cosa excesiva.

13. Acaeció una cosa de notar, a dicho de todos los que la vieron. Como hubo tantos tiros de artillería y cohetes, después de acabada la procesión —que era casi noche—, antojóseles de tirar más; y no sé cómo se prende un poco de pólvora, que tienen a gran maravilla no matar al que lo tenía. Subió gran llama hasta lo alto de la claustra, que tenían los arcos cubiertos con unos tafetanes, que pensaron se habían hecho polvo, y no les hizo daño poco ni mucho, con ser amarillos y de carmesí. Y lo que digo es cosa de espantar: es que la piedra que estaba en los arcos, debajo del tafetán, quedó negra del humo y el tafetán,

que estaba encima, sin ninguna cosa más que si no hubiera llegado allí el fuego.

14. Todos se espantaron cuando lo vieron. Las monjas alabaron al Señor por no tener que pagar otros tafetanes. El demonio debía estar tan enojado de la solemnidad que se había hecho, y ver ya otra casa de Dios, que se quiso vengar en algo y Su Majestad no le dio lugar. Sea bendito por siempre jamás. Amén.

CAPÍTULO 26

Prosigue en la misma fundación del monasterio de San José de la ciudad de Sevilla. Trata algunas cosas de la primera monja que entró en él, que son harto de notar

1. Bien podéis considerar, hijas mías, el consuelo que teníamos aquel día. De mí os sé decir que fue muy grande. En especial, me le dio ver que dejaba a las hermanas en casa tan buena y en buen puesto, y conocido el monasterio, y en casa monjas que tenían para pagar la mas parte de la casa; de manera que, con las que faltaban del número, por poco que trajesen, podían quedar sin deuda. Y, sobre todo, me dio alegría haber gozado de los trabajos, y cuando había de tener algún descanso, me iba, porque esta fiesta fue el domingo antes de Pascua del Espíritu Santo, año de 1576, y luego, el lunes siguiente, me partí yo porque la calor entraba grande y por si pudiese ser no caminar la Pascua y tenerla en Malagón, que bien quisiera poderme detener algún día, y por esto me había dado harta prisa.

2. No fue el Señor servido que siquiera oyese un día misa en la iglesia. Harto se les aguó el contento a las monjas con mi partida, que sintieron mucho, como habíamos estado aquel año juntas y pasado tantos trabajos —que, como he dicho, los más graves no

pongo aquí, que, a lo que me parece, dejada la primera fundación de Ávila, que aquí no hay comparación, ninguna me ha costado tanto como ésta, por ser trabajos, los más interiores–. Plega a la Divina Majestad que sea siempre servido en ella, que, con esto, es todo poco, como yo espero que será. Que comenzó Su Majestad a traer buenas almas a aquella casa, que las que quedaron de las que llevé conmigo, que fueron cinco, ya os he dicho cuán buenas eran algo de lo que se puede decir, que lo menos es. De la primera que aquí entró quiero tratar, por ser cosa que os dará gusto.

3. Es una doncella, hija de padres muy cristianos, montañés el padre. Ésta, siendo de muy pequeña edad, como de siete años, pidióla a su madre una tía suya para tenerla consigo, que no tenía hijos. Llevada a su casa, como la debía regalar y mostrar el amor que era razón, ellas debían tener esperanza que les había de dar su hacienda antes que la niña fuese a su casa; y estaba claro, que, tomándola amor, lo había de querer más para ella. Acordaron quitar aquella ocasión con un hecho del demonio, que fue levantar a la niña que quería matar a su tía y que para esto había dado a la una no sé qué maravedís que la trajese de solimán [1].

4. Dicho a la tía, como todas tres decían una cosa, luego las creyó, y la madre de la niña también, que es una mujer harto virtuosa. Toma la niña y llévala a su casa, pareciéndole se criaba en ella una muy mala mujer. Díceme la Beatriz de la Madre de Dios, que así se llama, que pasó más de un año, que cada día la azotaba y atormentaba y hacíala dormir en el suelo, porque le había de decir tan gran mal. Como la muchacha decía que no lo había hecho ni sabía qué cosa era solimán, parecíales muy peor, viendo que tenía ánimo para encubrirlo, pareciéndole nunca se había de

[1] Veneno.

enmendar. Harto fue no se lo levantar la muchacha para librarse de tanto tormento. Mas Dios la tuvo, como era inocente, para decir siempre verdad. Y como Su Majestad torna por los que están sin culpa, dio tan gran mal a las dos de aquellas mujeres, que parecía tenían rabia, y, viéndose a punto de muerte, se desdijeron. Y la otra hizo otro tanto, que murió de parto. En fin, todas tres murieron con tormento, en pago del que habían hecho pasar a aquella inocente.

5. Esto no lo sé de sola ella; que su madre fatigada, después que la vio monja, de los malos tratamientos que la había hecho, me lo contó con otras cosas: que fueron hartos sus martirios. Y no teniendo su madre más y siendo harto buena cristiana, permitía Dios que ella fuese el verdugo de su hija, queriéndola muy mucho. Es mujer de mucha verdad y cristiandad.

6. Habiendo la niña como poco más que doce años, leyendo en un libro que trata de la vida de Santa Ana, tomó gran devoción con los santos del Monte Carmelo; que dice allí que su madre de Santa Ana que iba a tratar con ellos muchas veces —creo se llama Merenciana—, y de aquí fue tanta la devoción que tomó con esta Orden de Nuestra Señora, que luego prometió ser monja de ella y castidad. Tenía muchos ratos de soledad, cuando ella podía, y oración. En ésta le hacía Dios grandes mercedes y Nuestra Señora, y muy particulares. Ella quisiera luego ser monja; no osaba por sus padres, ni tampoco sabía a dónde hallar esta Orden; que fue cosa para notar que, con haber en Sevilla monasterio de ella de la Regla mitigada, jamás vino a su noticia hasta que supo de estos monasterios, que fue después de muchos años.

7. Como ella llegó a la edad para poderla casar, concertaron sus padres con quién casarla, siendo harto muchacha. Mas, como no tenían más que aquélla, que aunque tuvo otros hermanos, muriéronse todos, y ésta, que era la menos querida, les quedó —que cuando le acaeció lo que he dicho, un hermano tenía que éste

tomaba por ella, diciendo no lo creyesen–, muy concertado ya el casamiento, pensando ella no hiciera otra cosa, cuando se lo vinieron a decir dijo el voto que tenía hecho de no se casar; que por ningún arte, aunque la matasen, no lo haría.

8. El demonio que los cegaba, o Dios que lo permitía para que ésta fuese mártir –que ellos pensaron que tenía hecho algún mal recaudo y por eso no se quería casar–, como ya habían dado la palabra, ver afrentado al otro, diéronla tantos azotes, hicieron en ella tantas justicias, hasta quererla colgar, que la ahogaban, que fue ventura no la matar. Dios que la quería para más, le dio la vida. Díceme ella a mí, que ya a la postre casi ninguna cosa sentía, porque se acordaba de lo que había padecido Santa Inés, que se lo trajo el Señor a la memoria, y que se holgaba de padecer algo por él y no hacía sino ofrecérselo. Pensaron que muriera, que tres meses estuvo en la cama que no se podía menear.

9. Parece cosa muy para notar, una doncella que no se quitaba de cabe su madre, con un padre harto recatado, según yo supe, cómo podían pensar de ella tanto mal. Porque siempre fue santa y honesta, y tan limosnera, que cuanto ella podía alcanzar era para dar limosna. A quien Nuestro Señor quiere hacer mercedes de que padezca, tiene muchos medios, aunque desde algunos años les fue descubriendo la virtud de su hija, de manera que cuanto quería dar limosna la daban, y las persecuciones se tornaron en regalo, aunque con la gana que ella tenía de ser monja, todo se le hacía trabajoso; y asi andaba harto desabrida y penada, según me contaba.

10. Acaeció trece o catorce años antes que el padre Gracián fuese a Sevilla –que no había memoria de Descalzos Carmelitas–, estando ella con su padre y con su madre y otras dos vecinas, entró un fraile de nuestra Orden vestido de sayal, como ahora andan, descalzo. Dicen que tenía un rostro fresco y venerable,

aunque tan viejo, que parecía la barba como hilos de plata y era larga; y púsose cabe ella, y comenzóla a hablar un poco en lengua que ni ella ni ninguno lo entendió. Y, acabado de hablar, santiguóla tres veces, diciéndole: «Beatriz, Dios te haga fuerte», y fuese. Todos no se meneaban mientras estuvo allí, sino como espantados. El padre la preguntó que quién era. Ella pensó que él le conocía. Levantáronse muy presto para buscarle, y no pareció más. Ella quedó muy consolada, y todos espantados, que vieron era cosa de Dios; y así ya la tenían en mucho, como está dicho. Pasaron todos estos años —que creo fueron catorce después de esto—, sirviendo ella siempre a Nuestro Señor, pidiéndole que cumpliese su deseo.

11. Estaba harto fatigada, cuando fue allá el padre maestro fray Jerónimo Gracián. Yendo un día a oír un sermón en una iglesia de Triana, adonde su padre vivía, sin saber ella quién predicaba, que era el padre maestro Gracián, viole salir a tomar la bendición. Como ella le vio el hábito y descalzo, luego se le representó el que ella había visto: que era así el hábito, aunque el rostro y edad era diferente, que no había el padre Gracián aún treinta años. Díceme ella que de grandísimo contento se quedó desmayada; que, aunque había oído que habían allí hecho monasterio en Triana, no entendía era de ellos. Desde aquel día fue luego a procurar confesarse con el padre Gracián, y aun esto quiso Dios que le costase mucho, que fue más, o al menos tantas, doce veces, que nunca la quiso confesar. Como era moza y de buen parecer —que no debía haber entonces veinte y siete años—, él apartábase de comunicar con personas semejantes, que es muy recatado.

12. Ya un día, estando ella llorando en la iglesia —que también era muy encogida—, díjole una mujer que qué había. Ella le dijo que había tanto que procuraba hablar a aquel padre y que no tenía remedio, que estaba a la sazón confesando. Ella llevóla allá y

rogóle que oyese a aquella doncella, y así se vino a confesar generalmente con él. Él, como vio alma tan rica, consolóse mucho y consolóla con decirla que podría ser fuesen monjas Descalzas, y que él haría que la tomasen luego. Y así fue, que lo primero que me mandó fue que fuese ella la primera que recibiese, porque él estaba satisfecho de su alma, y así se lo dijo a ella. Cuando íbamos, puso mucho en que no lo supiesen sus padres, porque no tuviera remedio de entrar. Y así el mismo día de la Santísima Trinidad deja unas mujeres que iban con ella —que para confesarse no iba su madre, que era lejos el monasterio de los Descalzos, adonde siempre se confesaba, y hacía mucha limosna, y sus padres por ella; tenía concertado con una muy sierva de Dios que la llevase—, y dice a las mujeres que iba con ella —que era muy conocida aquella mujer por sierva de Dios en Sevilla, que hace grandes obras—, que luego venía, y así la dejaron. Toma su hábito y manto de jerga, que yo no sé cómo se pudo menear, sino con el contento que llevaba todo se le hizo poco. Sólo temía si la habían de estorbar y conocer, como iba cargada, que era muy fuera de como ella andaba. ¡Qué hace el amor de Dios! Como ya ni tenía honra, ni se acordaba sino de que no impidiesen su deseo, luego la abrimos la puerta. Yo lo envié a decir a su madre. Ella vino como fuera de sí; mas dijo que ya veía la merced que hacía Dios a su hija, y aunque con fatiga lo pasó, no con extremos de no hablarla, como otras hacen, antes en su ser. Nos hacía grandes limosnas.

13. Comenzó a gozar de su contento tan deseado la esposa de Cristo, tan humilde y amiga de hacer cuanto había, que teníamos harto que hacer en quitarle la escoba. Estando en su casa tan regalada, todo su descanso era trabajar. Con el contento grande, fue mucho lo que luego engordó. Esto se le dio a sus padres de manera que se holgaban de verla allí.

14. Al tiempo que hubo de profesar, dos o tres

meses antes —porque no gozase tanto bien sin padecer—, tuvo grandísimas tentaciones; no porque ella se determinase a no la hacer; mas parecíale cosa muy recia. Olvidados todos los años que había padecido por el bien que tenía, la traía el demonio tan atormentada, que no se podía valer. Con todo, haciéndose grandísima fuerza, le venció de manera que en mitad de los tormentos concertó su profesión. Nuestro Señor, que no debía de aguardar a más de probar su fortaleza, tres días antes de la profesión la visitó y consoló muy particularmente e hizo huir al demonio. Quedó tan consolada, que parecía aquellos tres días que estaba fuera de sí de contenta; y con mucha razón, porque la merced había sido grande.

15. Dende a pocos días que entró en el monasterio, murió su padre, y su madre tomó el hábito en el mismo monasterio, y le dio todo lo que tenía en limosna; y está con grandísimo contento madre e hija, y edificación de todas las monjas, sirviendo a quien tan gran merced las hizo.

16. Aún no pasó un año, cuando se vino otra doncella, harto sin voluntad de sus padres. Y así va el Señor poblando esta su casa de almas tan deseosas de servirle, que ningún rigor se les pone delante ni encerramiento. Sea por siempre jamás bendito y alabado por siempre jamás, amén.

CAPÍTULO 27

En que trata de la fundación de la villa de Caravaca. Púsose el Santísimo Sacramento día de Año Nuevo del mismo año de 1576. Es la vocación del glorioso San José

1. Estando en San José de Ávila para partirme a la fundación que queda dicha de Beas, que no faltaba sino aderezar en lo que habíamos de ir, llega un mensajero propio, que le enviaba una señora de allí, llamada doña Catalina [...], porque se habían ido a su casa, desde un sermón que oyeron a un padre de la Compañía de Jesús, tres doncellas con determinación de no salir hasta que se fundase un monasterio en el mismo lugar. Debía ser cosa que tenían tratada con esta señora, que es la que les ayudó para la fundación. Eran de los más principales caballeros de aquella villa. La una tenía padre, llamado Rodrigo de Moya, muy gran siervo de Dios y de mucha prudencia. Entre todas tenían bien para pretender semejante obra. Tenían noticia de esta que ha hecho Nuestro Señor en fundar estos monasterios, que se la habían dado de la compañía de Jesús, que siempre han favorecido y ayudado a ella.

2. Yo, como vi el deseo y hervor de aquellas almas, y que de tan lejos iban a buscar la Orden de Nuestra Señora, hízome devoción y púsome deseo de ayudar a

su buen intento. Informada que era cerca de Beas, llevé más compañía de monjas de la que llevaba; porque, según las cartas, me pareció no se dejaría de concertar, con intento de, en acabando la fundación de Beas, ir allá. Mas, como el Señor tenía determinado otra cosa, aprovecharon poco mis trazas, como queda dicho en la fundación de Sevilla, que trajeron la licencia del Consejo de las Órdenes, de manera que, aunque ya estaba determinada a ir, se dejó.

3. Verdad es que, como yo me informé en Beas de adónde era, y vi ser tan a trasmano, y de allí allá tan mal camino, que habían de pasar trabajo los que fuesen a visitar las monjas, y que a los prelados se les haría de mal, tenía bien poca gana de ir a fundarle. Mas, porque había dado buenas esperanzas, pedí al padre Julián de Ávila y a Antonio Gaitán fuesen allá para ver qué cosa era, y, si les pareciesen, lo deshiciesen. Hallaron el negocio muy tibio, no de parte de las que habían de ser monjas, sino de la doña Catalina, que era el todo del negocio, y las tenían en un cuarto por sí ya, como cosa de recogimiento.

4. Las monjas estaban tan firmes, en especial las dos, digo las que lo habían de ser, que supieron tan bien granjear al padre Julián de Ávila y Antonio Gaitán, que antes que se vinieron, dejaron hechas las escrituras, y se vinieron dejándolas muy contentas. Y ellos lo vinieron tanto de ellas y de la tierra, que no acababan de decirlo, también como del mal camino. Yo, como lo vi ya concertado y que la licencia tardaba, torné a enviar allá al buen Antonio Gaitán, que por amor de mí todo el trabajo pasaba de buena gana, y ellos tenían afición a que la fundación se hiciese. Porque, a la verdad, se les puede a ellos agradecer esta fundación, porque, si no fueran allá y lo concertaran, yo pusiera poco en ella.

5. Dile que fuese para que pusiese torno y redes adonde se había de tomar la posesión y estar las monjas, hasta buscar casa a propósito. Así estuvo allá mu-

chos días, que en la de Rodrigo de Moya, que, como he dicho, era padre de una de estas doncellas, les dio parte de su casa de muy buena gana. Estuvo allá muchos días haciendo esto.

6. Cuando trajeron la licencia y yo estaba ya para partirme allá, supe que venía en ella que fuese la casa sujeta a los Comendadores, y las monjas les diesen la obediencia; lo que yo no podía hacer, por ser la Orden de Nuestra Señora del Carmen. Y así tornaron de nuevo a pedir la licencia, que en ésta y la de Beas no hubiera remedio. Mas hízome tanta merced el Rey, que, en escribiéndole yo, mandó que se diese, que es al presente don Felipe, tan amigo de favorecer los religiosos que entienden que guardan su profesión; que como hubiese sabido la manera del proceder de estos monasterios y ser de la primera Regla, en todo nos ha favorecido. Y así, hijas, os ruego yo mucho que siempre se haga particular oración por Su Majestad como ahora la hacemos.

7. Pues, como se hubo de tornar por la licencia, partíme yo para Sevilla por mandado del Padre Provincial, que era entonces, y es ahora, el Maestro fray Jerónimo Gracián de la Madre de Dios, como queda dicho, y estuviéronse las pobres doncellas encerradas hasta el día de Año Nuevo adelante. Y cuando ellas enviaron a Ávila, era por febrero. La licencia luego se trajo con brevedad; mas, como yo estaba tan lejos y con tantos trabajos, no podía remediarlas y habíalas harta lástima, porque me escribían muchas veces con mucha pena, y así ya no se sufría detenerlas más.

8. Como ir yo era imposible, así por estar tan lejos como por no estar acabada aquella fundación, acordó el padre maestro fray Jerónimo Gracián, que era Visitador Apostólico, como está dicho, que fuesen las monjas que allí habían de fundar, aunque no fuese yo, que se habían quedado en San José de Malagón. Procuré que fuese priora de quien yo confiaba lo haría muy bien, porque es harto mejor que yo. Y llevando

todo recaudo, se partieron con dos padres Descalzos de los nuestros, que ya el padre Julián de Ávila y Antonio Gaitán había días que se habían tornado a sus tierras, y por ser tan lejos no quise viniesen, y tan mal tiempo, que era fin de diciembre.

9. Llegadas allá, fueron recibidas con gran contento del pueblo, en especial de las que estaban encerradas. Fundaron el monasterio, poniendo el Santísimo Sacramento día del Nombre de Jesús, año de 1576. Luego tomaron las dos hábito. La otra tenía mucho humor de melancolía y debíale de hacer mal estar encerrada, cuánto más tanta estrechura y penitencia. Acordó de tornarse a su casa con una hermana suya.

10. Mirad, mis hijas, los juicios de Dios y la obligación que tenemos de servirle las que nos ha dejado perseverar hasta hacer profesión y quedar para siempre en la casa de Dios y por hijas de la Virgen; que se aprovechó Su Majestad de la voluntad de esta doncella y de su hacienda para hacer este monasterio, y al tiempo que había de gozar de lo que tanto había deseado, faltóle la fortaleza y sujetóla el humor, a quien muchas veces, hijas, echamos la culpa de nuestras imperfecciones y mudanzas.

11. Plega a Su Majestad que nos dé abundantemente su gracia, que con esto no habrá cosa que nos ataje los pasos para ir siempre adelante en su servicio, y que a todas nos ampare y favorezca, para que no se pierda por nuestra flaqueza un tan gran principio, como ha sido servido que comience en unas mujeres tan miserables como nosotras. En su nombre os pido, hermanas e hijas mías, que siempre lo pidáis a Nuestro Señor, y que cada una haga cuenta de las que vinieren, que en ella torna a comenzar esta primera Regla de la Orden de la Virgen Nuestra Señora, y en ninguna manera se consienta en nada relajación. Mirad que de muy pocas cosas se abre puerta para muy grandes, y que, sin sentirlo, se os irá entrando el mundo. Acordaos con la pobreza y trabajo que se ha hecho lo que

vosotras gozáis con descanso; y, si bien lo advertís, veréis que estas casas en parte no las han fundado hombres las más de ellas, sino la mano poderosa de Dios, y que es muy amigo Su Majestad de llevar adelante las obras que Él hace, si no queda por nosotras. ¿De dónde pensáis que tuviera poder esta mujercilla como yo para tan grandes obras, sujeta, sin un solo maravedí, ni quien con nada me favoreciese? Que este mi hermano, que ayudó en la fundación de Sevilla, que tenía algo y ánimo y buen alma para ayudar algo, estaba en las Indias.

12. Mirad, mirad, mis hijas, la mano de Dios, pues no sería por ser de sangre ilustre el hacerme honra. De todas cuantas maneras lo queráis mirar, entenderéis ser obra suya. No es razón que nosotras la disminuyamos en nada, aunque nos costase la vida y la honra y el descanso, cuantimás que todo lo tenemos aquí junto. Porque vida es vivir de manera que no se tema la muerte ni todos los sucesos de la vida, y estar con esta ordinaria alegría que ahora todas traéis, y esta prosperidad que no puede ser mayor que no temer la pobreza, antes desearla. Pues, ¿a qué se puede comparar la paz interior y exterior con que siempre andáis? En vuestra mano está vivir y morir con ella, como veis que mueren las que hemos visto morir en estas casas. Porque si siempre pedís a Dios lo lleve adelante y no fiáis nada de vosotras, no os negará su misericordia. Si tenéis confianza en Él y ánimos animosos, que es muy amigo Su Majestad de esto, no hayáis miedo que os falte nada. Nunca dejéis de recibir las que vinieren a querer ser monjas —como os contenten sus deseos y talentos, y que no sea por sólo remediarse, sino por servir a Dios con más perfección—, porque no tenga bienes de fortuna, si los tiene de virtudes; que por otra parte remediará Dios lo que por ésta os habíades de remediar, con el doblo.

13. Gran experiencia tengo de ello. Bien sabe Su Majestad que, a cuanto me puedo acordar, jamás he

dejado de recibir ninguna por esta falta, cómo me contentase lo demás. Testigos son las muchas que están recibidas sólo por Dios, como vosotras sabéis. Y puédoos certificar que no me daba tan gran contento cuando recibía la que traía mucho, como las que tomaba sólo por Dios; antes las había miedo, y las pobres me dilataban el espíritu, y daba un gozo tan grande, que me hacia llorar de alegría. Esto es verdad.

14. Pues si cuando estaban las casas por comprar y por hacer, nos ha ido tan bien con esto, después de tener adonde vivir, ¿por qué no se ha de hacer? Creedme, hijas, que por donde pensáis acrecentar, perderéis. Cuando la que viene lo tuviere, no teniendo otras obligaciones, como lo ha de dar a otros que no lo han por ventura menester, bien es os lo dé en limosna. Que yo confieso que me pareciera desamor si esto no hicieran. Mas siempre tened delante a que la que entrare haga de lo que tuviere conforme a lo que le aconsejaren letrados, que es más servicio de Dios. Porque harto mal sería que pretendiésemos bien de ninguna que entra, sino yendo por este fin. Mucho más ganamos en que ella haga lo que debe a Dios, digo con más perfección, que en cuanto puede traer; pues no pretendemos todas otra cosa, ni Dios nos dé tal lugar, sino que sea Su Majestad servido en todo y por todo.

15. Y, aunque yo soy miserable y ruin, para honra y gloria suya lo digo, y para que os holguéis de cómo se han fundado estas casas suyas. Que nunca en negocio de ellas, ni en cosa que se me ofreciese para esto, si pensara no salir con ninguna, si no era torciendo en algo este intento, en ninguna manera hiciera cosa, ni la he hecho —digo en estas fundaciones—, que yo entendiese torcía de la voluntad del Señor un punto, conforme a lo que me aconsejaban mis confesores —que siempre han sido, después que ando en esto, grandes letrados y siervos de Dios, como sabéis—,

ni, que me acuerde, llegó jamás a mi pensamiento otra cosa.

16. Quizá me engaño y habré hecho muchas que no entienda e imperfecciones serán sin cuento. Esto sabe Nuestro Señor, que es verdadero juez –a cuanto yo he podido entender de mí, digo–, y también veo muy bien que no venía esto de mí sino de querer Dios se hiciese esta obra, y como cosa suya me favorecia y hacía esta merced. Que para este propósito lo digo, hijas mías, de que entendáis estar más obligadas, y sepáis que no se han hecho con agraviar a ninguno hasta ahora. Bendito sea el que todo lo ha hecho y despertado la caridad de las personas que nos han ayudado. Plega a Su Majestad que siempre nos ampare, y dé gracia para que no seamos ingratas a tantas mercedes. Amén.

17. Ya habéis visto, hijas, que se han pasado algunos trabajos; aunque creo son los menos los que he escrito, porque si se hubieran de decir por menudo, era gran cansancio, así de los caminos, con aguas y nieves y con perderlos, y sobre todo muchas veces con tan poca salud, que alguna me acaeció –no sé si lo he dicho, que era en la primera jornada que salimos de Malagón para Beas–, que iba con calentura y tantos males juntos, que me acaeció, mirando lo que tenía por andar y viéndome así, acordarme de Nuestro Padre Elías cuando iba huyendo de Jezabel, y decir: «Señor, ¿cómo tengo yo de poder sufrir esto? Miradlo Vos.» Verdad es que, como Su Majestad me vio tan flaca, repentinamente me quitó la calentura y el mal. Tanto, que, hasta después que he caído en ello, pensé que era porque había entrado allí un siervo de Dios, un clérigo, y quizá sería ello; al menos fue repentinamente quitarme el mal exterior e interior. En teniendo salud, con alegría pasaba los trabajos corporales.

18. Pues, en llevar condiciones de muchas personas –que era menester en cada pueblo–, no se trabajaba

poco. Y en dejar las hijas y hermanas mías, cuando me iba de una parte a otra, yo os digo que, como yo las amo tanto, que no ha sido la más pequeña cruz, en especial cuando pensaba que no las había de tornar a ver y veía su gran sentimiento y lágrimas. Que, aunque están de otra cosa desasidas, ésta no se lo ha dado Dios, por ventura para que me fuere a mí más tormento; que tampoco lo estoy de ellas, aunque me esforzaba todo lo que podía para no se lo mostrar y las reñía; mas poco me aprovechaba, que es grande el amor que me tienen, y bien se ve en muchas cosas ser verdadero.

19. También habéis oído cómo era no sólo con licencia de nuestro reverendísimo padre General, sino dada debajo de precepto un mandamiento después. Y no sólo esto, sino que cada casa que se fundaba, me escribía recibir grandísimo contento, habiendo fundado las dichas; que, cierto, el mayor alivio que yo tenía en los trabajos era ver el contento que le daba, por parecerme que en dársele servía a Nuestro Señor, por ser mi prelado, y, dejado de eso, yo le amo mucho.

O es que Su Majestad fue servido de darme ya algún descanso o que al demonio le pesó porque se hacían tantas casas adonde se servía Nuestro Señor —bien se ha entendido no fue por voluntad de nuestro padre General; porque me había escrito, suplicándole yo no me mandase ya fundar más casas, que no lo haría, porque deseaba fundase tantas como tengo cabellos en la cabeza, y esto no había muchos años—, antes que me viniese a Sevilla, de un Capítulo General que se hizo, adonde parece se había de tener en servicio lo que se había acrecentado la Orden, tráenme un mandamiento dado en definitorio, no sólo para que no fundase más, sino para que por ninguna vía saliese de la casa que eligiese para estar, que es como manera de cárcel [1]. Porque no hay monja que para cosas ne-

---

[1] Fue el Capítulo de Piacenza (Italia) el que dictó la orden. Teresa se lamenta subrayando, en contraste apenado, que antes debieran agradecer su obra.

cesarias al bien de la Orden no la pueda mandar ir el Provincial de una parte a otra, digo de un monasterio a otro. Y lo peor era estar disgustado conmigo nuestro padre General, que era lo que a mí me daba pena, harto sin causa, sino con informaciones de personas apasionadas. Con esto me dijeron juntamente otras dos cosas de testimonios bien graves que me levantaban.

20. Yo os digo, hermanas, para que veáis la misericordia de Nuestro Señor y cómo no desampara Su Majestad a quien desea servirle, que no sólo no me dio pena, sino un gozo tan accidental, que no cabía en mí, de manera que no me espanto de lo que hacía el rey David, cuando iba delante del arca del Señor; porque no quisiera yo entonces hacer otra cosa, según el gozo, que no sabía cómo le encubrir. No sé la causa, porque en otras grandes murmuraciones y contradicciones en que me he visto no me ha acaecido tal. Mas al menos la una cosa de éstas que me dijeron era gravísima. Que esto del no fundar, si no era por el disgusto del reverendísimo General, era gran descanso para mí y cosa que yo deseaba muchas veces: acabar la vida en sosiego; aunque no pensaban esto los que lo procuraban, sino que me hacían el mayor pesar del mundo, y otros buenos intentos tendrían quizá.

21. También algunas veces me daban contento las grandes contradicciones y dichos que en este andar a fundar ha habido, con buena intención unos, otros por otros fines. Mas tan gran alegría como de esto sentí, no me acuerdo, por trabajo que me venga, haberla sentido. Que yo confieso, que en otro tiempo, cualquiera cosa de las tres que me vinieron juntas fuera harto trabajo para mí. Creo fue mi gozo principal parecerme que, pues las criaturas me pagaban así, que tenía contento al Criador. Porque tengo entendido que el que le tomare por cosas de la tierra o dichos de alabanzas de los hombres, está muy engañado, dejado de la poca ganancia que en esto hay; una cosa les

parece hoy, otra mañana; de lo que una vez dicen bien, presto tornan a decir mal. Bendito seáis Vos, Dios y Señor mío, que sois inmutable por siempre jamás, amén. Quien os sirviere hasta la fin, vivirá sin fin en vuestra eternidad.

22. Comencé a escribir estas FUNDACIONES por mandato del padre maestro Ripalda, de la Compañía de Jesús, como dije al principio, que era entonces el rector del colegio de Salamanca, con quien yo entonces me confesaba. Estando en el monasterio del glorioso San José que está allí, año de 1573, escribí algunas de ellas; Y por las muchas ocupaciones habíalas dejado y no quería pasar adelante, por no me confesar ya con el dicho, a causa de estar en diferentes partes, y también por el gran trabajo y trabajos que me cuesta lo que he escrito, aunque, como ha siempre sido mandado por obediencia, yo los doy por bien empleados.

Estando muy determinada a esto, me mandó el padre Comisario Apostólico, que es ahora el Maestro fray Jerónimo Gracián de la Madre de Dios, que las acabase. Diciéndole yo el poco lugar que tenía, y otras cosas que se me ofrecieron, que como ruin obediente le dije —porque también se me hacía gran cansancio, sobre otros que tenía—, con todo me mandó, poco a poco o como pudiese, las acabase.

23. Así lo he hecho, sujetándome en todo a que quiten los que entienden. Lo que es mal dicho, que lo quiten; que por ventura lo que a mí me parece mejor, irá mal.

Hase acabado hoy, víspera de San Eugenio, a catorce días del mes de noviembre, año de 1576, en el monasterio de San José de Toledo, adonde ahora estoy, por mandado del padre Comisario Apostólico, el maestro fray Jerónimo Gracián de la Madre de Dios, a quien ahora tenemos por prelado Descalzos y Descalzas de la Primitiva Regla, siendo también Visitador de los de la Mitigada del Andalucía, a gloria y honra de Nuestro Señor Jesucristo, que reina y reinará para siempre, amén.

24. Por amor de Nuestro Señor pido a las hermanas y hermanos que esto leyeren me encomienden a Nuestro Señor, para que haya misericordia de mí y me libre de las penas del purgatorio y me deje gozar de sí, si hubiere merecido estar en él. Pues, mientras fuere viva no lo habéis de ver, séame alguna ganancia para después de muerta lo que me he cansado en escribir esto, y el gran deseo con que lo he escrito de acertar a decir algo que os dé consuelo, si tuvieren por bien que lo leáis.

[CAPÍTULO 28]

La fundación de Villanueva de la Jara

1. Acabada la fundación de Sevilla, cesaron las fundaciones por más de cuatro años. La causa fue que comenzaron grandes persecuciones muy de golpe a los Descalzos y Descalzas, que, aunque ya había habido hartas, no en tanto extremo, que estuvo a punto de acabarse todo. Mostróse bien lo que sentía el demonio este santo principio que Nuestro Señor había comenzado, y ser obra suya, pues fue adelante. Padecieron mucho los Descalzos, en especial las cabezas, de graves testimonios y contradicción de casi todos los padres Calzados.

2. Éstos informaron a nuestro reverendísimo padre General de manera que, con ser muy santo, y el que había dado la licencia para que se fundasen todos los monasterios —fuera del de San José de Ávila, que éste se hizo con licencia del Papa—, le pusieron de suerte que ponía mucho para que no pasasen adelante los Descalzos; que con los monasterios de las monjas siempre estuvo bien. Y porque yo no ayudaba a esto, le pusieron desabrido conmigo, que fue el mayor trabajo que yo he pasado en estas fundaciones, aunque he pasado hartos. Porque dejar de ayudar a que fuese adelante obra adonde yo claramente veía servirse Nuestro Señor y acrecentarse Nuestra Orden, no me

lo consentían muy grandes letrados, con quien me confesaba y aconsejaba; e ir contra lo que veía quería mi prelado, érame una muerte. Porque, dejada la obligación que le tenía por serlo, amábale muy tiernamente, y debíaselo bien debido. Verdad es que, aunque yo quisiera darle en esto contento, no podía, por haber Visitadores Apostólicos, a quien forzado había de obedecer.

3. Murió un Nuncio santo, que favorecía mucho la virtud y, así, estimaba los Descalzos. Vino otro que parecía le había enviado Dios para ejercitarnos en padecer. Era algo deudo del Papa, y debe ser siervo de Dios [1]; sino que comenzó a tomar muy a pechos a favorecer a los Calzados, y, conforme a la información que le hacían de nosotros, enteróse mucho en que era bien no fuesen adelante estos principios. Y así comenzó a ponerlo por obra con grandísimo rigor, condenando a los que le pareció le podían resistir, encarcelándolos, desterrándolos.

4. Los que más padecieron fue el padre fray Antonio de Jesús, que es el que comenzó el primer monasterio de Descalzos, y el padre fray Jerónimo Gracián, a quien había hecho el Nuncio pasado Visitador Apostólico de los del Paño [2], con el cual fue grande el disgusto que tuvo, y con el padre Mariano de San Benito. De estos padres he dicho ya quién son en las fundaciones pasadas. Otros de los más graves penitenció, aunque no tanto. A éstos ponía muchas censuras, que no tratasen de ningún negocio.

5. Bien se entendía venir todo de Dios y que lo permitía Su Majestad para mayor bien y para que fuese más entendida la virtud de estos padres, como lo ha sido. Puso prelado del Paño para que visitase

---

[1] Nótese la contraposición entre «un Nuncio santo», Ormaneto, favorecedor de los Descalzos, y el nuevo, Sega, que «debe ser siervo de Dios».

[2] Los Calzados, que llevan hábitos de mejor paño.

nuestros monasterios de monjas y de los frailes, que, a haber lo que él pensaba, fuera harto trabajo. Y así se pasó grandísimo, como se escribirá de quien lo sepa mejor decir, que yo no hago sino tocar en ello para que entiendan las monjas que vinieren cuán obligadas están a llevar adelante la perfección, pues hallan llano lo que tanto ha costado a las de ahora: que a algunas de ellas han padecido muy mucho en estos tiempos de grandes testimonios que me lastimaba a mí mucho más de lo que yo pasaba, que esto antes me era gran gusto. Parecíame ser yo la causa de toda esta tormenta, y que si me echase en la mar, como a Jonás, cesaría la tempestad. Sea Dios alabado que favorece la verdad.

6. Y así sucedió en esto. Que como nuestro católico rey don Felipe supo lo que pasaba y estaba informado de la vida y religión de los Descalzos, tomó la mano a favorecernos, de manera que no quiso juzgase sólo el Nuncio nuestra causa, sino diole cuatro acompañados, personas graves, y los tres religiosos, para que mirase bien nuestra justicia. Era uno de ellos el padre maestro fray Pedro Fernández, persona de muy santa vida y grandes letras y entendimiento. Había sido Comisario Apostólico y Visitador de los del Paño de la provincia de Castilla, a quien los Descalzos estuvimos también sujetos, y sabía bien la verdad de cómo vivían los unos y los otros; que no deseábamos todos otra cosa sino que esto se entendiese. Y así, en viendo yo que el rey le había nombrado, di el negocio por acabado, como por la misericordia de Dios lo está. Plega a Su Majestad sea para honra y gloria suya. Aunque eran muchos los señores del reino y obispos que se daban prisa a informar de la verdad al Nuncio, todo aprovechara poco si Dios no tomara por medio al rey.

7. Estamos todas, hermanas, muy obligadas a siempre en nuestras oraciones encomendarle a Nuestro Señor y a los que han favorecido su causa y de la Virgen Nuestra Señora, y así os lo encomiendo mucho.

¡Ya veréis, hermanas, el lugar que había para fundar! Todas nos ocupábamos en oraciones y penitencias sin cesar, para que lo fundado llevase Dios adelante, si se había de servir en ello.

8. En el principio de estos grandes trabajos —que, dichos tan en breve os parecerán poco, y padecido tanto tiempo ha sido muy mucho—, estando yo en Toledo, que venía de la fundación de Sevilla, año de 1576, me llevó cartas un clérigo de Villanueva de la Jara, del ayuntamiento de este lugar, que iba a negociar conmigo admitiese para monasterio nueve mujeres que se habían entrado juntas en una ermita de la gloriosa Santa Ana que había en aquel pueblo, con una casa pequeña cabe ella, algunos años había; y vivían con tanto recogimiento y santidad, que convidaba a todo el pueblo a procurar cumplir sus deseos, que eran ser monjas. Escribióme también un doctor, cura que es de este lugar, llamado Agustín de Ervias, hombre docto y de mucha virtud. Esta le hacía ayudar cuanto podía a esta santa obra.

9. A mí me pareció cosa que en ninguna manera convenía admitirla, por estas razones: la primera, por ser tantas, y parecíame cosa muy dificultosa, mostradas a su manera de vivir, acomodarse a la nuestra. La segunda, porque no tenía casi nada para poderse sustentar y el lugar no es poco más de mil vecinos, que para vivir de limosna es poca ayuda. Aunque el ayuntamiento se ofrecía a sustentarla, no me parecía cosa durable. La tercera, que no tenían casa. La cuarta, lejos de estotros monasterios. Quinta, y que, aunque me decían eran muy buenas, como no las había visto, no podía entender si tenían los talentos que pretendemos en estos monasterios. Y así me determiné a despedirlo del todo.

10. Para esto quise primero hablar a mi confesor, que era el doctor Velázquez, canónigo y catedrático de Toledo, hombre muy letrado y virtuoso, que ahora es obispo de Osma, porque siempre tengo de costum-

bre no hacer cosa por mi parecer sino de personas semejantes. Como vio las cartas y entendió el negocio, díjome que no lo despidiese, sino que respondiese bien. Porque cuando tantos corazones juntaba Dios en una cosa, que se entendía se había de servir de ella. Yo lo hice así: que no lo admití del todo ni lo despedí. En importunar por ello y procurar personas por quien yo lo hiciese se pasó hasta este año de 80. Con parecerme siempre que era desatino admitirlo, cuando respondía, nunca podía responder del todo mal.

11. Acertó a venir a cumplir su destierro el padre fray Antonio de Jesús al monasterio de Nuestra Señora del Socorro, que está tres leguas de este lugar de Villanueva. Y viniendo a predicar a él y el prior de este monasterio, que al presente es el padre fray Gabriel de la Asunción, persona muy avisada y siervo de Dios, venía también mucho al mismo lugar, que eran amigos del doctor Ervias, y comenzaron a tratar con estas santas hermanas. Y aficionados de su virtud y persuadidos del pueblo y del doctor, tomaron este negocio por propio, y comenzaron a persuadirme con mucha fuerza con cartas. Y estando yo en San José de Malagón, que es 26 leguas y más de Villanueva, fue el mismo padre prior a hablarme sobre ello, dándome cuenta de lo que se podía hacer, y cómo después de hecho daría el doctor Ervias trescientos ducados de renta sobre la que él tiene de su beneficio; que se procurase de Roma.

12. Esto se me hizo muy incierto, pareciéndome habría flojedad después de hecho, que, con lo poco que ellas tenían, bien bastaba. Y así dije muchas razones al padre prior, para que viese no convenía hacerse, y a mi parecer bastante, y dije que lo mirasen mucho él y el padre fray Antonio, que yo lo dejaba sobre su conciencia, pareciéndome que con lo que yo les decía bastaba para no hacerse.

13. Después de ido, consideré cuán aficionado estaba a ello, y que había de persuadir al prelado que

ahora tenemos, que es el padre fray Ángel de Salazar, para que lo admitiese. Y dime mucha prisa a escribirle, suplicándole que no diese esta licencia, diciéndole las causas. Y, según después me escribió, no la había querido dar, si no era pareciéndome a mí bien.

14. Pasaron como mes y medio, no sé si algo más. Cuando ya pensé lo tenía estorbado, enviánme un mensajero con cartas del Ayuntamiento, adonde se obligaban que no les faltaría lo que hubiere menester, y el doctor Ervias a lo que tengo dicho, y cartas de estos dos reverendos padres con mucho encarecimiento. Era tanto lo que yo temía el admitir tantas hermanas, pareciéndome había de haber algún bando contra las que fuesen, como suele acaecer, y también en no ver cosa segura para su mantenimiento, porque lo que ofrecían no era cosa que hacía fuerza, que me vi en harta confusión. Después he entendido era el demonio, que, con haberme el Señor dado ánimo, me tenía con tanta pusilanimidad entonces, que no parece confiaba nada de Dios. Mas las oraciones de aquellas benditas almas, en fin, pudieron más.

15. Acabando un día de comulgar y estándolo encomendando a Dios, como hacía muchas veces —que lo que me hacía responderlos antes bien, era temer si estorbaba algún aprovechamiento de algunas almas, que siempre mi deseo es ser algún medio para que se alabase Nuestro Señor y hubiese más quien le sirviese—, me hizo Su Majestad una gran reprensión, diciéndome que con qué tesoros se había hecho lo que estaba hecho hasta aquí; que no dudase de admitir esta casa, que sería para mucho servicio suyo y aprovechamiento de las almas.

16. Como son tan poderosas estas palabras de Dios, que no sólo las entendiese el entendimiento, sino que le alumbra para entender la verdad, y dispone la voluntad para querer obrarlo, así me acaeció a mí. Que no sólo gusté de admitirlo, sino que me pareció había sido culpa tanto detenerme y estar tan asida a

razones humanas, pues tan sobre razón he visto lo que Su Majestad ha obrado por esta sagrada Religión.

17. Determinada en admitir esta fundación, me pareció sería necesario ir yo con las monjas que en ella habían de quedar, por muchas cosas que se me representaron, aunque el natural sentía mucho, por haber venido bien mala hasta Malagón y andarlo siempre. Mas, pareciéndome se serviría Nuestro Señor, lo escribí al prelado para que me mandase lo que mejor le pareciese, el cual envió la licencia para la fundación y el precepto de que me hallase presente y llevase las monjas que me pareciese, que me puso en harto cuidado, por haber de estar con las que allá estaban. Encomendándolo mucho a Nuestro Señor, saqué dos del monasterio de San José de Toledo, la una para priora, y dos del de Malagón, y la una para supriora. Y como tanto se había pedido a Su Majestad, acertóse muy bien, que no lo tuve en poco. Porque en las fundaciones que solas nosotras comienzan, todas se acomodan bien.

18. Vinieron por nosotras el padre fray Antonio de Jesús y el padre prior fray Gabriel de la Asunción. Dado todo recaudo del pueblo, partimos de Malagón sábado antes de cuaresma, a trece días de febrero, año de 1580. Fue Dios servido de hacer tan buen tiempo y darme tanta salud, que parecía nunca habla tenido mal. Que yo me espantaba, y consideraba lo mucho que importa no mirar nuestra flaca disposición cuando entendemos se sirve el Señor, por contradicción que se nos ponga delante, pues es poderoso de hacer de los flacos fuertes y de los enfermos sanos. Y cuando esto no hiciere, será lo mejor padecer para nuestra alma, y, puestos los ojos en su honra y gloria, olvidamos a nosotros. ¿Para qué es la vida y la salud, sino para perderla por tan gran Rey y Señor? Creedme, hermanas, que jamás os irá mal en ir por aquí.

19. Yo confieso que mi ruindad y flaqueza muchas veces me ha hecho temer y dudar; mas no me acuerdo

ninguna, después que el Señor me dio hábito de Descalza, ni algunos años antes, que no me hiciese merced, por su sola misericordia, de vencer estas tentaciones, y arrojarme a lo que entendía era mayor servicio suyo, por dificultoso que fuese. Bien claro entiendo que era poco lo que hacía de mi parte, mas no quiere más Dios de esta determinación para hacerlo todo de la suya. Sea por siempre bendito y alabado, amén.

20. Habíame de ir al monasterio de Nuestra Señora del Socorro, que ya queda dicho que está tres leguas de Villanueva, y detenernos allí para avisar cómo íbamos; que lo tenían así concertado, y yo era razón obedeciese a estos padres, con quien íbamos, en todo. Está esta casa en un desierto y soledad harto sabrosa. Y como llegamos cerca, salieron los frailes a recibir a su prior con mucho concierto. Como iban descalzos y con sus capas pobres de sayal, hiciéronnos a todas devoción y a mí me enterneció mucho, pareciéndome estar en aquel florido tiempo de nuestros santos padres. Parecían en aquel campo unas flores blancas olorosas, y así creo yo lo son a Dios, porque, a mi parecer, es allí servido muy a las veras. Entraron en la iglesia con un Te Deum y voces muy mortificadas. La entrada de ellas es debajo de tierra, como por una cueva, que representaba la de nuestro padre Elías. Cierto, yo iba con tanto gozo interior, que diera por muy bien empleado más largo camino; aunque me hizo harta lástima ser ya muerta la santa por quien Nuestro Señor fundó esta casa, que no merecí verla, aunque lo deseé mucho.

21. Paréceme no será cosa ociosa tratar aquí algo de su vida, y por los términos que Nuestro Señor quiso se fundase allí este monasterio, que tanto provecho ha sido para muchas almas de los lugares del rededor, según soy informada. Y para que, viendo la penitencia de esta santa, veáis, mis hermanas, cuán atrás quedamos nosotras y os esforcéis para de nuevo servir a Nuestro Señor; pues no hay por qué seamos para me-

nos, pues no venimos de gente tan delicada y noble. Que, aunque esto no importe, dígolo porque había tenido vida regalada, conforme a quien era, que venía de los duques de Cardona, y así se llamaba ella doña Catalina de Cardona. Después, de algunas veces que me escribió, sólo firmaba: *la pecadora*.

22. De su vida antes que el Señor la hiciese tan grandes mercedes, dirán los que escribieren su vida y más particularmente lo mucho que hay que decir de ella. Por si no llegare a vuestra noticia, diré aquí lo que me han dicho algunas personas que la trataban, dignas de creer.

23. Estando esta santa entre personas y señores de mucha calidad, siempre tenía mucha cuenta con su alma y hacía penitencia. Creció tanto el deseo de ella y de irse adonde sola pudiese gozar de Dios y emplearse en hacer penitencia, sin que ninguno la estorbase [...]. Esto trataba con sus confesores y no se lo consentían. Que como está ya el mundo tan puesto en discreción y casi olvidadas las grandes mercedes que hizo Dios a los santos y santas que en los desiertos le sirvieron, no me espanto les pareciese desatino. Mas, como no deja Su Majestad de favorecer a los verdaderos deseos para que se pongan en obra, ordenó que viniese a confesar con un padre Francisco, que llaman fray Francisco de Torres —a quien yo conozco muy bien, y le tengo por santo—, y con grande hervor de penitencia y oración ha muchos años que vive y con hartas persecuciones. Deben bien de saber la merced que Dios hace que a los que se esfuerzan a recibirlas, y así le dijo que no se detuviese, sino que siguiese el llamamiento que Su Majestad le hacía. No sé yo si fueron éstas las palabras, más entiéndese, pues luego lo puso por obra.

24. Descubrióse a un ermitaño que estaba en Alcalá y rogóle se fuese con ella sin que jamás lo dijese a ninguna persona, y aportaron[3] adonde está este mo-

[3] Llegaron al lugar donde está.

nasterio, adonde halló una covezuela, que apenas cabía. Aquí la dejó. Mas, ¡qué amor debía llevar, pues no tenía cuidado de lo que había de comer; ni los peligros que le podían suceder, ni la infamia que podía haber cuando no pareciese! ¡Qué borracha debía de ir esta santa alma, embebida en que ninguno la estorbase de gozar de su Esposo, y qué determinada a no querer más mundo, pues así huía de todos sus contentos!

25. Consideremos esto bien, hermanas, y miremos cómo de un golpe lo venció todo; porque, aunque no sea menos lo que vosotras hacéis en entraros en esta sagrada Religión y ofrecer a Dios vuestra voluntad y profesar tan continuo encerramiento, no sé si se pasan estos hervores del principio a algunas, y tornamos a sujetarnos en algunas cosas de nuestro amor propio. Plega a la Divina Majestad que no sea así, sino que ya que remedamos a esta santa en querer huir del mundo, estemos del todo muy fuera de él en lo interior.

26. Muchas cosas he oído de la grande aspereza de su vida —y débese de saber lo menos—; porque en tantos años como estuvo en aquella soledad, con tan grandes deseos de hacerla, no habiendo quien a ellos le fuese a la mano, terriblemente debía tratar su cuerpo. Diré lo que a ella misma oyeron algunas personas y las monjas de San José de Toledo, adonde ella entró a verlas, y como con hermanas hablaba con llaneza, y así lo hacía con otras personas, porque era grande su sencillez, y debíalo ser la humildad. Y como quien tenía entendido que no tenía ninguna cosa de sí, estaba muy lejos de vanagloria, y gozábase de decir las mercedes que Dios le hacía, para que por ellas fuese alabado y glorificado su nombre. Cosa peligrosa para los que no han llegado a este estado, que por lo menos les parece alabanza propia, aunque la llaneza y santa simplicidad la debía librar de esto, porque nunca oí ponerle esta falta.

27. Dijo que había estado ocho años en aquella cueva, y muchos días pasando con las yerbas del campo y raíces. Porque, como se le acabaron tres panes que le dejó el que fue con ella, no lo tenía hasta que fue por allí un pastorcico. Este la proveía después de pan y harina que era lo que ella comía: unas tortillas cocidas en la lumbre, y no otra cosa. Esto, al tercer día. Y es muy cierto, que aún los frailes que están allí son testigos, y era ya después que ella estaba muy gastada. Algunas veces la hacían comer una sardina u otras cosas, cuando ella fue a procurar cómo hacer el monasterio, y antes sentía daño que provecho. Vino nunca lo bebió, que yo haya sabido. Las disciplinas eran con una gran cadena, y duraban muchas veces dos horas y hora y media. Los silicios tan asperísimos, que me dijo una persona, mujer, que viniendo de romería se había quedado a dormir con ella una noche, y, héchose dormida, y que la vio quitar los silicios llenos de sangre y limpiarlos. Y más era lo que pasaba, según ella decía a estas monjas que he dicho, con los demonios, que le aparecían como unos alanos grandes y se la subían por los hombros, y otras como culebras; ella no les había ningún miedo.

28. Después que hizo el monasterio, todavía se iba, y estaba y dormía a su cueva, si no era ir a los oficios divinos. Y antes que se hiciese, iba a misa a un monasterio de Mercedarios, que está un cuarto de legua, y algunas veces de rodillas. Su vestido era buriel y túnica de sayal, y de manera hecho que pensaban era hombre. Después de estos años que aquí estuvo tan a solas, quiso el Señor se divulgase, y comenzaron a tener tanta devoción con ella, que no se podía valer de la gente. A todos hablaba con mucha caridad y amor. Mientras más iba el tiempo, mayor concurso de gente acudía, y quien la podía hablar no pensaba tenía poco. Ella estaba tan cansada de esto, que decía la tenían muerta. Venía día estar todo el campo lleno de carros. Casi después que estuvieron allí los frailes, no

tenían otro remedio sino levantarla en alto para que les echase la bendición, y con eso se libraban. Después de los ocho años que estuvo en la cueva —que ya era mayor, porque se la habían hecho los que allí iban—, diole una enfermedad muy grande, que pensó morirse; y todo lo pasaba en aquella cueva.

29. Comenzó a tener deseos de que hubiese allí un monasterio de frailes, y con éste estuvo algún tiempo, no sabiendo de qué Orden le haría. Y estando una vez rezando a un crucifijo que siempre traía consigo, le mostró Nuestro Señor una capa blanca, y entendió que fuese de los Descalzos Carmelitas, y nunca había venido a su noticia que los había en el mundo. Entonces estaban hechos sólo dos monasterios, el de Mancera y Pastrana. Debíase después de esto de informar. Y como supo que le había en Pastrana, y ella tenía mucha amistad con la princesa de Ebuli de tiempos pasados, mujer del príncipe Ruy Gómez, cuya era Pastrana, partióse para allá, a procurar cómo hacer este monasterio que ella tanto deseaba.

30. Allí, en el monasterio de Pastrana, en la iglesia de San Pedro —que así se llama— tomó el hábito de Nuestra Señora, aunque no con intento de ser monja ni profesar, que nunca a ser monja se inclinó; como el Señor la llevaba por otro camino, parecíale le quitaran por obediencia sus intentos de asperezas y soledad. Estando presentes todos los frailes, recibió el hábito de Nuestra Señora del Carmen.

31. Hallóse allí el padre Mariano, de quien ya he hecho mención en estas fundaciones, el cual me dijo a mi mísma que le había dado una suspensión o arrobamiento, que del todo le enajenó. Y que, estando así, vio muchos frailes y monjas muertos; unos descabezados, otros cortadas las piernas y los brazos como que los martirizaban, que esto se da a entender en esta visión. Y no es hombre que dirá si no lo viere, ni tampoco está acostumbrado su espíritu a estas suspensiones, que no le lleva Dios por este camino. Rogad a

Dios, hermanas, que sea verdad, y que en nuestro tiempo merezcamos ver tan gran bien y ser nosotras de ellas.

32. De aquí, de Pastrana, comenzó a procurar la santa Cardona con qué hacer su monasterio, y para esto tornó a la Corte, de donde con tanta gana había salido que no lo sería pequeño tormento–, adonde no le faltaron hartas murmuraciones y trabajo; porque, cuando salía de casa, no se podía valer de gente. Esto, en todas las partes que fue. Unos le cortaban del hábito, otros de la capa. Entonces fue a Toledo, adonde estuvo con nuestras monjas. Todas me han afirmado que era tan grande el olor que tenía de reliquias, que hasta el hábito y la cinta –después que le dejó, porque le dieron otro y se le quitaron– era para alabar a Nuestro Señor el olor. Y, mientras más a ella se llegaban, era mayor, con ser los vestidos de suerte –con la calor, que hacía mucha–, que antes le habían de tener malo. Sé que no dirán sino toda verdad; y así quedaron con mucha devoción.

33. En la Corte y otras partes le dieron para poder hacer su monasterio; y, llevando licencia, se fundó. Hízose la iglesia adonde era su cueva, y a ella le hicieron otra desviada, adonde tenía un sepulcro de bulto[4], y se estaba noche y día lo más del tiempo. Duróle poco; que no vivió sino cerca de cinco años y medio después que tuvo allí el monasterio; que con la vida tan áspera que hacía, aun lo que había vivido parecía sobrenatural. Su muerte fue de mil quinientos y setenta y siete, a lo que ahora me parece. Hiciéronle las honras con grandísima solemnidad, porque un caballero que llaman fray Juan de León tenía gran devoción con ella y puso en esto mucho. Está ahora enterrada en depósito en una capilla de Nuestra Señora, de quien ella era en extremo devota, hasta hacer

[4] Sepulcro con tallas.

mayor iglesia de la que tienen para poner su bendito cuerpo como es razón.

34. Es grande la devoción que tienen en este monasterio por su causa, y así parece quedó en él y en todo aquel término, en especial mirando aquella soledad y cueva, adonde estuvo antes que determinase hacer el monasterio. Me han certificado que estaba tan cansada y afligida de ver la mucha gente que le venía a ver, que se quiso ir a otra parte, adonde nadie supiese de ella, y envió por el ermitaño que la había traído allí, para que la llevase, y era ya muerto. Y Nuestro Señor, que tenía determinado se hiciese allí esta casa de Nuestra Señora, no le dio lugar a que se fuese; porque, como he dicho, entiendo se sirve mucho allí. Tienen gran aparejo, y vese bien en ellos que gustan de estar apartados de gente. En especial el prior, que también le sacó Dios, para tomar este hábito, de harto regalo, y así le ha pagado bien con hacérselos espirituales.

35. Hízonos allí mucha caridad. Diéronnos de lo que tenían en la iglesia para la que íbamos a fundar; que, como esta santa era querida de tantas personas principales, estaba bien proveída de ornamentos. Yo me consolé muy mucho lo que allí estuve, aunque con harta confusión, y me dura. Porque veía que la que había hecho allí la penitencia tan áspera era mujer como yo y mas delicada, por ser quien era, y no tan gran pecadora como yo soy —que en esto de la una a la otra no se sufre comparación—, y he recibido muy mayores mercedes de Nuestro Señor de muchas maneras —y no me tener en el infierno, según mis grandes pecados, es grandísima—. Sólo el deseo de remedarla, si pudiera, me consolaba, mas no mucho. Porque toda mi vida se me ha ido en deseos, y las obras no las hago. Válgame la misericordia de Dios, en quien yo he confiado siempre por su Hijo sacratísimo, y la Virgen Nuestra Señora, cuyo hábito por la bondad del Señor traigo.

36. Acabando de comulgar un día en aquella santa iglesia, me dio un recogimiento muy grande con una suspensión que me enajenó. En ella se me representó esta santa mujer por visión intelectual como cuerpo glorificado, y algunos ángeles con ella; díjome que no me cansase, sino que procurase ir adelante en estas fundaciones. Entiendo yo, aunque no lo señalo, que ella me ayudaba delante de Dios. También me dijo otra cosa que no hay para qué la escribir. Yo quedé harto consolada y con deseo de trabajar, y espero en la bondad del Señor que, con tan buen ayuda como estas oraciones, podré servirle en algo. Veis aquí, hermanas mías, cómo ya acabaron estos trabajos, y la gloria que tiene será sin fin. Esforcémonos ahora, por amor de Nuestro Señor, a seguir a esta hermana nuestra: aborreciéndonos a nosotras mismas como ella se aborreció, acabaremos nuestra jornada, pues se anda con tanta brevedad y se acaba todo.

37. Llegamos el domingo primero de la cuaresma, que era víspera de la Cátedra de San Pedro, día de San Barbaciani, año de 1580, a Villanueva de la Jara. Este mismo día se puso el Santísimo Sacramento en la iglesia de la gloriosa Santa Ana a la hora de misa mayor. Saliéronnos a recibir todo el ayuntamiento y otros algunos con el doctor Ervias, y fuímonos a apear a la iglesia del pueblo, que estaba bien lejos de la de Santa Ana. Era tanta el alegría de todo el pueblo, que me hizo harta consolación ver con el contento que recibían la Orden de la sacratísima Virgen Señora Nuestra. Desde lejos oíamos el replicar de las campanas. Entradas en la iglesia, comenzaron el Te Deum, un verso la capilla de canto de órgano y otro el órgano. Acabado, tenían puesto el Santísimo Sacramento en unas andas y a Nuestra Señora en otras, con cruces y pendones. Iba la procesión con harta autoridad. Nosotras, con nuestras capas blancas y velos delante del rostro, íbamos en mitad cabe el Santísimo Sacramento; y junto a nosotras, nuestros frailes Descalzos —que

fueron hartos del monasterio— y los Franciscos —que hay monasterio en el lugar, de San Francisco— iban allí y un fraile dominico que se halló en el lugar, que, aunque era solo, me dio contento ver allí aquel hábito. Como era lejos, había muchos altares. Deteníanse algunas veces, diciendo letras de nuestra Orden, que nos hacía harta devoción; y ver que todos iban alabando al gran Dios que llevábamos presente, y que por Él se hacía tanto caso de siete pobrecillas Descalzas que íbamos allí. Con todo esto que yo consideraba, me hacía harta confusión, acordándome iba yo entre ellas, y cómo, si se hubiera de hacer como yo merecía, fuera volverse todos contra mí.

38. Heos dado tan larga cuenta de esta honra que se hizo al hábito de la Virgen, para que alabéis a Nuestro Señor y le supliquéis se sirva de esta fundación; porque con más contento estoy cuando es con mucha persecución y trabajos, y con más gana os lo cuento. Verdad es que estas hermanas que estaban aquí, los han pasado casi seis años. Al menos, más de cinco y medio que ha que entraron en esta casa de la gloriosa Santa Ana, dejada la mucha pobreza y trabajo que tenían en ganar de comer, porque nunca quisieron pedir limosna —la causa era, porque no les pareciese estaban allí para que las diese de comer—, y la gran penitencia que hacían, así en ayunar mucho y comer poco, malas camas y muy poquita casa: que, para tanto encerramiento como siempre tuvieron, era harto trabajo.

39. El mayor que me dijeron habían tenido era el grandísimo deseo de verse con el hábito; que éste noche y día las atormentaba grandísimamente, pareciéndoles nunca lo habían de ver. Y así toda su oración era porque Dios las hiciese esta merced, con lágrimas muy ordinarías; y en viendo que había algún desvío, se afligían en extremo y crecía la penitencia. De lo que ganaban dejaban de comer para pagar los men-

sajeros que iban y mostrar la gracia que ellas podían con su pobreza a los que las podían ayudar en algo. Bien entiendo yo, después que las traté y vi su santidad, que sus oraciones y lágrimas habían negociado para que la Orden las admitiese. Y así he tenido por muy mayor tesoro que estén en ella tales almas, que si tuvieran mucha renta. Y espero irá la casa muy adelante.

40. Pues como entramos en la casa, estaban todas a la puerta de adentro, cada una de su librea; porque como entraron se estaban, que nunca habían querido tomar traje de beatas esperando esto, aunque el que tenían era harto honesto: que bien parecía en él tener poco cuidado de sí, según estaban mal aliñadas, y casi todas tan flacas, que se mostraba haber tenido vida de harta penitencia.

41. Recibiéronnos con hartas lágrimas del gran contento, y hase parecido no ser fingidas; y su mucha virtud en el alegría que tienen, y la humildad y obediencia a la priora y a todas las que vinieron a fundar, no saben placeres que les hacer. Todo su miedo era si se habían de tornar a ir viendo su pobreza y poca casa. Ninguna había mandado, sino con gran hermandad cada una trabajaba lo más que podía. Dos que eran de más edad negociaban cuando era menester; las otras jamás hablaban con ninguna persona, ni querían. Nunca tuvieron llave a la puerta, sino una aldaba, ni ninguna osaba llegar a ella, sino la más vieja respondía. Dormían muy poco por ganar de comer y por no perder la oración, que tenían hartas horas: los días de fiesta todo el día.

42. Por los libros de fray Luis de Granada y de fray Pedro de Alcántara se gobernaban. El más tiempo rezaban el oficio divino con un poco que sabían leer —que sola una lee bien—, y no con breviarios conformes. Unos les habían dado de lo viejo Romano algunos clérigos, como no se aprovechaban de ellos; otros como podían; y como no sabían leer, estábanse muchas ho-

ras. Esto no lo rezaban adonde de fuera las oyese. Dios tomaría su intención y trabajo, que pocas verdades debían decir. Como el padre fray Antonio de Jesús las comenzó a tratar, hizo que no rezasen sino el oficio de Nuestra Señora. Tenían su horno en que cocían el pan. Y todo con un concierto como si tuvieran quien las mandara.

43. A mí me hizo alabar a Nuestro Señor y mientras más las trataba, más contento me daba haber venido. Paréceme que por muchos trabajos que tuviera de pasar, no quisiera haber dejado de consolar estas almas. Y las que quedan de mis compañeras me decían que luego a los primeros días les hizo alguna contradicción; mas que, como las fueron conociendo y entendiendo su virtud, estaban alegrísimas de quedar con ellas y las tenían mucho amor. Gran cosa puede la santidad y virtud. Verdad es que eran tales que, aunque hallaran muchas dificultades y trabajos, lo llevaran bien por el favor del Señor, porque desean padecer en su servicio; y la hermana que no sintiere en sí este deseo, no se tenga por verdadera Descalza; pues no han de ser nuestros deseos descansar, sino padecer, por imitar en algo a nuestro verdadero Esposo. Plega a Su Majestad nos dé gracia para ello, amén.

44. De donde comenzó esa ermita de Santa Ana, fue de esta manera. Vivía aquí, en este dicho lugar de Villanueva de la Jara, un clérigo natural de Zamora, que había sido fraile de Nuestra Señora del Carmen. Era devoto de la gloriosa Santa Ana. Llamábase Diego de Guadalajara, y así hizo cabe su casa esta ermita y tenía por donde oír misa. Y con la gran devoción que tenía fue a Roma y trajo una bula con muchos perdones para esta iglesia o ermita. Era hombre virtuoso y recogido. Cuando murió, mandó en su testamento que esta casa y todo lo que tenía fuese para un monasterio de monjas de Nuestra Señora del Carmen. Y si esto no hubiere efecto, que lo tuviese un capellán que dijese algunas misas cada semana; y que cada y

cuando que fuese al monasterio, no se tuviese obligación de decir las misas.

45. Estuvo así con un capellán más de veinte años, que tenía la hacienda bien desmedrada; porque, aunque estas doncellas entraron en la casa, sola la casa tenían. El capellán estaba en otra casa de la misma capellanía, que dejará ahora con los demás, que es bien poco. Mas la misericordia de Dios es tan grande que no dejará de favorecer la casa de su gloriosa abuela. Plegue a Su Majestad que sea siempre servido en ella y le alaben todas las criaturas por siempre jamás, amén.

[CAPÍTULO 29]

†
JHS

Trátase de la fundación de San José de Nuestra Señora de la Calle en Palencia, que fue año 1580, día del Rey David

1. Habiendo venido de la fundación de Villanueva de la Jara, mandóme el prelado ir a Valladolid, a petición del obispo de Palencia, que es don Álvaro de Mendoza, que el primer monasterio, que fue San José de Ávila, admitió y favoreció, y siempre, en todo lo que toca a esta Orden, favorece; y como había dejado el obispado de Ávila y pasádose a Palencia, púsole Nuestro Señor en voluntad que allí hiciese otro de esta sagrada Orden. Llegada a Valladolid, diome una enfermedad tan grande, que pensaron muriera. Quedé tan desganada y tan fuera de parecerme podría hacer nada, que, aunque la priora de nuestro monasterio de Valladolid que deseaba mucho esta fundación, me importunaba, no podía persuadirme ni hallaba principio. Porque el monasterio había de ser de pobreza, y decíanme no se podría sustentar, que era lugar muy pobre.

2. Había casi un año que se trataba hacerle, junto con el de Burgos, y antes no estaba yo tan fuera de ello; mas entonces eran muchos los inconvenientes que hallaba, no habiendo venido a otra cosa a Valladolid. No sé si era el mucho mal y flaqueza que me había

quedado, o el demonio que quería estorbar el bien que se ha hecho después. Verdad es que a mí me tiene espantado y lastimada: que hartas veces me quejo a Nuestro Señor lo mucho que participa la pobre alma de la enfermedad del cuerpo; que no parece sino que ha de guardar sus leyes, según las necesidades y cosas que le hacen parecer.

3. Uno de los grandes trabajos y miserias de la vida me parece es éste, cuando no hay espíritu grande que le sujete. Porque tener mal y padecer grandes dolores, aunque es trabajo, si el alma está despierta, no lo tengo en nada, porque está alabando a Dios, y con considerar vienen de su mano. Mas por una parte padeciendo y por otra no obrando, es terrible cosa; en especial, si es alma que se ha visto con grandes deseos de no descansar interior ni exteriormente, sino emplearse toda en servicio de su gran Dios. Ningún otro remedio tiene aquí sino paciencia, y conocer su miseria, y dejarse en la voluntad de Dios: que se sirva de ella en lo que quisiere y como quisiere. De esta manera estaba yo entonces, aunque ya en convalecencia; mas la flaqueza era tanta, que aun la confianza que me solía dar Dios en haber de comenzar estas fundaciones tenía perdida. Todo se me hacía imposible, y si entonces acertara con alguna persona que me animara, hiciérame mucho provecho. Mas unos me ayudaban a temer; otros, aunque me daban alguna esperanza, no bastaba para mi pusilanimidad.

4. Acertó a venir allí un padre de la Compañía, llamado el Maestro Ripalda, con quien yo me había confesado un tiempo, gran siervo de Dios. Yo le dije cuál estaba, y que a él le quería tomar en lugar de Dios, que me dijese lo que le parecía. Él comenzóme a animar mucho y díjome que de vieja tenía ya esa cobardía. Mas bien veía yo que no era eso, que más vieja soy ahora y no la tengo; y aún él también lo debía entender, sino para reñirme, que no pensáse era de Dios. Andaba entonces esa fundación de Palencia

y la de Burgos juntamente, y para la una ni la otra yo no tenía nada. Mas no era esto, que con menos suelo comenzar. Él me dijo que en ninguna manera lo dejase. Lo mismo me había dicho poco había en Toledo un provincial de la Compañía, llamado Baltasar Álvarez; mas entonces estaba yo buena.

5. Aquello no bastó para determinarme; aunque me hizo harto al caso, no acabé del todo de determinarme. Porque o el demonio o, como he dicho, la enfermedad me tenía atada. Mas quedé muy mejor. La priora de Valladolid ayudaba cuanto podía, porque tenía gran deseo de la fundación de Palencia; mas, como me veía tan tibia, también temía. Ahora venga el verdadero calor, pues no bastan las gentes ni los siervos de Dios. Adonde se entenderá muchas veces no ser yo quien hace nada en estas fundaciones, sino quien es poderoso para todo.

6. Estando yo un día, acabando de comulgar, puesta en estas dudas y no determinada a hacer ninguna fundación, había suplicado a Nuestro Señor me diese luz para que en todo hiciese yo su voluntad: que tibieza no era, de suerte que jamás un punto me faltaba este deseo. Díjome Nuestro Señor con una manera de reprensión: «¿Qué temes? ¿Cuándo te he yo faltado? El mismo que he sido, soy ahora; no dejes de hacer estas dos fundaciones.» ¡Oh, gran Dios, y cómo son diferentes vuestras palabras de las de los hombres! Así quedé determinada y animada, que todo el mundo no bastara a ponerme contradicción. Y comencé luego a tratar de ello, y comenzó Nuestro Señor a darme medios.

7. Tomé dos monjas para comprar la casa. Ya, aunque me decían no era posible vivir de limosna en Palencia, era como no me lo decir; porque haciéndola de renta, ya veía yo que por entonces no podía ser, y pues Dios decía que se hiciese, que Su Majestad lo proveería. Y así, aunque no estaba del todo tornada en mí, me determiné a ir, con ser el tiempo recio.

Porque partí de Valladolid el día de los inocentes en el año que he dicho; que por aquel año que entraba hasta San Juan un caballero de allí nos había dado una casa que él tenía alquilada, que se había ido a vivir de allí.

8. Yo escribí a un canónigo de la misma ciudad, aunque no le conocía; mas un amigo suyo me dijo que era siervo de Dios, y a mí se me asentó nos había de ayudar mucho, porque el mismo señor, como se ha visto en las demás fundaciones, toma en cada parte quien le ayude, que ya ve Su Majestad lo poco que yo puedo hacer. Yo le envié a suplicar que lo más secretamente que pudiese me desembarazase la casa, porque estaba allí un morador, y que no le dijese para lo que era. Porque aunque habían mostrado algunas personas principales voluntad, y el obispo la tenía tan grande, yo veía era lo más seguro que no se supiese.

9. El canónigo Reinoso, que así se llamaba a quien escribí, lo hizo tan bien, que no sólo la desembarazó, mas teníamos camas y muchos regalos cumplidamente. Y habíamoslo menester, porque el frío era mucho, y el día de antes había sido trabajoso, con una gran niebla, que casi no nos veíamos. A la verdad, poco descansamos hasta tener acomodado adonde decir otro día misa, porque antes que nadie supiesen estábamos allí; que esto he hallado ser lo que conviene en estas fundaciones. Porque si comienza a andar en pareceres, el demonio lo turba todo, aunque él no puede salir con nada; mas inquieta. Así se hizo: que luego de mañana, casi en amaneciendo, dijo misa un clérigo que iba con nosotras, llamado Porras, harto siervo de Dios, y otro amigo de las monjas de Valladolid, llamado Agustín de Vitoria, que me había prestado dineros para acomodar la casa y regalado harto por el camino.

10. Íbamos conmigo cinco monjas y una compañera que ha días que andaba conmigo, freila; mas, tan gran sierva de Dios y discreta, que me puede ayudar más que otras que son del coro. Aquella noche poco dor-

mimos, aunque, como digo, había sido trabajoso el camino, por las aguas que había habido.

11. Yo gusté mucho se fundase aquel día, por ser el rezado del rey David, de quien yo soy devota. Luego esa mañana lo envié a decir al ilustrísimo Obispo, que aún no sabía iba aquel día. Él fue luego allá con una caridad grande, que siempre la ha tenido con nosotras. Dijo nos daría todo el pan que fuese menester y mandó al Provisor nos proveyese de muchas cosas. Es tanto lo que esta Orden le debe, que quien leyere estas fundaciones de ella está obligado a encomendarle a Nuestro Señor, vivo o muerto, y así se lo pido por caridad. Fue tanto el contento que mostró el pueblo y tan general, que fue cosa muy particular, porque ninguna persona hubo que le pareciese mal. Mucho ayudó saber que lo quería el obispo, por ser allí muy amado. Mas toda la gente es de la mejor masa y nobleza que yo he visto, y así cada día me alegro más de haber fundado allí.

12. Como la casa no era nuestra, luego comenzamos a tratar de comprar otra; que, aunque aquella se vendía, estaba en muy mal puesto, y con la ayuda que yo llevaba de las monjas que habían de ir, parece podíamos hablar con algo, que, aunque era poco, para allí era mucho; aunque si Dios no diera los buenos amigos que nos dio, todo no era nada; que el buen canónigo Reinoso trajo otro amigo suyo, llamado el canónigo Salinas, de gran caridad y entendimiento, y entre entrambos tomaron el cuidado como si fuera para ellos propios, y aún creo más, y le han tenido siempre de aquella casa.

13. Está en el pueblo una casa de mucha devoción de Nuestra Señora, como ermita, llamada Nuestra Señora de la Calle. En toda la comarca y ciudad es grande la devoción que se le tiene y la gente que acude allí. Parecióle a Su Señoría y a todos que estaríamos bien cerca de aquella iglesia. Ella no tenía casa, mas estaban dos juntas, que, comprándolas, eran

bastantes para nosotras, junto con la iglesia. Esta nos había de dar el cabildo y unos cofrades de ella, y así se comenzó a procurar. El cabildo luego nos hizo merced de ella y, aunque hubo harto en qué entender con los cofrades, también lo hicieron bien; que, como he dicho, es gente virtuosa la de aquel lugar, si yo la he visto en mi vida.

14. Como los dueños de las casas vieron que las habíamos gana, comienzan a estimarlas más, y con razón. Yo las quise ir a ver, y pareciéronme tan mal, que en ninguna manera las quisiera, y a las que iban con nosotras. Después se ha visto claro que el demonio hizo mucho de su parte, porque le pesaba de que fuésemos allí. Los dos canónigos que andaban en ello, parecíales lejos de la Iglesia Mayor, como lo está, mas en donde hay más gente en la ciudad. En fin, nos determinamos todos de que no convenía aquella casa; que se buscase otra. Esto comenzaron a hacer aquellos dos señores canónigos con tanto cuidado y diligencia, que me hacía alabar a Nuestro Señor, sin dejar cosa que les pareciese podía convenir. Vinieron a contentarse de una, que era de uno que llaman Tamayo. Estaba con algunas partes muy aparejadas para venirnos bien, y cerca de la casa de un caballero principal, llamado Suero de Vega, que nos favorece mucho, y tenía gran gana que fuésemos allí, y otras personas del barrio.

15. Aquella casa no era bastante, mas dábanos con ella otra, aunque no estaba de manera que nos pudiésemos una con otra bien acomodar. En fin, por las nuevas que de ella me daban, yo lo deseaba que se efectuase, mas no quisieron aquellos señores, sino que la viese primero. Yo siento tanto salir por el pueblo, y fiaba tanto de ellos, que no había remedio. En fin fui, y también a las de Nuestra Señora, aunque no con intento de tomarlas, sino porque al de la otra no le pareciese no teníamos remedio sino la suya. Y parecióme tan mal como he dicho, y a las que iban allí;

que ahora nos espantamos cómo nos pudo parecer tan mal. Y con aquello fuimos a la otra, ya con determinación que no había de ser otra; y aunque hallábamos hartas: dificultades, pasábamos por ellas, aunque se podían harto mal remediar; que para hacer la iglesia, y aun no buena, se quitaba todo lo que había bueno para vivir.

16. Cosa extraña es ir ya determinada a una cosa. A verdad, diome la vida para fiar poco de mi, aunque entonces no era yo sola la engañada. En fin, nos fuimos ya determinadas de que no fuese otra, y de dar lo que había pedido, que era harto, y escribirle, que no estaba en la ciudad, mas cerca.

17. Parecerá cosa impertinente haberme detenido tanto en el comprar de la casa, hasta que se vea el fin que debía llevar el demonio para que no fuésemos a la de Nuestra Señora, que cada vez que se me acuerda, me hace temer.

18. Idos todos determinados, como he dicho, a no tomar otra, otro día en misa comiénzame un cuidado grande de si hacía bien; y con desasosiego que casi no me dejó estar quieta en toda la misa, fui a recibir el Santísimo Sacramento; y luego, en tomándole, entendí estas palabras de tal manera, que me hizo determinar del todo a no tomar la que pensaba, sino la de Nuestra Señora: «Esta te conviene.» Yo comencé a parecerme cosa recia en negocio tan tratado y que tanto querían los que lo miraban con tanto cuidado. Respondióme el Señor: «No entienden ellos lo mucho que soy ofendido allí, y esto será gran remedio.» Pasóme por pensamiento no fuese engaño, aunque no para creerlo, que bien conocía en la operación que hizo en mí que era espíritu de Dios. Díjome luego: «Yo soy.»

19. Quedé muy sosegada y quitada la turbación que antes tenía, aunque no sabía cómo remediar lo que estaba hecho y el mucho mal que había dicho de aquella casa; y a mis hermanas, que les había encarecido cuán mala era, y que no quisiera hubiéramos

ido allí sin verla para nada, aunque de esto no se me daba tanto, que ya sabía tendría por bueno lo que yo hiciese, sino de los demás, que lo deseaban. Parecía me tendrían por vana y movible, pues tan presto mudaba, cosa que yo aborrezco mucho. No eran todos estos pensamientos para que me moviese poco ni mucho en dejar de ir a la casa de Nuestra Señora, ni me acordaba yo que no era buena, porque a trueco de estorbar las monjas un pecado venial, era cosa de poco momento todo lo demás; y cualquiera de ellas, que supiera lo que yo, estuviera en esto mismo, a mi parecer.

20. Tomé este remedio: yo me confesaba con el canónigo Reinoso, que era uno de estos dos que me ayudaban, aunque no le había dado parte de cosas de espíritu de esta suerte, porque no se había ofrecido ocasión adonde hubiese sido menester; y como lo he acostumbrado siempre en estas cosas, hacer lo que el confesor me aconsejare, por camino más seguro, determiné de decírselo debajo de mucho secreto, aunque no me hallaba yo determinada en dejar de hacer lo que había entendido sin darme harta pesadumbre. Mas, en fin, lo hiciera; que yo fiaba de Nuestro Señor lo que otras veces he visto: que Su Majestad muda al confesor aunque esté en otra opinión, para que haga lo que Él quiere.

21. Díjele primero las muchas veces que Nuestro Señor acostumbraba enseñarme así, y que hasta entonces se habían visto muchas cosas en que se entendía ser espíritu suyo, y contéle lo que pasaba; mas que yo haría lo que a él le pareciese, aunque me sería pena. Él es muy cuerdo y santo y de buen consejo en cualquier cosa, aunque es mozo. Y aunque vio había de ser nota, no se determinó a que se dejase de hacer lo que se había entendido. Yo le dije que esperásemos al mensajero —y así le pareció—, que yo confiaba en Dios que Él lo remediaría. Y así fue; que con haberle dado todo lo que quería y había pedido, tornó a pedir

otros trescientos ducados mas, que parecía desatino, porque se le pagaba demasiado. Con esto vimos lo hacía Dios, porque a él le estaba muy bien vender; y, estando concertado, pedir más no llevaba camino.

22. Con esto se remedió harto, que dijimos que nunca acabaríamos con él, mas no del todo. Porque estaba claro que por trescientos ducados no se había de dejar casa que parecía convenir a un monasterio. Yo dije a mi confesor que de mi crédito no se le diese nada, pues a él le parecía se hiciese, sino que dijese a su compañero que yo estaba determinada a que, cara o barata, ruin o buena, se comprase la de Nuestra Señora. Él tiene un ingenio en extremo vivo, y aunque no se le dijo nada, de ver mudanza tan presto, creo lo imaginó. Y así no me apretó más en ello.

23. Bien hemos visto todos después el gran yerro que hacíamos en comprar la otra, porque ahora nos espantamos de ver las grandes ventajas que la hace. Dejado lo principal, que se echa bien de ver, se sirven Nuestro Señor y su gloriosa Madre allí, y se quitan hartas ocasiones. Porque eran muchas las velas de noche, adonde, como no era sino sola ermita, podían hacer muchas cosas, que el demonio le pesaba se quitasen, y nosotras nos alegramos de poder en algo servir a Nuestra Madre y Señora y Patrona. Y era harto mal hecho no lo haber hecho antes, porque no habíamos de mirar más. Ello se ve claro ponía en muchas cosas ceguedad el demonio, porque hay allí muchas comodidades que no se hallaran en otra parte, y grandísimo contento de todo el pueblo, que lo deseaban; y aún los que querían fuésemos a la otra, les parecía después muy bien.

24. Bendito sea el que me dio luz en esto para siempre jamás. Y así me la da en sı alguna cosa acierto a hacer bien, que cada día me espanta más el poco talento que tengo en todo. Y esto no se entienda que es humildad, sino que cada día lo voy viendo más. Que parece quiere Nuestro Señor conozca yo y todos que

sólo es Su Majestad el que hace estas obras, y que, como dio vista al ciego con lodo, quiere que a cosa tan ciega como yo haga cosa que no lo sea. Por cierto: en esto había cosas, como he dicho, de harta ceguedad, y, cada vez que se me acuerda, querría alabar a Nuestro Señor de nuevo por ello; sino que aún para esto no soy, ni sé cómo me sufre. Bendita sea su misericordia, amén.

25. Pues luego se dieron prisa estos santos amigos de la Virgen a concertar las casas, y, a mi parecer, las dieron baratas. Trabajaron harto, que en cada una quiere Dios haya que merecer en estas fundaciones a los que nos ayudan, y yo soy la que no hago nada, como otras veces he dicho, y nunca lo querría dejar de decir, porque es verdad. Pues lo que ellos trabajaron en acomodar la casa, y dando también dineros para ello, porque yo no los tenía, fue muy mucho, junto con fiarla; que primero que en otras partes hallo un fiador, no de tanta cantidad, me veo afligida. Y tienen razón, porque si no lo fiasen de Nuestro Señor, yo no tengo blanca. Mas Su Majestad me ha hecho siempre tanta merced, que nunca por hacérmela perdieron nada, ni se dejó de pagar muy bien, que la tengo por grandísima.

26. Como no se contentaron los de las casas con ellos dos por fiadores, fuéronse a buscar el Provisor, que había nombre Prudencio, y aun no sé si me acuerdo bien; así me dicen ahora, que, como le llamábamos Provisor, no lo sabía. Es de tanta caridad con nosotras, que era mucho lo que le debíamos y le debemos. Preguntóles adónde iban; díjoles que a buscarle para que firmase aquella fianza. Él se rió; dijo: «¿Pues a fianza de tantos dineros me decís de esa manera?» Y luego, desde la mula, la firmó, que para los tiempos de ahora es de ponderar.

27. Yo no querría dejar de decir muchos loores de la caridad que hallé en Palencia, en particular y general. Es verdad que me parecía cosa de la primitiva

iglesia, al menos no muy usada ahora en el mundo, ver que no llevábamos renta, y que nos habían de dar de comer, y no sólo no defenderlo, sino decir que les hacía Dios merced grandísima. Y si se mirase con luz, decían verdad. Porque, aunque no sea sino haber otra iglesia adonde está el Santísimo Sacramento más, es mucho.

28. Sea por siempre bendito, amén. Que bien se va entendiendo se ha servido de que esté allí, y que debía haber algunas cosas de impertinencias que ahora no se hacen. Porque como velaban allí mucha gente, y la ermita estaba sola, no todos iban por devoción. Ello se va remediando. La imagen de Nuestra Señora estaba puesta muy indecentemente, y hale hecho capilla por sí el obispo don Álvaro de Mendoza. Y poco a poco se van haciendo cosas en honra y gloria de esta gloriosa Virgen y su Hijo. Sea por siempre alabado, amén, amén.

29. Pues acabada de aderezar la casa para el tiempo de pasar allá las monjas, quiso el obispo fuese con gran solemnidad. Y así fue un día de la octava del Santísimo Sacramento, que él mismo vino de Valladolid, y se juntó el Cabildo con las Órdenes y casi todo el lugar. Mucha música. Fuimos, desde la casa adonde estábamos todas, en procesión con nuestras capas blancas y velos delante del rostro a una parroquia que estaba cerca de la casa de Nuestra Señora, que la misma imagen vino también por nosotras; y de allí tomamos el Santísimo Sacramento y se puso en la iglesia con mucha solemnidad y concierto. Hizo harta devoción. Iban más monjas, que habían venido allí para la fundación de Soria, y con candelas en las manos. Yo creo fue el Señor harto alabado aquel día en aquel lugar. Plegue a Él para siempre lo sea de todas las criaturas, amén, amén.

30. Estando en Palencia, fue Dios servido que se hizo el apartamiento de los Descalzos y Calzados, haciendo provincia por sí, que era todo lo que deseába-

mos para nuestra paz y sosiego. Trájose, por petición de nuestro Católico Rey don Felipe, de Roma un Breve muy copioso para esto. Y Su Majestad nos favoreció mucho en este fin, como había comenzado. Hízose Capítulo en Alcalá por mano de un reverendo padre, llamado fray Juan de las Cuevas, que era entonces prior de Talavera —es de la Orden de Santo Domingo—, que vino señalado de Roma, nombrado por Su Majestad, persona muy santa y cuerda, como era menester para cosa semejante. Allí les hizo la costa el Rey, y por su mandado los favoreció toda la Universidad. Hízose en el colegio de Descalzos que hay allí nuestro, de San Cirilo, con mucha paz y concordia. Eligieron por provincial al padre Maestro fray Jerónimo Gracián de la Madre de Dios.

31. Porque esto escribirán estos padres en otra parte, cómo pasó, no había para qué tratar yo de ello. Helo dicho, porque estando en esta fundación acabó Nuestro Señor cosa tan importante a la honra y gloria de su gloriosa Madre, pues es de su Orden, como señora y patrona que es nuestra. Y me dio a mí uno de los grandes gozos y contentos que podía recibir en esta vida, que más había de veinticinco años que los trabajos y persecuciones y aflicciones que había pasado sería largo de contar, y sólo Nuestro Señor lo puede entender. Y verlo ya acabado, si no es quien sabe los trabajos que se han padecido, no puede entender el gozo que vino a mi corazón, y el deseo que yo tenía que todo el mundo alabase a Nuestro Señor, y le ofreciésemos a este santo rey don Felipe, por cuyo medio lo había Dios traído a tan buen fin. Que el demonio se había dado tal maña que ya iba todo por el suelo si no fuera por él.

32. Ahora estamos todos en paz, Calzados y Descalzos. No nos estorba nadie a servir a Nuestro Señor. Por eso, hermanos y hermanas mías, pues tan bien ha oído sus oraciones, ¡prisa a servir a Su Majestad! Miren los presentes, que son testigos de vista, las mer-

cedes que nos ha hecho y de los trabajos y desasosiegos que nos ha librado; y los que están por venir, pues lo hallan llano todo, no dejen caer ninguna cosa de perfección, por amor de Nuestro Señor. No se diga por ellos lo que de algunas Órdenes que loan sus principios. Ahora comenzamos, y procuren ir comenzando siempre de bien en mejor. Miren que por muy pequeñas cosas va el demonio barrenando agujeros por donde entren las muy grandes. No les acaezca decir: «En ésto no va nada, que son extremos.» ¡Oh, hijas mías, que en todo va mucho, como no sea ir adelante!

33. Por amor de Nuestro Señor les pido se acuerden cuán presto se acaba todo y la merced que nos ha hecho Nuestro Señor a traernos a esta Orden y la gran pena que tendrá quien comenzare alguna relajación. Sino que pongan siempre los ojos en la casta de donde venimos, de aquellos santos profetas. ¡Qué de santos tenemos en el cielo que trajeron este hábito! Tomemos una santa presunción, con el favor de Dios, de ser nosotros como ellos. Poco durará la batalla, hermanas mías, y el fin es eterno. Dejemos estas cosas, que en sí no son, si no es las que nos allegan a este fin que no tiene fin, para amarle y servirle, pues ha de vivir para siempre jamás. Amén, amén.

A Dios sean dadas gracias.

[CAPÍTULO 30]

†

JHS

Comienza la fundación del monasterio de la Santísima Trinidad en la ciudad de Soria. Fundóse el año de 1581. Díjose la primera misa día de Nuestro padre San Eliseo

1. Estando yo en Palencia, en la fundación que queda dicha de allí, me trajeron una carta del obispo de Osma, llamado el Doctor Velázquez, a quien, siendo él canónigo y catedrático en la iglesia mayor de Toledo y andando yo todavía en algunos temores, procuré tratar, porque sabía era muy gran letrado y siervo de Dios; y así le importuné mucho tomase cuenta con mi alma y me confesase. Con ser muy ocupado, como se lo pedí por amor de Nuestro Señor, y vio mi necesidad, lo hizo de tan buena gana, que yo me espanté; y me confesó y trató todo el tiempo que yo estuve en Toledo, que fue harto. Yo le traté con toda llaneza mi alma, como tengo de costumbre. Hízome tan grandísimo provecho, que desde entonces comencé a andar sin tantos temores. Verdad es que hubo otra ocasión, que no es para aquí. Mas, en efecto, me hizo gran provecho, porque me aseguraba con cosas de la Sagrada Escritura, que es lo que más a mí me hace al caso, cuando tengo la certidumbre de que lo sabe bien, que la tenía de él, junto con su buena vida.

2. Esta carta me escribía desde Soria, adonde es-

taba al presente. Decíame cómo una señora que allí confesaba le había tratado de una fundación del monasterio de monjas nuestras que le parecía bien; que él había dicho acabaría conmigo que fuese allá a fundarla; que no le echase en falta y que, como me pareciese era cosa que convenía, se lo hiciese saber, que él enviaría por mí. Yo me holgué harto, porque, dejado ser buena la fundación, tenía deseo de comunicar con él algunas cosas de mi alma y de verle, que del gran provecho que la hizo, le había yo cobrado mucho amor.

3. Llamábase esta señora fundadora doña Beatriz de Beamonte y Navarra, porque viene de los reyes de Navarra, hija de don Francés de Beamonte, de claro linaje y muy principal. Fue casada algunos años y no tuvo hijos; y quedóle mucha hacienda, y había muchos que tenía por sí de hacer un monasterio de monjas. Como lo trató con el obispo y él le dio noticia de esta Orden de Nuestra Señora de Descalzas, cuadróle tanto, que le dio gran prisa para que se pusiese en efecto.

4. Es una persona de blanda condición, generosa, penitente; en fin, muy sierva de Dios. Tenía en Soria una casa buena, fuerte, con harto buen puesto. Y dijo que nos daría aquélla con todo lo que fuese menester para fundar. Y ésta dio con quinientos ducados de juro de a 25 el millar. El obispo se ofreció a dar una iglesia harto buena, toda de bóveda, que era de una parroquia que estaba cerca, que con un pasadizo nos ha podido aprovechar. Y púdolo hacer bien porque era pobre, y allí hay muchas iglesias, y así la pasó a otra parte. De todo esto me dio relación en su carta. Yo lo traté con el padre provincial, que fue entonces allí, y a él y a todos los amigos les pareció escribiese con un propio viniesen por mí. Porque ya estaba la fundación de Palencia acabada, y yo me holgué harto de ello por lo dicho.

5. Yo comencé a traer las monjas que había de llevar allá conmigo, que fueron siete, porque aquella

señora antes quisiera más que menos, y una freila y mi compañera y yo. Vino persona por nosotras bien para el propósito, porque yo le dije había de llevar dos padres conmigo Descalzos; y así llevé al padre fray Nicolao de Jesús María, hombre de mucha perfección y discreción, natural de Génova. Tomó el hábito ya de más de cuarenta años, a mi parecer —al menos los de ahora y ha poco que le tomó—, mas ha aprovechado tanto en poco tiempo, que bien parece le escogió Nuestro Señor para que en estos tan trabajosos de persecuciones ayudase a la Orden, que ha hecho mucho. Porque los demás que podían ayudar, unos estaban desterrados, otros encarcelados. De él, como no tenía oficio —que había poco, como digo, que estaba en la Orden—, no hacían tanto caso, o lo hizo Dios para que me quedase tal ayuda [1].

6. Es tan discreto, que se estaba en Madrid en el monasterio de los Calzados, como para otros negocios, con tanta disimulación, que nunca le entendieron trataba de éstos, y así le dejaban estar. Escribíamonos a menudo, que estaba yo en el monasterio de San José de Ávila, y tratábamos lo que convenía, que esto le daba consuelo. Aquí se verá la necesidad en que estaba la Orden, pues de mí se hacía tanto caso, a falta, como dicen, de hombres buenos. En todos estos tiempos experimenté su perfección y discreción. Y así es de los que yo amo mucho en el Señor y tengo en mucho de esta Orden. Pues él y un compañero lego fueron con nosotras.

7. Tuvo poco trabajo en este camino. Porque el que envió el obispo nos llevaba con harto regalo y ayudó a poder dar buenas posadas, que, en entrando en el obispado de Osma, querían tanto al obispo, que, en decir era cosa suya, nos las daban buenas. El tiem-

---

[1] El padre Nicolás de Jesús María Doria (1539-1594). Con el tiempo, suplantaría a Gracián y conduciría la descalcez por caminos de rigorismo.

po lo hacía. Las jornadas no eran grandes. Así poco trabajo se pasó en este camino, sino contento; porque, en oír yo los bienes que decían de la santidad del obispo, me le daba grandísimo. Llegamos al Burgo miércoles antes del día octavo del Santísimo Sacramento. Comulgamos allí el jueves, que era la octava. Otro día, como llegamos y comimos allí, porque no se podía llegar a Soria otro día, aquella noche tuvimos en una iglesia, que no hubo otra posada, y no se nos hizo mala. Otro día oímos allí misa, y llegamos a Soria como a las cinco de la tarde. Estaba el santo obispo a una ventana de su casa, que pasamos por allí, de donde nos echó su bendición, que no me consoló poco, porque de prelado, y santo, tiénese en mucho.

8. Estaba aquella señora, nuestra fundadora, esperándonos a la puerta de su casa, que era adonde se había de fundar el monasterio. No vimos la hora que entrar en ella, porque era mucha la gente. Esto no era cosa nueva, que en cada parte que vamos, como el mundo es tan amigo de novedades, hay tanto que, a no llevar velos delante del rostro, sería trabajo grande; con esto se puede sufrir. Tenía aquella señora aderezada una sala muy grande, y muy bien, adonde se había de decir la misa —porque se había de hacer pasadizo para la que nos daba el obispo—. Y luego, otro día, que era de Nuestro Padre San Eliseo, se dijo.

9. Todo lo que habíamos menester tenía muy cumplido aquella señora, y dejónos en aquel cuarto, adonde estuvimos recogidas hasta que se hizo el pasadizo, que duró hasta la Transfiguración. Aquel día se dijo la primera misa en la iglesia con harta solemnidad y gente. Predicó un padre de la Compañía, que el obispo era ya ido al Burgo —porque no pierde día ni hora sin trabajar—, aunque no estaba bueno, que le había faltado la vista de un ojo: que esta pena tuve allí, que se me hacía gran lástima, que vista que tanto aprovechaba en el servicio de Nuestro Señor se perdiese. Juicios son suyos. Para dar más a ganar a su siervo

debía ser, porque él no dejaba de trabajar como antes. Y para probar la conformidad que tenía con su voluntad, decíame que no le daba más pena que si lo tuviera su vecino; que algunas veces pensaba que no le parecía le pesaría si se le perdía la vista del otro, porque se estaría en una ermita sirviendo a Dios, sin más obligación. Siempre fue este su llamamiento antes que fuese obispo —y me lo decía algunas veces—, y estuvo casi determinado a dejarlo todo e irse.

10. Yo no lo podía llevar, por parecerme que sería de gran provecho en la iglesia de Dios, y así deseaba lo que ahora tiene; aunque el día que le dieron el obispado, como me lo envió a decir luego, me dio un alboroto muy grande, pareciéndome le veía con una grandísima carga, y no me podía valer ni sosegar, y fuile a encomendar al coro a Nuestro Señor. Su Majestad me sosegó luego; que me dijo que sería muy en servicio suyo, y vase pareciendo bien. Con el mal del ojo que tiene y otros algunos bien penosos y el trabajo que es ordinario, ayuna cuatro días en la semana, y otras penitencias. Su comer es de bien poco regalo. Cuando anda a visitar, es a pie que sus criados no lo pueden llevar, y se me quejaban. Éstos han de ser virtuosos o no estar en su casa. Fía poco de que negocios graves pasen por provisores —y aun pienso todos—, sino que pasa por su mano. Tuvo dos años allí al principio las más bravas persecuciones de testimonios, que yo me espantaba, porque en caso de hacer justicia es entero y recto. Ya éstas iban cesando, aunque han ido a Corte y a donde pensaban le podían hacer mal. Mas como se va ya entendiendo el bien en todo el obispado, tienen poca fuerza. Y él lo ha llevado todo con tanta perfección, que los ha confundido, haciendo bien a los que sabía le hacían mal. Por mucho que tenga que hacer, no deja de procurar tiempo para tener oración.

11. Parece que me voy embebiendo en decir bien de este santo, y he dicho poco. Mas para que se

entienda quién es el principio de la fundación de la Santísima Trinidad de Soria, y se consuelen las que hubiere de haber en él, no se ha perdido nada; que las de ahora bien entendido lo tienen. Aunque él no dio la renta, dio la iglesia, y fue, como digo, quien puso a esta señora en ello; a quien, como he dicho, no le faltaba mucha cristiandad y virtud y penitencia.

12. Pues, acabadas de pasarnos a la iglesia y de aderezar lo que era menester para la clausura, había necesidad que yo fuese al monasterio de San José de Ávila. Y así me partí luego con harta gran calor, y el camino que había era muy malo para carro. Fue conmigo un racionero de Palencia, llamado Ribera, que fue en extremo lo que me ayudó en la labor del pasadizo y en todo. Porque el padre Nicolao de Jesús María fuese luego, en haciéndose las escrituras de la fundación que era mucho menester en otra parte. Este Ribera tenía cierto negocio en Soria cuando fuimos, y fue con nosotras. De allí le dio Dios tanta voluntad de hacernos bien, que se puede encomendar a Su Majestad con los bienhechores de la Orden.

13. Yo no quise viniese otro con mi compañera y conmigo, porque es tan cuidadoso que me bastaba, y mientras menos ruido, mejor me hallo por los caminos. En este pagué lo bien que había ídome en la ida. Porque, aunque quien iba con nosotras sabía el camino hasta Segovia, no el camino de carro. Y así nos llevaba este mozo por partes que veníamos a apearnos muchas veces, y llevaban el carro casi en peso por unos despeñaderos grandes. Si tomábamos guías, llevábannos hasta donde sabían había buen camino, y, un poco antes que viniese el malo, dejábannos, que decían tenían que hacer. Primero que llegásemos a una posada, como no había certidumbre, habíamos pasado mucho sol y aventura de trastornarse el carro muchas veces. Yo tenía pena por el que iba con nosotras, porque ya que nos había dicho que íbamos bien, era menester tornar a desandar lo andado. Mas él tenía la virtud

tan de raíz, que nunca me parece le vi enojado, que me hizo espantar mucho y alabar a Nuestro Señor; que adonde hay virtud de raíz, hacen poco las ocasiones. Yo le alabo de cómo fue servido sacarnos de aquel camino.

14. Llegamos a San José de Segovia víspera de San Bartolomé, adonde estaban nuestras monjas penadas por lo que tardaba, que, como el camino era tal, fue mucho. Allí nos regalaron, que nunca Dios me da trabajo que no le pague luego, y descansé ocho y más días. Mas esta fundación fue tan sin ningún trabajo, que de éste no hay que hacer caso, porque no es nada. Vine contenta, por parecerme tierra adonde espero en la misericordia de Dios se ha de servir de que esté allí, como ya se va viendo. Sea para siempre bendito y alabado por todos los siglos de los siglos, amén. Deo gracias.

[CAPÍTULO 31]

Comiénzase a tratar en este capítulo de la fundación del glorioso San José de Santa Ana en la ciudad de Burgos. Díjose la primera misa a 19 días del mes de abril, octava de Pascua de Resurrección, año de 1582

1. Había más de seis años que algunas personas de mucha religión de la Compañía de Jesús, antiguas y de letras y espíritu, me decían que se serviría mucho Nuestro Señor de que una casa de esta sagrada Religión estuviese en Burgos, dándome algunas razones para ello que me movían a desearlo. Con los muchos trabajos de la Orden y otras fundaciones, no había habido lugar de procurarlo.

2. El año de 1580, estando yo en Valladolid, pasó por allí el arzobispo de Burgos, que habían dádole entonces el obispado, que lo era antes de Canarias, y venía entonces. Supliqué al obispo de Palencia, don Álvaro de Mendoza —de quien ya he dicho lo mucho que favorece esta Orden, porque fue el primero que admitió el monasterio de San José de Ávila, siendo allí obispo, y siempre después nos ha hecho mucha merced, y toma las cosas de esta Orden como propias, en especial las que yo le suplico—, y muy de buena gana dijo se la pediría; porque como le parece se sirve Nuestro Señor en estas casas, gusta mucho cuando alguna se funda.

3. No quiso entrar el arzobispo en Valladolid, sino posó en el monasterio de San Jerónimo, adonde le hizo mucha fiesta el obispo de Palencia, y se fue a comer con él y a darle un cinto o no sé qué ceremonia [1], que lo había de hacer obispo. Allí le pidió la licencia para que yo fundase el monasterio. Él dijo la daría muy de buena gana, porque aún había querido en Canarias y deseado procurar tener un monasterio de estos; porque él conocía lo que se servía en ellos Nuestro Señor, porque era de donde había uno de ellos y a mí me conocía mucho. Así me dijo el obispo por la licencia no quedase, que él se había holgado mucho de ello. Y como no trata el Concilio que se dé por escrito, sino que sea con su voluntad esto, se podía tener por dada.

4. En la fundación pasada de Palencia dejo dicho la gran contradicción que tenía de fundar por este tiempo, por haber estado con una gran enfermedad, que pensaron ni viviera, y aun no estaba convalecida; aunque esto no me suele a mí caer tanto en lo que veo que es servicio de Dios, y así no entiendo la causa de tanta desgana como yo entonces tenía. Porque, si es por poca posibilidad, menos había tenido en otras fundaciones. A mí paréceme era el demonio, después que he visto lo que ha sucedido. Y así ha sido ordinario que, cada vez que ha de haber trabajo en alguna fundación, como Nuestro Señor me conoce por tan miserable, siempre me ayuda con palabras y con obras. He pensado algunas veces cómo en algunas fundaciones que no los ha habido, no me advierte Su Majestad de nada. Así ha sido en esto: que, como sabía lo que se había de pasar, desde luego me comenzó a dar aliento. Sea por todo alabado. Así fue aquí, como dejo ya dicho en la fundación de Palencia, que juntamente se trataba, que con una manera de reprensión me dijo

---

[1] Ceremonia de entrega del palio arzobispal.

que de qué temía, que cuándo me había faltado, «el mismo soy, no dejes de hacer estas dos fundaciones». Porque queda dicho en la pasada el ánimo con que me dejaron estas palabras, no hay para qué lo tornar a decir aquí; porque luego se me quitó toda la pereza. Por donde parece no era la causa la enfermedad ni la vejez. Así comencé a tratar de lo uno y de lo otro, como queda dicho.

5. Pareció que era mejor hacer primero la de Palencia, como estaba más cerca, y por ser el tiempo tan recio y Burgos tan frío, y por dar contento al buen obispo de Palencia. Y así se hizo, como queda dicho. Y como estando allí se ofreció la fundación de Soria, pareció pues allí se estaba todo hecho, que era mejor ir primero, y desde allí, a Soria. Parecióle al obispo de Palencia, y yo se lo supliqué, que era bien dar cuenta al arzobispo de lo que pasaba. Y envió desde allí, después de ido yo a Soria, a un canónigo al arzobispo, no a otra cosa, llamado Juan Alonso. Y escribióme a mí lo que deseaba mi ida con mucho amor. Y trató con el canónigo, y escribió a Su Señoría, remitiéndose a él, y que lo que hacía era porque conocía a Burgos, que era menester entrar con su consentimiento.

6. En fin, la resolución, que yo fuese allá y se tratase primero con la ciudad, y que si no diesen licencia, que no le habían de tener las manos para que él no me la diese, y que él se había hallado en el primer monasterio de Ávila, que se acordaba del gran alboroto y contradicción que había habido, y que así quería prevenir acá; que no convenía hacerse monasterio, si no era de renta o con consentimiento de la ciudad, que no me estaba bien; que por esto lo decía.

7. El obispo túvolo por hecho, y con razón, en decir que yo fuese allá, y envióme a decir que fuese. Mas a mí me pareció entender alguna falta de ánimo en el arzobispo, y escribíle agradeciendo la merced que me hacía; mas que me parecía ser peor, no lo

queriendo la ciudad, que el hacerlo sin decírselo y ponerle a Su Señoría en más contienda. Parece adiviné lo poco que tuviera en él si hubiera alguna contradicción, que yo la procuraría; y aún túvelo por dificultoso, por las contrarias opiniones que suele haber en cosas semejantes, y escribí al obispo de Palencia, suplicándole que, pues ya había tan poco de verano y mis enfermedades eran tantas para estar en tierra tan fría, que se quedase por entonces. No puse duda en cosa del arzobispo, porque él estaba ya desabrido de que ponía inconvenientes, habiéndole mostrado tanta voluntad, y por no poner alguna discordia, que son amigos. Y así me fui desde Soria a Ávila, bien descuidada por entonces de venir tan presto; y fue harto necesaria mi ida a aquella casa de San José de Ávila para algunas cosas.

8. Había en esta ciudad de Burgos una santa viuda, llamada Catalina de Tolosa, natural de Vizcaya, que en decir sus virtudes me pudiera alargar mucho, así de penitencia como de oración, de grandes limosnas y caridad, de muy buen entendimiento y valor. Había metido dos hijas monjas en el monasterio de nuestra Orden de la Concepción, que está en Valladolid, creo había cuatro años, y en Palencia metió otras dos, que estuvo aguardando a que se fundase, y antes que yo me fuese de aquella fundación las llevó.

9. Todas cuatro han salido como criadas de tal madre, que no parecen sino ángeles. Dábales buenos dotes y todas las cosas muy cumplidas, porque lo es ella mucho. Todo lo que hace, muy cabal; y puédelo hacer, porque es rica. Cuando fue a Palencia, teníamos por tan cierta la licencia del arzobispo, que no parecía había en qué reparar. Y así la rogué me buscase una casa alquilada para tomar la posesión, e hiciese unas redes y tornos, y lo pusiese a mi cuenta, no pasándome por pensamiento que ella gastase nada, sino que me lo prestase. Ella lo deseaba tanto, que sintió en gran manera que se quedase por entonces. Y así, después

de ida yo a Ávila, como he dicho, bien descuidada de tratar de ello por entonces, ella no lo quedó, sino pareciéndole no estaba en más de tener licencia de la ciudad, sin decirme nada, comenzó a procurarla.

10. Tenía ella dos vecinas, personas principales y muy siervas de Dios, que lo deseaban mucho, madre e hija. La madre se llamaba doña María Manrique. Tenía un hijo regidor, llamado don Alonso de Santo Domingo Manrique. La hija se llamaba doña Catalina. Entrambas lo trataron con él para que lo pidiese en el Ayuntamiento; el cual habló a Catalina de Tolosa, diciendo que qué fundamento diría que teníamos, porque no la darían sin alguno. Ella dijo que se obligaría, y así lo hizo, de darnos casa, si nos faltase, y de comer; y con esto dio una petición firmada de su nombre. Don Alonso se dio tan buena maña, que la alcanzó de todos los regidores y el arzobispo, y llevóle la licencia por escrito. Ella luego, después de comenzado a tratar, me escribió que lo andaba negociando. Yo lo tuve por cosa de burla, porque sé cuán mal admiten monasterios pobres, y como no sabía ni me pasaba por pensamiento que ella se obligaba a lo que hizo, parecióme era mucho más menester.

11. Con todo, estando un día de la octava de San Martín encomendándolo a Nuestro Señor, pensé que se podía hacer si la diese. Porque ir yo a Burgos con tantas enfermedades, que les son los fríos muy contrarios, siendo tan frío, parecióme que no se sufría; que era temeridad andar tan largo camino, acabada casi de venir de tan áspero, como he dicho, en la venida de Soria, ni el Provincial me dejaría. Consideraba que iría bien la priora de Palencia, que, estando llano todo, no había ya que hacer. Estando pensando esto y muy determinada a no ir, díceme el Señor estas palabras, por donde vi que era ya dada la licencia: «No hagas caso de esos fríos, que yo soy la verdadera calor. El demonio pone todas sus fuerzas por impedir aquella

fundación. Ponlas tú de mi parte porque se haga, y no dejes de ir en persona, que se hará gran provecho.»

12. Con esto torné a mudar parecer, aunque el natural en cosas de trabajo algunas veces repugna, mas no la determinación de padecer por este gran Dios. Y así le digo que no haga caso de estos sentimientos de mi flaqueza para mudarme lo que fuere servido, que, con su favor, no lo dejaré de hacer. Hacía entonces nieves y fríos. Lo que me acobarda más es la poca salud; que, a tenerla, todo no me parece que se me haría nada. Esta me ha faltado en esta fundación muy ordinario. El frío ha sido tan poco, al menos el que yo he sentido, que con verdad, me parece sentía tanto cuando estaba en Toledo. Bien ha cumplido el Señor su palabra de lo que en esto dijo.

13. Pocos días tardaron en traerme la licencia con cartas de Catalina de Tolosa y su amiga doña Catalina, dando gran prisa, porque temía no hubiese algún desmán. Porque habían a la sazón venido allí a fundar la Orden de los Vitorinos, y la de los Calzados del Carmen había mucho que estaban allí procurando fundar. Después vinieron los Basilios, que era harto impedimento y cosa para considerar habernos juntado tantos en un tiempo, y también para alabar a Nuestro Señor de la gran caridad de este lugar, que les dio la licencia la ciudad muy de buena gana, con no estar con la prosperidad que solía. Siempre había yo oído loar la caridad de esta ciudad, mas no pensé llegaba a tanto. Unos favorecían a unos, otros a otros. Mas el arzobispo miraba por todos los inconvenientes que podía haber, y lo defendía pareciéndole era hacer agravio a las Órdenes de pobreza, que no se podrían mantener. Y quizá acudían a él los mismos, o lo inventaba el demonio para quitar el gran bien que hace Dios adonde trae muchos monasterios; porque poderoso es para mantener los muchos como los pocos.

14. Pues, con esta ocasión, era tanta la prisa que me daban estas santas mujeres, que, a mi querer, luego

me partiera, si no tuviera negocios que hacer. Porque miraba yo cuán más obligada estaba a que no se perdiese coyuntura por mí, que a las que veía poner tanta diligencia. En las palabras que había entendido, daban a entender contradicción mucha; yo no podía saber de quién ni por dónde, porque ya Catalina de Tolosa me había escrito que tenía cierta la casa en que vivía para tomar la posesión. La ciudad llana. El arzobispo también. No podía entender de quién había de ser esta contradicción que los demonios habían de poner, porque en que eran de Dios las palabras que había entendido no dudaba.

15. En fin, da Su Majestad a los prelados más luz; que, como lo escribí al padre Provincial, en que fuese por lo que había entendido, no me lo estorbó; mas dijo que si había licencia por escrito del arzobispo. Yo lo escribí así a Burgos. Dijéronme que con él se había tratado cómo se pedía a la ciudad, y lo había tenido por bien. Esto, y todas, las palabras que había dicho en el caso, parece no habia que dudar.

16. Quiso el padre Provincial ir con nosotras a esta fundación. Parte debía ser estar entonces desocupado, que había predicado el Adviento ya, y había de ir a visitar a Soria, que después que se fundó no la había visto, y era poco rodeo; y parte por mirar por mi salud en los caminos, por ser el tiempo tan recio y yo tan vieja y enferma, y paréceles importa algo mi vida. Y fue cierto ordenación de Dios, porque los caminos estaban tales, que eran las aguas muchas, que fue bien necesario ir él y sus compañeros para mirar por donde se iba y ayudar a sacar los carros de los trampales. En especial desde Palencia a Burgos, que fue harto atrevimiento salir de allí cuando salimos. Verdad es que Nuestro Señor me dijo que bien podíamos ir, que no temiese, que Él sería con nosotros, aunque esto no lo dije yo al padre Provincial por entonces. Mas consolábame a mí en los grandes trabajos y peligros que nos vimos, en especial un paso que hay cerca de

Burgos, que llaman unos pontones, y el agua había sido tanta, y lo era muchos ratos, que sobrepujaba sobre estos pontones tanto, que ni se parecían ni se veían por dónde ir, sino todo agua, y de una parte y de otra está muy hondo. En fin, es gran temeridad pasar por allí, en especial con carros; que, a trastornar un poco, va todo perdido; y así el uno de ellos se vio en peligro.

17. Tomamos una guía en una venta que está antes, que sabían aquel paso; mas, cierto, él es bien peligroso. ¡Pues las posadas! Como no se podían andar jornadas a causa de los malos caminos, que era muy ordinario anegarse los carros en el cieno, habían de pasar de unas bestias al otro para sacarles. Gran cosa pasaron los padres que iban allí, porque acertamos a llevar unos carreteros mozos y de poco cuidado. Ir con el padre Provincial lo aliviaba mucho, porque le tenía de todo, y una condición tan apacible, que no parece se le pega trabajo de nada. Y así, lo que era mucho lo facilitaba que parecía poco; aunque no los pontones, que no se dejó de temer harto. Porque verse entrar en un mundo de agua sin camino ni barco, con cuanto Nuestro Señor me había esforzado, aún no dejé de temer; ¿qué harían mis compañeras? Íbamos ocho: dos que han de tornar conmigo y cinco que han de quedar en Burgos, cuatro de coro y una freila. Aún no creo he dicho cómo se llama el padre provincial. Es fray Jerónimo Gracián de la Madre de Dios, de quien ya otras veces he hecho mención. Yo iba con un mal de garganta bien apretado, que me dio camino en llegando a Valladolid, y sin quitárseme calentura. Comer, era el dolor harto grande. Esto me hizo no gozar tanto del gusto de los sucesos de este camino. Este mal me duró hasta ahora, que es a fin de junio, aunque no tan apretado, con mucho más harto penoso. Todas venían contentas, porque, en pasando el peligro, era recreación hablar en él. Es gran cosa padecer por

obediencia, para quien tan ordinario la tienen como estas monjas.

Con este mal camino llegamos a Burgos, por harta agua que hay antes de entrar en él. Quiso Nuestro Padre fuésemos lo primer a ver el santo Crucifijo para encomendarle el negocio, y porque anocheciese, que era temprano cuando llegamos; que era un viernes, un día después de la conversión de San Pablo, 26 días de enero. Traíase determinado de fundar luego, y yo traía muchas cartas del canónigo Salinas —el que queda dicho en la fundación de Palencia, que no menos le cuesta ésta; es de aquí y de personas principales—, para que sus deudos favoreciesen este negocio, y para otros amigos, muy encarecidamente.

18. Y así lo hicieron; que luego, otro día, me vinieron todos a ver y en ciudad [2]; que ellos no estaban arrepentidos de lo que habían dicho, sino que se holgaban que fuese venida, que viese en qué me podían hacer merced. Como si algún miedo traíamos, era de la ciudad, tuvímoslo todo por llano. Aun sin que lo supiera nadie —a no llegar con un agua grandísima a la casa de la buena Catalina de Tolosa—, pensamos hacerlo saber al arzobispo, para decir la primera misa luego, como lo hago en casi las más partes. Mas por esto se quedó.

19. Descansamos aquella noche con mucho regalo que nos hizo esta santa mujer, aunque me costó a mí trabajo; porque tenía gran lumbre para enjugar el agua, y aunque era en chimenea, me hizo tanto mar, que otro día no podía levantar la cabeza, que echada hablaba a los que venían por una ventana de reja, que pusimos un velo, que por ser día que por fuerza había de negociar, se me hizo muy penoso.

20. Luego de mañana fue el padre Provincial a pedir la bendición al Ilustrísimo, que no pensamos

---

[2] En corporación.

había más que hacer. Hallóle tan alterado y enojado de que me había venido sin su licencia —como si no me lo hubiera el mandado ni tratádose cosa en el negocio—, y así habló al padre Provincial enojadísimo de mí. Ya que concedió que él había mandado que yo viniese, dijo que yo sola a negociarlo; mas venir con tantas monjas. Dios nos libre de la pena que le dio. Decirle que, negociado ya con la ciudad, como él pidió, que no había que negociar más de fundar, y que el obispo de Palencia me había dicho —que le había yo preguntado si sería bien que viniese—, que no había para qué, que ya él decía lo que lo deseaba, aprovechaba poco. Ello había pasado así, y fue querer Dios se fundase la casa, y él mismo lo dice después; porque, a hacérselo saber llanamente, dijera que no viniéramos. Con que despidió al padre Provincial, es con que si no había renta y casa propia, que en ninguna manera daría la licencia, que bien nos podíamos tornar. Pues, ¡bonitos estaban los caminos y hacía el tiempo!

21. ¡Oh, Señor mío, qué cierto es a quien os hace algún servicio pagar luego con un gran trabajo! ¡Y qué precio tan precioso para los que de veras os aman, si luego se nos diese a entender su valor! Mas entonces no quisiéramos esta ganancia, porque parece lo imposibilitaba todo. Que decía más: que lo que se había de tener de renta y comprar la casa, que no había de ser de lo que trajeran las monjas. Pues, adonde no se traía pensamiento de esto, en los tiempos de ahora, bien se daba a entender no había de haber remedio; aunque no a mí, que siempre estuve cierta que era todo para mejor y enredos que ponía el demonio para que no se hiciese, y que Dios había de salir con su obra. Vino con esto el padre Provincial muy alegre, que entonces no se turbó. Dios lo proveyó, y para que no se enojase conmigo, porque no había tenido la licencia por escrito, como él decía.

22. Habían estado ahí conmigo de los amigos que había escrito el canónigo Salinas, como he dicho, y de

ellos vinieron luego y sus deudos. Parecióles se pidiese licencia al arzobispo para que nos dijesen misa en casa, por no ir por las calles. Hacían grandes lodos y descalzas parecía inconveniente; y en la casa estaba una pieza decente, que había sido iglesia de la Compañía de Jesús, luego que vinieron a Burgos, adonde estuvieron más de diez años. Y con esto nos parecía no había inconveniente de tomar allí la posesión hasta tener casa. Nunca se pudo acabar con él nos dejase oír en ella misa, aunque fueron dos canónigos a suplicárselo. Lo que se acabó con él, es que, tenida la renta, se fundase allí hasta comprar casa, y que para esto diésemos fiadores que se compraría, y que nos saldríamos de allí. Estos hallamos luego; que los amigos del canónigo Salinas se ofrecieron a ello, y Catalina de Tolosa a dar renta para que se fundase.

23. En qué tanto y cómo y de dónde, se debían pasar más de tres semanas; y nosotras no oyendo misa, sino las fiestas muy de mañana; y yo con calentura y harto mal. Mas hizolo tan bien Catalina de Tolosa, que era tan regalada, y con tanta voluntad nos dio a todas de comer un mes, como si fuera madre de cada una, en un cuarto que estábamos apartadas. El padre Provincial y sus compañeros posaban en casa de un su amigo, que habían sido colegiales juntos, llamado el doctor Manso, que era canónigo de púlpito en la Iglesia Mayor, harto deshecho de ver que se detenía tanto allí, y no sabía cómo nos dejar.

24. Pues, concertados fiadores y la renta, dijo el arzobispo se diese al provisor, que luego se despacharía. El demonio no debía dejar de acudir a él, después de muy mirado, que ya no pensamos que había en qué se detener. Y pasado casi un mes en acabar con el arzobispo se contentase con lo que se hacía, envíame el provisor una memoria, y dice que la licencia no se dará hasta que tengamos casa propia; que ya no quería el arzobispo fundásemos en la que estábamos, porque era húmeda, y que había mucho ruido en aquella calle;

y para la seguridad de la hacienda no sé qué enredos y otras cosas, como si entonces se comenzara el negocio; y que en esto no había más que hablar, y que la casa había de ser a contento del arzobispo.

25. Mucha fue la alteración del padre Provincial cuando esto vio, y de todas. Porque para comprar sitio para un monasterio, ya se ve lo que es menester de tiempo, y él andaba deshecho de vernos salir a misa. Que, aunque la iglesia no estaba lejos, y la oíamos en una capilla sin vernos nadie, para su Reverencia y nosotras era grandísima pena lo que se había estado. Ya entonces, creo, estuvo en que nos tornásemos. Yo no lo podía llevar, cuando me acordaba que me había dicho el Señor que yo lo procurase de su parte; y teníalo por tan cierto que se había de hacer, que no me daba ninguna cosa casi pena. Sólo la tenía del padre Provincial, y pesábame harto de que hubiese venido con nosotras, como quien no sabía lo que nos habían de aprovechar sus amigos, como después diré. Estando en esta aflicción, y mis compañeras la tenían mucha —mas de esto no se me daba nada, sino del Provincial—, sin estar en oración, me dice Nuestro Señor estas palabras: «Ahora, Teresa, ten fuerte.» Con esto procuré con más ánimo con el padre Provincial —y Su Majestad se lo debía poner a él— que fuese y nos dejase; porque era ya por cerca de Cuaresma y había forzado de ir a predicar.

26. Él y los amigos dieron orden que nos diesen unas piezas del Hospital de la Concepción que había Santísimo Sacramento allí y misa cada día. Con esto le dio algún contento, mas no se pasó poco en dárnoslo. Porque un aposento que había bueno, habíale alquilado una viuda de aquí; y ella no sólo no nos le quiso prestar, con que no había de ir en medio año a él, mas pesóle de que nos diesen unas piezas en lo más alto, a teja vana, y pasaba una a su cuarto. Y no se contentó con que tenía llave por de fuera, sino echar clavos por de dentro. Sin esto, los cofrades pen-

saron nos habíamos de alzar con el hospital, cosa bien sin camino, sino que quería Dios mereciésemos más. Hácennos delante de un escribano prometer al padre Provincial y a mí que, en diciéndonos que nos saliésemos de allí, luego lo habíamos de hacer.

27. Esto se me hizo lo más dificultoso, porque temí a la viuda, que era rica y tenía parientes, que cuando le diese el antojo nos había de hacer ir. Mas el padre Provincial, como más avisado, quiso se hiciese cuanto querían, porque nos fuésemos presto. No nos daban sino dos piezas y una cocina. Mas tenía cargo del hospital un gran siervo de Dios, llamado Hernando de Matanza, que nos dio otras dos para locutorio, y nos hacía mucha caridad, y él la tiene con todos, que hace mucho por los pobres. También nos la hacía Francisco de Cuevas, que tenía mucha cuenta con este hospital, que es Correo Mayor de aquí; él ha hecho siempre por nosotras en cuanto se ha ofrecido.

28. Nombré a los bienhechores de estos principios, porque las monjas de ahora y las de por venir es razón se acuerden de ellos en sus oraciones. Esto se debe más a los fundadores; y, aunque el primer intento mío no fue lo fuese Catalina de Tolosa, ni me pasó por pensamiento, mereciólo su buena vida con Nuestro Señor, que ordenó las cosas de suerte que no se puede negar que no lo es. Porque, dejado el pagar la casa, que no tuviéramos remedio, no se puede decir lo que todos estos desvíos del arzobispo le costaban; porque en pensar si no se había de hacer, era su aflición grandísima, y jamás se cansaba de hacernos bien.

29. Estaba este hospital muy lejos de su casa. Casi cada día nos veía con gran voluntad, y enviar todo lo que habíamos menester, con que nunca cesaban de decirle dichos, que a no tener el ánimo que tiene, bastaban para dejarlo todo. Ver yo lo que ella pasaba, me daba a mí harta pena. Porque, aunque las más veces lo encubría, otras no lo podía disimular, en especial cuando la tocaban en la conciencia; porque ella

la tiene tan buena, que, por grandes ocasiones que algunas personas le dieron, nunca la oí palabra que fuese ofensa de Dios. Decíanla que se iba al infierno, que cómo podía hacer lo que hacía teniendo hijos. Ella lo hacía todo con parecer de letrados, porque aunque ella quisiera otra cosa, por ninguna de la tierra no consintiera yo hiciera cosa que no pudiera, aunque se dejaran de hacer mil monasterios, cuánto más uno. Mas como el medio que se trataba era secreto, no me espanto se pensase más. Ella respondía con una cordura, que la tiene mucha, y lo llevaba, que bien parecía la enseñaba Dios a tener industria para contentar a unos y sufrir a otros, y le daba ánimo para llevarlo todo. ¡Cuánto más le tienen para grandes cosas los siervos de Dios, que los de grandes linajes, si les falta esto! Aunque ella no le falta mucha limpieza de sangre en el suyo, que es muy hija de algo.

30. Pues tornando a lo que trataba, como el padre provincial nos tuvo adonde oíamos misa y con clausura, tuvo corazón para irse a Valladolid, adonde había de predicar, aunque con harta pena de no ver en el arzobispo cosa para tener esperanza había de dar la licencia. Aunque yo siempre se la ponía, no lo podía creer. Y cierto había grandes ocasiones para pensarlo, que no hay para qué las decir. Y si él tenía poca, los amigos tenían menos y le ponían más mal corazón. Yo quedé más aliviada de verle ido, porque, como he dicho, la mayor pena que tenía era la suya. Dejónos mandado se procurase casa, porque se tuviese propia; lo que era bien dificultoso, porque hasta entonces ninguna se había hallado que se pudiese comprar. Quedaron los amigos más encargados de nosotros, en especial los dos del padre Provincial, y concertados todos de no hablar palabra al arzobispo hasta que tuviésemos casa; el cual siempre decía que deseaba esta fundación más que nadie, y créolo, porque es tan buen cristiano, que no diría sino verdad. En las obras no se parecía, porque pedía cosas al parecer imposibles para lo que

nosotras podíamos. Esta era la traza que traía el demonio para que no se hiciese. Mas, ¡oh Señor, cómo se ve que sois poderoso!: que de lo mismo que él buscaba para estorbarlo, sacastes Vos cómo se hiciese mejor. Seáis por siempre bendito.

31. Estuvimos desde la víspera de Santo Matía, que entramos en el hospital, hastá la víspera de San José, tratando de unas y de otras cosas. Había tantos inconvenientes, que ninguna era para comprarse de las que querían vender. Habíanme hablado de una de un caballero. Ésta había días que la vendía y, con andar tantas Órdenes buscando casa, fue Dios servido que no les pareciese bien; que ahora se espantan todos y aún están bien arrepentidas algunas. A mí me habían dicho de ella unas dos personas, mas eran tantas las que decían mal, que ya, como cosa que no convenía, estaba descuidada de ella.

32. Estando un día con el licenciado Aguiar, que he dicho era amigo de nuestro padre, que andaba buscando casa para nosotras con gran cuidado, diciendo cómo había visto algunas y que no se hallaban en todo el lugar, ni parecía posible hallarse, a lo que me decían, me acordé de esta que digo que teníamos ya dejada, y pensé: «Aunque sea tan mala como dicen, socorrámonos en esta necesidad, después se puede vender.» Y díjelo al licenciado Aguiar, que si quería hacerme merced de verla.

33. A él no le pareció mala traza. La casa no la había visto y, con hacer un día bien tempestuoso y áspero, quiso luego ir allá. Estaba un morador en ella, que había poca gana de que se vendiese, y no quiso mostrársela. Mas en el asiento y lo que pudo ver, le contentó mucho, y así nos determinamos de tratar de comprarla. El caballero cuya era no estaba allí, las tenía dado poder venderla a un clérigo siervo de Dios, a quien Su Majestad puso deseo de vendérnosla y tratar con mucha llaneza con nosotras.

34. Concertóse que la fuese yo a ver. Contentóme

en tanto extremo, que si pidieran dos tantos más de lo que entendía nos la darían, se me hiciera barata. Y no hacía mucho, porque dos años antes lo daban a su dueño y no la quiso dar. Luego otro día vino allí el clérigo y el licenciado, al cual, como vio con lo que se contentaba, quisiera se atara luego. Yo había dado parte a unos amigos y habíanme dicho que si lo daba, que daba quinientos ducados más. Díjeselo y él parecióle que era barata, aunque diese lo que pedía; y a mí lo mismo, que yo no me detuviera, que me parecía de balde. Mas como eran dineros de la Orden, hacíaseme escrúpulo. Esta junta era víspera del glorioso padre San José, antes de misa. Yo los dije que después de misa nos tornásemos a juntar y se determinaría.

35. El licenciado es de muy buen entendimiento, y veía claro que si se comenzara a divulgar, que nos había de costar mucho más o no comprarla. Y así puso mucha diligencia, y tomó la palabra al clérigo tornase allí después de misa. Nosotras nos fuimos a encomendarlo a Dios, el cual me dijo: «¿En dineros te detienes?», dando a entender nos estaba bien. Las hermanas habían pedido mucho a San José que para su día tuviesen casa y, con no haber pensamiento de que la habría tan presto, se lo cumplió. Todos me importunaron se concluyese. Y así se hizo; que el licenciado se halló un escribano a la puerta, que pareció ordenación del Señor, y vino con él, y me dijo que convenía concluirse, y trajo testigo. Y cerrada la puerta de la sala, porque no se supiese —que este era su miedo—, se concluyó la venta con toda firmeza, víspera, como he dicho, del glorioso San José, por la buena diligencia y entendimiento de este buen amigo.

36. Nadie pensó que se diera tan barata y, así, en comenzándose a publicar, comenzaron a salir compradores y a decir que la había quemado el clérigo que la concertó y a decir que se deshiciese la venta, porque era grande el engaño. Harto pasó el buen clérigo. Avisaron luego a los señores de la casa, que, como he

dicho, era un caballero principal y su mujer lo mismo, y holgáronse tanto que su casa se hiciese monasterio, que por esto lo dieron por bueno, aunque ya no podían hacer otra cosa. Luego, otro día, se hicieron escrituras y se pagó el tercio de la casa; todo como lo pidió el clérigo, que en algunas cosas nos agraviaban del concierto, y por él pasábamos por todo.

37. Parece cosa impertinente detenerse tanto en Contar la compra de esta casa y, verdaderamente, a los que miraban las cosas por menudo no les parecía menos que milagro, así en el precio tan de balde, como en haberse cegado todas las personas de religión que la habían mirado para no la tomar; y como si no hubiera estado en Burgos, se espantaban los que la veían, y los culpaban y llamaban desatinos. Y un monasterio de monjas que andaba buscando casa, y aun dos de ellos —el uno había poco que se había hecho, el otro venídose de fuera de aquí, que se les había quemado la casa—, y otra persona rica que anda para hacer un monasterio y había poco que la había mirado y la dejó, todas están harto arrepentidas.

38. Era el rumor de la ciudad, de manera que vimos claro la gran razón que había tenido el buen licenciado de que fuese secreto y de la diligencia que puso; que con verdad podemos decir que, después de Dios, él nos dio la casa. Gran cosa hace un buen entendimiento para todo. Como él le tiene tan grande y le puso Dios la voluntad, acabó con él esta obra. Estuvo más de un mes ayudando y dando traza a que se acomodase bien y a poca costa. Parecía bien había guardádola Nuestro Señor para sí, que casi todo parecía se hallaba hecho. Es verdad que luego que la vi y todo como si se hiciera para nosotras, que me parecía cosa de sueño verlo tan presto hecho. Bien nos pagó Nuestro Señor lo que se había pasado en traernos a un deleite, porque de huerta y vistas y agua, no parece otra cosa. Sea por siempre bendito, amén.

39. Luego lo supo el arzobispo y se holgó mucho

se habiese acertado tan bien, pareciéndole que su porfia había sido la causa, y tenía gran razón. Yo le escribí que me había alegrado le hubiese contentado, que yo me daría prisa a acomodarla para que del todo me hiciese merced. Con esto que le dije, me di prisa a pasarme, porque me avisaron que hasta acabar no se qué escrituras nos querían tener allí. Y así, aunque no era ido un morador que estaba en la casa, que también se pasó algo en echarle de allí, nos fuimos a un cuarto. Luego me dijeron estaba muy enojado de ello. Le aplaqué todo lo que pude; que, como es bueno, aunque se enoja, pásasele presto. También se enojó de que supo teníamos rejas y torno, que le parecía lo quería hacer absolutamente. Yo le escribí que tal no quería, que en casas de personas recogidas había esto, que aún una cruz no había osado poner, porque no pareciese esto, y así era verdad. Con toda la buena voluntad que mostraba, no había remedio de querer dar licencia.

40. Vino a ver la casa y contentóle mucho y mostrónos mucha gracia; mas no para darnos la licencia, aunque dio más esperanzas; que se habían de hacer no sé qué escrituras con Catalina de Tolosa. Harto miedo tenían que no la había de dar; mas el doctor Manso, que es el otro amigo que he dicho del padre Provincial, era mucho suyo, para aguardar los tiempos en acordárselo e importunarle; que le costaba mucha pena vernos andar como andábamos; que aun en esta casa, con tener capilla —ella que no servía sino para decir misa a los señores—, nunca quiso nos la dijesen en casa, sino que salíamos días de fiesta y domingos a oírla a una iglesia; que fue harto bien tenerla cerca, aunque después de pasados a ella hasta que se fundó pasó un mes, poco más o menos. Todos los letrados decían era causa suficiente. El arzobispo lo es harto, que lo veía también, y así no parece otra cosa la causa, sino querer Nuestro Señor que padeciésemos. Aunque

yo mejor lo llevaba, pero había monja que, en viéndose en la calle, temblaba de la pena que tenía.

41. Para hacer las escrituras no se pasó poco, porque ya se contentaban con fiadores, ya querían el dinero, y otras muchas importunidades. En esto no tenía tanta culpa el arzobispo sino un provisor que nos hizo harta guerra; que si a la sazón no le llevara Dios un camino que quedó en otro, nunca parece se acabara. ¡Oh, lo que pasó en esto Catalina de Tolosa no se puede decir! Todo lo llevaba con una paciencia que me espantaba y no se cansaba de proveernos. Dio todo el ajuar que tuvimos menester para asentar casa de camas y otras muchas cosas —que ella tenía casa proveída—, y de todo lo que habíamos menester. No parecía que, aunque faltase en la suya, nos había de faltar nada. Otras de las que han fundado monasterios nuestros, mucha más hacienda han dado; mas que les cueste de diez partes la una de trabajo, ninguna. Y a no tener hijos, diera todo lo que pudiera. Y deseaba tanto verlo acabado, que le parecía todo poco lo que hacía para este fin.

42. Yo, de que vi tanta tardanza, escribí al obispo de Palencia, suplicándole tornase a escribir al arzobispo, que estaba desabridísimo con él. Porque todo lo que hacía con nosotras lo tomaba por cosa propia. Y lo que nos espantaba, que nunca al arzobispo le pareció hacía agravio en nada. Yo le supliqué le tornase a escribir, diciéndole que, pues teníamos casa y se hacía lo que él quería, que acabase. Envióme una carta abierta para él, de tal manera que, a dársela, lo echáramos todo a perder. Y así, el doctor Manso, con quien yo me confesaba y aconsejaba, no quiso se la diese. Porque, aunque venía muy comedida, decía algunas verdades, que para la condición del arzobispo bastaba a desabrirle; que ya él lo estaba de algunas cosas que le había enviado a decir, y eran muy amigos. Y decíame a mí que, como por la muerte de Nuestro Señor se habían hecho amigos los que no lo eran, que

por mí los había hecho a entrambos enemigos. Yo le dije que ahí vería lo que yo era. Había yo andado con particular cuidado, a mi parecer, para que no se desabriesen.

43. Torné a suplicar al obispo, por las mejores razones que pude, que le escribiese otra con mucha amistad, poniéndole delante el servicio que era de Dios. Él hizo lo que le pedí, que no fue poco. Mas como vio era servicio de Dios y hacer merced —que tan en un ser me las ha hecho siempre—, en fin se forzó y me escribió que todo lo que había hecho por la Orden no era nada en comparación de esta carta. En fin, ella vino de suerte, junto con la diligencia del doctor Manso, que nos la dio, y envió con ella al buen Hernando de Matanza, que no venía poco alegre. Este día estaban las hermanas harto más fatigadas que nunca habían estado, y la buena Catalina de Tolosa de manera que no la podía consolar, que parece quiso el Señor, al tiempo que nos había de dar el contento, apretar más; que yo, que no había estado desconfiada, lo estuve la noche antes. Sea para su fin bendito su nombre y alabado por siempre jamás, amén.

44. Dio licencia al doctor Manso para que dijese otro día la misa y pusiese el Santísimo Sacramento. Dijo la primera, y el padre prior de San Pablo —que es de los dominicos, a quien siempre esta Orden ha debido mucho y a los de la Compañía también— él dijo la misa mayor —el padre prior—, con mucha solemnidad de ministriles, que, sin llamarlos, se vinieron. Estaban todos los amigos muy contentos y casi se le dio a toda la ciudad, que nos habían mucha lástima de vernos andar así. Y parecíales tan mal lo que hacía el arzobispo, que algunas veces sentía yo más lo que oía de él que no lo que pasaba. El alegría de la buena Catalina de Tolosa y de las hermanas era tan grande, que a mí me hacía devoción, y decía a Dios: «Señor, ¿qué pretenden estas vuestras siervas más de serviros

y verse encerradas por Vos adonde nunca han de salir?»

45. Si no es por quien pasa, no se creerá el contento que se recibe en estas fundaciones cuando nos vemos ya con clausura, adonde no puede entrar persona seglar. Que por mucho que las queramos, no basta para dejar de tener este gran consuelo de vernos a solas. Paréceme que es como cuando en una red se sacan muchos peces del río, que no pueden vivir si no los tornan al agua. Así son las almas mostradas a estar en las corrientes de las aguas de su Esposo, que, sacadas de allí a ver las redes de las cosas del mundo, verdaderamente no se vive hasta tornarse a ver allí. Esto veo en todas estas hermanas siempre, esto entiendo de experiencia. Las monjas que vieren en sí deseo de salir fuera entre seglares, o de tratarlos mucho, teman que no han topado con el agua viva que dijo el Señor a la Samaritana, y que se les ha escondido el Esposo, y con razón, pues ellas no se contentan de estarse con Él. Miedo que nace de dos cosas: o que ellas no tomaron este estado por solo Él, o que, después de tomado, no conocen la gran merced que Dios les ha hecho en escogerlas para sí y librarlas de estar sujetas a un hombre que muchas veces les acaba la vida, y plega a Dios no sea también el alma.

46. ¡Oh, verdadero hombre y Dios, esposo mío! ¡En poco se debe tener esta merced! Alabémosle, hermanas mías, porque nos la ha hecho, y no nos cansemos de alabar a tan gran Rey y Señor, que nos tiene aparejado un reino que no tiene fin por unos trabajillos envueltos en mil contentos, que se acabarán mañana. Sea por siempre bendito, amén, amén.

47. Unos días después que se fundó la casa, pareció al padre Provincial y a mí que en la renta que había mandado Catalina de Tolosa a esta casa había ciertos inconvenientes, en que pudiera haber algún pleito y a ella venirle algún desasosiego. Y quisimos fiar más de Dios que no quedar con ocasión de darle

pena en nada. Y por esto y otras algunas razones, dimos por ningunas, delante de escribano, todas, con licencia del padre Provincial, la hacienda que nos había dado, y le tornamos todas las escrituras. Esto se hizo con mucho secreto, porque no lo supiese el arzobispo, que lo tuviera por agravio, aunque lo es para esta casa. Porque cuando se sabe que es de pobreza, no hay que temer, que todos ayudan; mas teniéndola por la renta, parece es peligro y que se ha de quedar sin tener qué comer por ahora. Que para después de los días de Catalina de Tolosa, hizo un remedio, que dos hijas suyas, que aquel año habían de profesar en nuestro monasterio de Palencia, que habían renunciado en ella cuando profesaron, las hizo dar por ninguno aquello y renunciar en esta casa; y otra hija que tenía, que quiso tomar hábito aquí, la deja su legítima de su padre y de ella, que es tanto como la renta que daba, sino que es el inconveniente que no lo gozan luego.

48. Mas yo siempre he tenido que no les ha de faltar, porque el Señor, que hace en otros monasterios que son de limosna que se la den, despertará que lo hagan aquí o dará medios con que se mantengan. Aunque como no se ha hecho ninguno de esta suerte, algunas veces le suplicaba, pues había querido se hiciese, diese orden cómo se remediase y tuviesen lo necesario, y no me había gana de ir de aquí hasta ver si entraba alguna monja.

49. Y estando pensando en esto una vez, después de comulgar, me dijo el Señor: «¿En qué dudas?, que ya esto está acabado; bien te puedes ir»; dándome a entender que no les faltaría lo necesario. Porque fue de manera, que, como si las dejara muy buena renta, nunca más me dio cuidado. Y luego traté de mi partida, porque me parecía que ya no hacía aquí más de holgarme en esta casa, que es muy a mi propósito, y en otras partes, aunque con más trabajo, podía aprovechar más. El arzobispo y obispo de Palencia se quedaron muy amigos, porque luego el arzobispo nos mos-

tró mucha gracia y dio el hábito a su hija de Catalina de Tolosa y a otra monja que entró luego aquí. Y hasta ahora no nos dejan de regalar algunas personas, ni dejará Nuestro Señor padecer a sus esposas, si ellas le sirven como están obligadas. Para esto las dé Su Majestad gracia por su gran misericordia y bondad.

[CAPÍTULO 32]

Jesús

1. Hame parecido poner aquí cómo las monjas de San José de Ávila, que fue el primer monasterio que se fundó, cuya fundación está en otra parte escrita[1] y no en este libro, siendo fundada a la obediencia del Ordinario, se pasó a la de la Orden.

2. Cuando él se fundó era obispo don Álvaro de Mendoza, el que lo es ahora de Palencia, y todo lo que estuvo en Ávila fueron en extremo favorecidas las monjas. Y cuando se le dio la obediencia, entendí yo de Nuestro Señor que convenía dársela y parecióle bien después. Porque en todas las diferencias de la Orden tuvimos gran favor en él, y otras muchas cosas que se ofrecieron adonde se vio claro y nunca él consintió fuesen visitadas de clérigo, ni hacía en aquel monasterio más de lo que yo le suplicaba. De esta manera pasó diecisiete años, pocos más o menos, que no me acuerdo, ni yo pretendía se mudase obediencia.

3. Pasados éstos, diose el obispado de Palencia al obispo de Ávila. En este tiempo yo estaba en el monasterio de Toledo, y díjome Nuestro Señor que convenia que las monjas de San José diesen la obediencia

---

[1] Vida, capítulos 32-36.

a la Orden; que lo procurase, porque a no hacer esto, presto vendría en relajamiento de aquella casa. Yo, como había entendido era bien darla al Ordinario, parecía se contradecía; no sabía qué me hacer. Díjelo a mi confesor, que era el que es ahora obispo de Osma, muy gran letrado. Díjome que eso no hacía al caso, que para entonces debía ser menester aquello, y para ahora estotro. Y hase visto bien claro ser así verdad en muchas cosas, y que él veía estaría mejor aquel monasterio junto con estotros, que no solo.

4. Hízome ir a Ávila a tratar de ello. Hallé al obispo de bien diferente parecer, que en ninguna manera estaba en ello. Mas como le dije algunas razones del daño que les podía venir y él las quería muy mucho y fue pensando en ellas, y como tiene muy buen entendimiento y Dios que ayudó, pensó otras razones más pesadas que yo le había dicho y resolvióse a hacerlo. Aunque algunos clérigos le iban a decir no convenía, no aprovechó.

5. Eran menester los votos de las monjas. A algunas se les hacía muy grave; mas como me querían bien, llegáronse a las razones que les decía, en especial el ver que, faltado el obispo a quien la Orden debía tanto y yo quería, que no me habían de tener más consigo. Esto les hizo mucha fuerza y, así, se concluyó cosa tan importante, que todas y todos han visto claro cuán perdida quedaba la casa en hacer lo contrario. Bendito sea el Señor, que con tanto cuidado mira lo que toca a sus siervas. Sea por siempre bendito, amén.